虹の松原(唐津市)

基肄城跡(三養基郡基山町)

田代太田古墳石室壁画(鳥栖市)

吉野ヶ里遺跡(神埼市・神埼郡吉野ヶ里町)

建造物

多久聖廟(多久市)
たくせいびょう

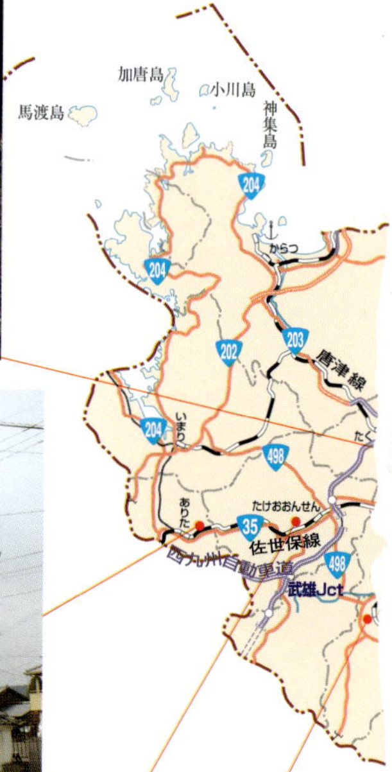

有田異人館(西松浦郡有田町)
ありた いじんかん にしまつうら ちょう

武雄温泉楼門(武雄市)
たけおおんせんろうもん

鹿島城赤門(鹿島市)
かしまじょうあかもん

九年庵(神埼市)

櫛田宮石造肥前鳥居(神埼市)

佐賀城鯱の門(佐賀市)

自然・特産物・食

呼子の朝市
(東松浦郡呼子町)

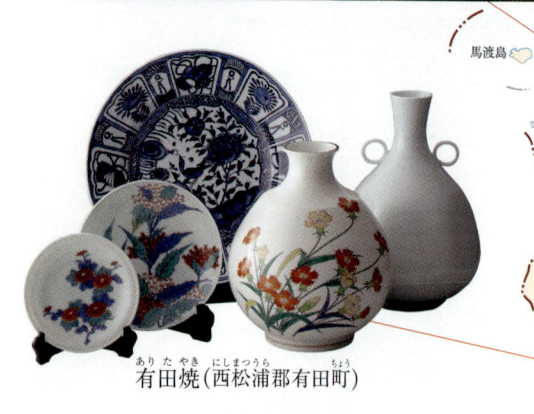

有田焼(西松浦郡有田町)

御船山楽園(武雄市)

有明海干潟ムツゴロウ
(鹿島市)

唐津焼(唐津市)

佐賀城跡の楠群(佐賀市)

東与賀海岸シチメンソウ群生地(佐賀市)

有明海
有明佐賀空港
鳥栖Jct
長崎自動車道

祭礼と行事

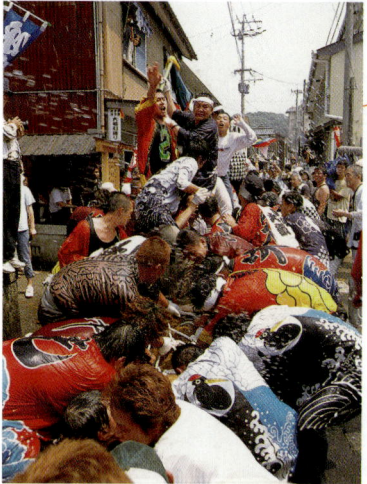

唐津くんち（唐津市）

呼子の大綱引（東松浦郡呼子町）

伊万里トンテントン（伊万里市）

多久聖廟釈菜（多久市）

綾部八幡宮旗上げ神事(三養基郡みやき町)

千栗八幡宮お粥だめし(三養基郡みやき町)

日峯さん
(佐嘉神社・松原神社)
(佐賀市)

もくじ　　赤字はコラム

鳥栖・みやき・神埼

❶ 基山・鳥栖 --- 4
　　基肄城／大興善寺／萬歳寺／勝尾城と四阿屋神社／弥生ロードの古
　　代遺跡／中冨記念くすり博物館／田代宿(鳥栖)

❷ みやき・中原・脊振山 ------------------------------------ 11
　　千栗八幡宮／千栗土居／綾部八幡宮／修学院と霊仙寺跡／九州電力
　　広滝第一発電所／脊振神社

❸ 吉野ヶ里遺跡とその周辺 --------------------------------- 18
　　吉野ヶ里遺跡／東妙寺／石塔院／目達原古墳群／目達原飛行場跡

❹ 神埼・千代田 -- 22
　　仁比山神社／九年庵／伊東玄朴旧宅／白角折神社／長崎街道／勢福
　　寺城跡／肥前鳥居／櫛田宮／姉川城跡／高志神社／下村湖人生家

県都佐賀市とその周辺

❶ 佐賀市中心部 --- 34
　　松原神社・佐嘉神社／万部島公園／佐賀市歴史民俗館(旧古賀銀行)
　　／佐賀城下ひなまつり／野中烏犀圓本店／大隈重信旧宅／佐賀城跡
　　／佐賀城本丸歴史館／佐賀県立博物館／佐賀の役／長崎街道と恵比
　　寿像／願正寺と称念寺／鍋島猫化け騒動／与賀神社／徴古館／佐賀
　　(龍造寺)八幡宮と高寺／伊勢神社／築地反射炉跡／肥前国忠吉(初
　　代)の墓／高伝寺／江藤新平の墓／神野公園／高木八幡宮と正法寺

／蠣久天満宮
❷ 金立山周辺 -- 52
　　銚子塚古墳／島義勇の墓／丸山遺跡／金立山と徐福伝説／常朝先生垂訓碑／古賀穀堂の墓／西隈古墳／東名遺跡／龍田寺／関行丸古墳／帯隈山神籠石／白髭神社の田楽
❸ 肥前国府跡周辺 -- 61
　　肥前国庁跡／肥前国分寺跡／石井樋とさが水ものがたり館／小隈山古墳／河上神社と実相院／佐嘉(佐賀)の地名説話／大願寺廃寺跡と健福寺／船塚
❹ 佐賀市南部 -- 68
　　福満寺／蓮池城跡／大堂神社／見島のカセドリ行事／筑後川昇開橋(旧筑後川橋梁)／三重の獅子舞／佐野常民記念館／漏斗谷の山口家住宅／三重津海軍所跡／大詫間島

小城と多久

❶ 小京都小城 -- 78
　　小城公園／興譲館跡／桜城館／千葉城跡／祇園山挽／羊羹資料館／円通寺／小城羊羹／光勝寺／岩蔵天山神社／清水観音／星巌寺／晴気天山神社／晴気城跡／三岳寺／牛尾神社／玉毫寺／土生遺跡／梧竹観音堂／芦刈水道

❷ 牛津町と芦刈町 -------------------------------------- 99
　　持永城跡／牛津赤れんが館／牛津宿跡／常福寺／芦刈城跡／石工平川与四右衛門／天満神社／芦刈干拓

❸ 多久 -- 109
　　専称寺／西渓公園／多久市郷土資料館／多久(若宮)八幡宮／東原庠舎跡／多久聖廟／円通寺／西原大明神と林姫哀話／妙覚寺／岸川万五郎節／別府八幡神社／小侍関所跡

もくじ

杵島と藤津

❶ 武雄から江北へ ………………………………………………… 126
黒髪山／筒江窯跡／黒髪山の大蛇退治／杉森家住宅／円応寺／武雄温泉／廣福護国禅寺／旧武雄邑主鍋島氏別邸庭園（御船山楽園）／武雄神社／武雄の荒踊／如蘭塾／玉島古墳／武雄市図書館・歴史資料館／おつぼ山神籠石／歓喜寺／高野寺／土井家住宅／小田宿の馬頭観音

❷ 杵島山から白石を望んで ……………………………………… 138
杵島歌垣（歌垣公園）／安福寺／須古城跡／稲佐神社／福泉禅寺／龍王崎古墳群

❸ 鹿島から太良へ ………………………………………………… 143
鹿島城跡／在尾城跡／誕生院／琴路神社／蓮厳院／木版摺更紗／鹿島市浜中町八本木宿の町並み／鹿島市浜庄津町・浜金屋町の町並み／泰智寺／普明寺／祐徳稲荷神社／多良岳と多良岳神社／面浮立／竹崎観世音寺

❹ 塩田から嬉野へ ………………………………………………… 154
西岡家住宅／八天神社／志田焼の里博物館／塩田宿の石造仁王像／池田家住宅／嬉野温泉／豊玉姫神社／嬉野茶／瑞光寺／大茶樹／不動山の隠れキリシタン／俵坂番所跡／永寿寺

やきものと松浦党のふるさと

❶ 陶都有田を歩く ………………………………………………… 166
酒井田柿右衛門窯／赤絵町と今泉今右衛門窯／陶山神社／有田異人館／天狗谷窯跡／有田ごどうふ／泉山磁石場／唐船城跡

❷ 港町伊万里を歩く ……………………………………………… 174
伊万里駅／伊万里市陶器商家資料館／伊万里まだら／伊万里市歴史民俗資料館／伊万里神社／大川内山藩窯跡

❸ 松浦党の里を歩く ---------- 180
森永太一郎墓苑／宝積寺と明星桜／青幡神社と里小路／小島古墳と飯盛山城跡／松浦党の宗廟山ノ寺遺跡

❹ 唐津焼きの里を歩く ---------- 186
木須城と瀬戸塩田／龍宮神社ともっこ踊り／波多津と田嶋神社／府招権現社／富田神社／白山神社と大野岳／午戻遺跡の後漢鏡／茅ノ谷１号窯跡／諏訪神社と馬の頭／大黒井堰／賢勝寺と淀姫神社／大川野宿と日在城跡

唐津と玄海

❶ 唐津城下 ---------- 198
旧唐津銀行本店／唐津城／旧高取家住宅／唐津神社／近松寺／菜畑遺跡・末盧館／御茶盌窯跡／唐津くんち／旧三菱合資会社唐津支店本館／曽禰・辰野らを育てた高橋是清

❷ 鏡山周辺 ---------- 210
谷口古墳／大村神社／殿原寺／松浦佐用姫伝説／横田下古墳／鏡山／恵日寺／鏡神社／虹の松原一揆／葉山尻支石墓群／虹の松原

❸ 唐津線に沿って ---------- 222
久里双水古墳／医王寺／岸岳城跡／唐津炭田／鵜殿石仏群／獅子城跡／室園神社の肥前鳥居／秀島鼓渓頌徳碑／天山神社

❹ 名護屋城跡と呼子・玄海の島々 ---------- 235
名護屋城跡／旧中尾家住宅／加部島の田島神社／小川島／武寧王誕生伝説／加唐島と松島／馬渡島／切木のボタン／増田神社／東光寺

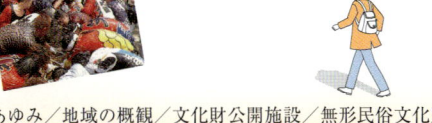

あとがき／佐賀県のあゆみ／地域の概観／文化財公開施設／無形民俗文化財／おもな祭り／有形民俗文化財／無形文化財／国選定重要伝統的建造物群保存地区／散歩便利帳／参考文献／年表／索引

もくじ

[本書の利用にあたって]

1. 散歩モデルコースで使われているおもな記号は，つぎのとおりです。なお，数字は所要時間(分)をあらわします。
    - .... 電車
    - ━━━━━━━ 地下鉄
    - ──────── バス
    - ・・・・・・・・・・・・・・・・・・・・・・ 車
    - ------------ 徒歩
    - 〜〜〜〜〜〜〜〜〜〜〜 船

2. 本文で使われているおもな記号は，つぎのとおりです。
    - 🚶 徒歩
    - 🚌 バス
    - ✈ 飛行機
    - 🚗 車
    - ⛴ 船
    - P 駐車場あり

    〈M▶P.○○〉は，地図の該当ページを示します。

3. 各項目の後ろにある丸数字は，章の地図上の丸数字に対応します。

4. 本文中のおもな文化財の区別は，つぎのとおりです。
    国指定重要文化財=(国重文)，国指定史跡=(国史跡)，国指定天然記念物=(国天然)，国指定名勝=(国名勝)，国指定重要有形民俗文化財・国指定重要無形民俗文化財=(国民俗)，国登録有形文化財=(国登録)
    都道府県もこれに準じています。

5. コラムのマークは，つぎのとおりです。
    - 泊　歴史的な宿
    - 憩　名湯
    - 食　飲む・食べる
    - み　土産
    - 作　作る
    - 体　体験する
    - 祭　祭り
    - 行　民俗行事
    - 芸　民俗芸能
    - 人　人物
    - 伝　伝説
    - 産　伝統産業
    - ‼　そのほか

6. 本書掲載のデータは，2020年12月末日現在のものです。今後変更になる場合もありますので，事前にお確かめください。

鳥栖・みやき・神埼

Tosu Miyaki Kanzaki

田代太田古墳壁画

吉野ヶ里遺跡

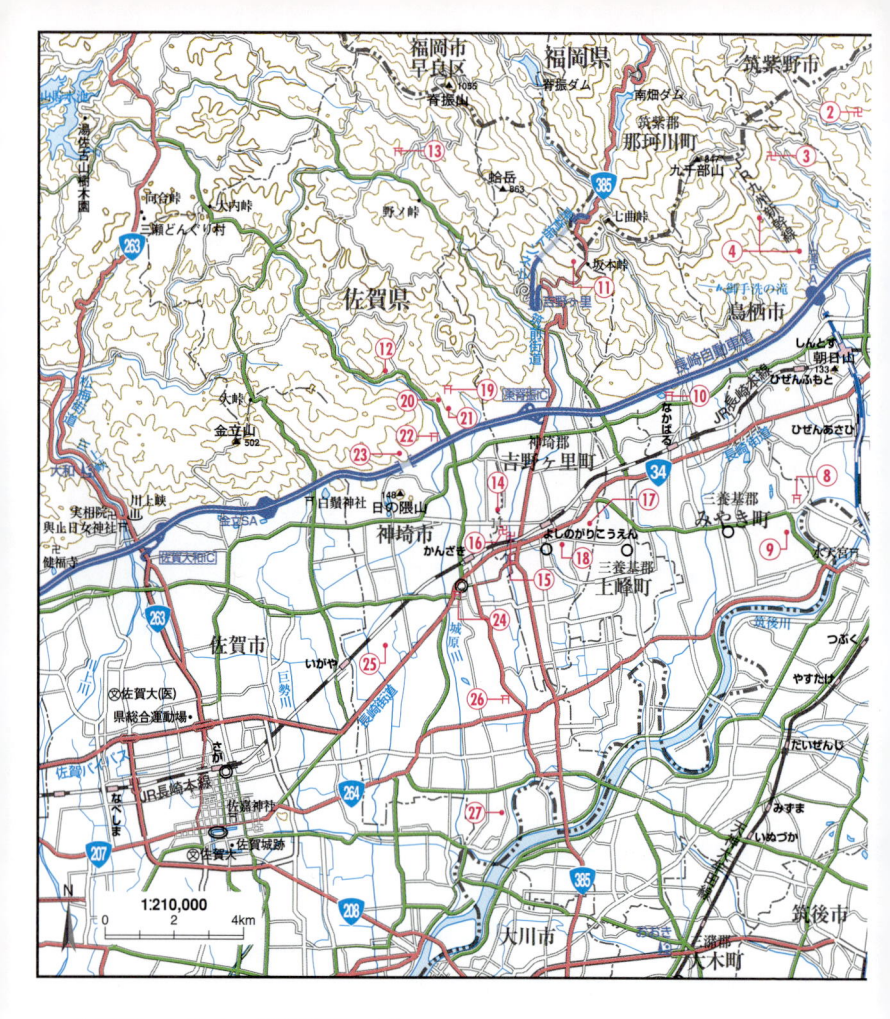

◎鳥栖・みやき・神埼散歩モデルコース

基肄城コース　　JR鹿児島本線・甘木鉄道基山駅 20 基山山麓(登山) 30 基肄城めぐり(所要1時間) 30 基山山麓 20 JR・甘木鉄道基山駅

弥生ロードと中冨記念くすり博物館コース　　JR鹿児島本線・長崎本線鳥栖駅 20 田代太田古墳 3 安永田遺跡 3 剣塚 10 中冨記念くすり博物館(館内見学40分) 20 JR鳥栖駅

千栗八幡宮・千栗土居コース　　JR九州新幹線・鹿児島本線・久大本線久留米駅

①基肄城	⑨千栗土居	⑲仁比山神社
②大興善寺	⑩綾部八幡宮	⑳九年庵
③萬歳寺	⑪修学院と霊仙寺跡	㉑伊東玄朴旧宅
④勝尾城と四阿屋神社	⑫九州電力広滝第一発電所	㉒白角折神社
⑤弥生ロードの古代遺跡	⑬脊振神社	㉓勢福寺城跡
⑥中冨記念くすり博物館	⑭吉野ヶ里遺跡	㉔櫛田宮
⑦田代宿(鳥栖)	⑮東妙寺	㉕姉川城跡
⑧千栗八幡宮	⑯石塔院	㉖高志神社
	⑰目達原古墳群	㉗下村湖人生家
	⑱目達原飛行場跡	

　20 千栗八幡宮 15 千栗土居 20 JR久留米駅

吉野ヶ里遺跡と周辺めぐりコース　JR長崎本線吉野ヶ里公園駅 20 (自転車7分, レンタサイクル有)国営吉野ヶ里歴史公園(公園見学1時間30分) 8 東妙寺 7 石塔院 20 JR吉野ヶ里公園駅

神埼荘ゆかりの神社めぐりコース　JR長崎本線神埼駅 15 仁比山神社 4 九年庵 25 白角折神社 10 神埼駅前 5 櫛田宮 20 高志神社 20 JR神埼駅

基山・鳥栖

頂上に古代山城基肄城をもつ基山。その麓基山町は福岡市のベッドタウンとなり、鳥栖市は九州の交通の要衝に発展した。

古代史のロマンをさそう朝鮮式山城遺構

基肄城 ❶ 〈M▶P.3, 5〉三養基郡基山町大字小倉 🅿
JR鹿児島本線・甘木鉄道甘木線基山駅🚗25分、または🚶50分・登山30分

　基山は町名にもなっており、この地域に連なる山々のなかではもっとも有名であるが、バスなどの便はなく、基山駅から北西へ、基山登山口への案内にしたがって車で行く。とくに春から秋にかけては、登山や草スキー場として多くの人びとが訪れる。基肄城(国特別史跡)は665(天智4)年に大宰府防衛のため大野城とともに築かれた。663年の白村江の戦いの敗戦に備えるためであった。『日本書紀』に「椽城」、『続日本紀』には、「基肄城」と記されている。
　城は、亡命百済人の指導の下につくられ、朝鮮式山城の名残りを残す。この城は北峰414m・東峰327m・坊住山405mを囲む約4kmの土塁線の内側にあった。現在、南門跡は川の流れで破壊されて残らないが、東南門・東北門・北帝門跡が、石積みなどにその跡をとどめている。土塁に囲まれた城内には、倉庫などの建築物があったらしく、現在でも礎石が並んで残る所が30カ所以上確認される。
　また南の谷には石塁で谷をふさぎ、水を通すための水門跡が現存する。なお、基肄城中にある「いものがんぎ」とは、中世の山城の遺構である。展望台・休憩所などが整備され、天智天皇欽仰碑が千数百年前の出来事に思いをめぐらせてくれる。
　基肄城周辺には、荒穂神社(祭神瓊杵尊ほか)・瀧光徳寺(中山身語正宗大本山)・因通寺(浄土真宗)などがある。なかでも瀧光徳寺は、

基肄城

基山町周辺の史跡

1912(大正元)年に創始された新宗派の寺院であるが，全国に信者をもつ。

　また，JR基山駅前の千塔山遺跡から出土した青銅鋤先(県重文)は，基山町立図書館郷土資料コーナーに展示されている。

大興善寺 ❷
0942-92-3939

〈M▶P.2,5〉三養基郡基山町園部3628　P
JR鹿児島本線・甘木鉄道甘木線基山駅🚌15分

ツツジ寺として有名
秋の紅葉も美しい

　大興善寺へは基山駅から西へ車を使って，ツツジ寺への案内にしたがって行く。奈良時代の717(養老元)年，行基がこの地に草庵を営み，木造十一面観音菩薩立像(県重文)を本尊として安置したことが始まりであるという。伝承によれば，835(承和2)年，火災に遭い建物は焼失したが，本尊は焼けずに残ったという。847年，円仁により再興されたといわれ，以後，比叡山延暦寺の末寺となった。1978(昭和53)年，九州で最初の天台宗別格本山となる。十一面観音菩薩以外には，平安時代後期の作であると考えられる木造広目天立像及木造多聞天立像(国重文)が国宝殿に，薬師如来・十二神将が薬師堂(2000〈平成12〉年完成)に安置されている。

　またこの寺は，5万本のツツジがある「ツツジ寺」としても有名

基山・鳥栖　5

大興善寺

であり、春になると多くの見物客で賑わいをみせる。また、秋には色鮮やかな紅葉やイチョウの木が訪れる人びとをなごませる。ツツジ(4月中旬〜5月初旬)と紅葉(11月中旬〜12月上旬)の季節には臨時バスが運行される。

萬歳寺 ❸
0942-82-5377

〈M▶P.2,9〉鳥栖市河内町2118
JR鹿児島本線・長崎本線・佐世保線・久大本線鳥栖駅🚌河内行終点🚶20分、または鳥栖駅🚗20分

山中にひっそりとたたずむ臨済宗の古刹

　JR鳥栖駅から鳥栖の市内を北西に5kmほど進み、長崎自動車道の下、鳥栖・筑紫野道路の始まる交差点を山側へ行き、山道を4kmほど進むと鳥栖市の最北部の山(350m)に萬歳寺(臨済宗)が位置する。1198(建久9)年に天台宗の寺として創建されたといわれるが、応永年間(1394〜1428)初めに、以亨得謙禅師によって再興されたと伝える。

　寺には、絹本著色見心来復像・絹本墨画淡彩以亨得謙像(国重文)の2つがある。見心来復は以亨得謙の師にあたる中国の高僧であり、この肖像画は仏法を伝授した証として、師が弟子に授ける頂相とよばれるもので、以亨得謙の帰国に際して制作されたものである。日本に現存する元時代の絵画は少なく、貴重なものである。

　以亨得謙は、五山文学の興隆に貢献した禅僧で、30年におよぶ中国滞在で臨済禅を修行し、南北朝時代の1365(貞治

萬歳寺

4・正平20)年に帰国した後は、鎌倉の建長寺(臨済宗)を始め、京都の禅寺などでも活躍した。2つの肖像画は、黒麻地二十五条袈裟(県重文)という元時代の法衣とともに、佐賀県立博物館に寄託されている。

勝尾城と四阿屋神社 ❹

広い城域をもつ中世山城遺構と古い神社

0942-85-3695(鳥栖市教育委員会)

〈M▶P.2, 9〉鳥栖市牛原町・河内町・山浦町/鳥栖市牛原町

JR鳥栖駅🚌佐賀・河内方面行(東橋行・市民の森行)転石🚶60分、またはJR鳥栖駅🚗10分・JR鹿児島本線田代駅🚗10分/JR鳥栖駅🚌佐賀・河内方面行(東橋行・市民の森行)東橋🚶7分、またはJR田代駅🚗20分/JR鹿児島本線弥生が丘駅🚗20分

勝尾城は、東橋バス停から城山へ、北に向かって歩いて行くと1時間ほどで着く。近年、全国的に発掘が進められている中世山城の1つで、2006(平成18)年に国史跡(勝尾城筑紫氏遺跡)に指定された。城は鳥栖市北西部の城山(494.1m)とよばれる山頂と、山麓一帯の広大な地域を城域とする。戦国時代後期にこの地域を本拠地とした筑紫氏の居城であり、1571(元亀2)年に筑紫広門は佐賀の龍造寺隆信と和平を結び、その傘下に入ったものと考えられている。

1586(天正14)年、広門は薩摩の島津氏の勝尾城攻めで落城させられる。豊臣秀吉の九州平定時の功績によって、筑後国上妻郡(現、福岡県筑後地方)に1万8000石を与えられるが、関ヶ原の戦い(1600年)で西軍に加わり、所領を没収され、歴史から姿を消す(ただし、その子孫の一部は紀州徳川家の家臣などとして残る)。

1989(平成元)年以後の発掘調査により、城を囲む支城・砦・屋敷跡や城下町の一部が明らかになってきている。この城は、越前国(現、福井県)の一乗谷朝倉氏遺跡(国特別史跡)に比

勝尾城入口案内板

肩するものではないか，ということで戦国時代後期の城のあり方を知るうえで重要である。また，城域近接地に位置する四阿屋神社(祭神日本武尊〈熱田大明神〉・住吉大明神・志賀大明神)との関わり，筑紫氏の勢力にくらべて城の規模が大きいことなどについて，今後の調査研究の進展が待たれる。

　城山は，地域の人びとが登山をするのに適当な山として親しまれている。また，麓の城下町に伝わる登城道の南には，薩摩の島津氏の家臣川上左京(島津氏の勝尾城攻めのときに奮戦して戦死した)の墓がある。なお，散策ルートとしては，川上左京の墓とその周辺の城下町一帯をまわった後，四阿屋神社に参拝して，城山方面に向かうのがよい。ただし，神社から坂をのぼって筑紫氏館跡(筑紫神社)までの距離は，1kmほどしかないが，城山(勝尾城)までは，登山となるので体力に応じた計画が必要である。

　四阿屋神社は肥前国の古社であり，その創建は662(天智元)年と伝えられる。

　鎌倉時代の1292(正応5)年の肥前国大田文には「東屋三丁三反」とみえ，社領をもっていたことが知られる。神社の南には河内川が流れ，生い茂った木々に囲まれた清浄な空間をもつ。この神社に伝わる御田舞は，佐賀県の重要無形民俗文化財に指定されている。

四阿屋神社

弥生ロードの古代遺跡 ❺

〈M▶P.3,9〉鳥栖市柚比町・田代本町・神辺町

JR鳥栖駅🚌佐賀・鳥栖プレミアムアウトレット行弥生が丘入口🚶5分，またはJR鹿児島本線弥生が丘駅🚶30分，または🚗5分

鳥栖の弥生時代が花開いた遺跡の数々

　JR鳥栖駅から北へバスで10分ほど走ると，鳥栖市が弥生ロード

と名づけた地域があり，その比較的狭い地域に，安永田遺跡(柚比町)，田代太田古墳・剣塚古墳(ともに田代本町)，庚申堂塚古墳・岡寺古墳(ともに神辺町)など，考古学上の著名な古代の遺跡・古墳などが集中する。JR弥生が丘駅から西へ30分ほど歩き，弥生中央の交差点から南へ5分ほど行くと東に安永田遺跡があり，またそれから南へ5分ほどで田代太田古墳がある。

1979(昭和54)年に安永田遺跡(国史跡)から発見された銅鐸鋳型片(国重文，佐賀県安永田遺跡出土鎔范一括)は，それまで銅鐸は近畿文化圏に属するという青銅器文化圏の定説に一石を投じる画期的なものであった。すでに1913(大正2)年に甕棺墓や銅戈が発見され，古くからその存在が知られてはいたが，銅鐸鋳型片の発見は，この遺跡を全国的に有名にした。

6世紀中・後期頃の田代太田古墳も国史跡に指定されているが，その石室の壁画は，王塚古墳(福岡県，国特別史跡)の壁画に類似し，九州における装飾古墳の代表例として学術的価値が高い。

剣塚・庚申堂塚・岡寺古墳の3つは，いずれも前方後円墳で，古代この地域に，大豪族が存在したことを物語る。

以上挙げた遺跡・古墳は，比較的狭い範囲にあり，徒歩で見学できる。ただし，田代太田古墳の壁画は，常時見学は不可なので注意が必要である。

基山・鳥栖

中冨記念くすり博物館 ❻

0942-84-3334

〈M▶P.3, 9〉鳥栖市神辺町288-1
JR鳥栖駅🚌佐賀・鳥栖プレミアムアウトレット行くすり博物館入口🚶4分，またはJR鹿児島本線弥生が丘駅🚗3分

田代売薬の歴史と現在の製薬をつなぐ博物館

　田代太田古墳から約500m西北に位置する中冨記念くすり博物館は，全国的にも珍しい，くすり専門の博物館である。

　鳥栖市田代地区は，対馬藩(現，長崎県対馬，藩主は宗氏)の飛地の田代代官所がおかれた場所であった。江戸時代，越中富山の薬売りが著名であったが，ここも世に「田代売薬」として有名になった。江戸時代からの薬製造の伝統が，現代の企業である久光製薬に受け継がれたといえる。

　その久光製薬を創業した中冨家によってつくられたこの博物館は，江戸時代から近代・現代までの薬のことや田代売薬の歴史などをわかりやすく，また興味深く展示している。

中冨記念くすり博物館

田代宿 (鳥栖) ❼

〈M▶P.3, 9〉鳥栖市田代外町・田代上町・田代昌町
JR鹿児島本線田代駅🚶10分

長崎街道の田代宿を思いおこさせる場所

　鳥栖市田代地区には，江戸時代の町並みを彷彿とさせる場所が，あちらこちらに点在する。久光製薬の本社前から県立鳥栖高校へ向かい，50mほど行った裏の狭い道沿いに追分石もあり，この付近が田代宿とよばれた，江戸時代の長崎街道の宿場の1つであったことがわかる。

　しかし，ここ鳥栖においても，都市化の影響により，宿場の面影が残るのは，部分的にしかなく，昔の長崎街道を道(線)としてたどることは不可能である。

② みやき・中原・脊振山

福岡県と境を接するみやき町は中原・北茂安・三根3町の合体により成立。脊振山はその県境に聳える。

伝説に彩られた交通の要衝に立つ神社

千栗八幡宮 ❽
0942-89-5566

〈M▶P. 2, 12〉三養基郡みやき町 大字白壁千栗2403
JR長崎本線佐賀駅🚌久留米行千栗八幡宮前🚶3分、またはは西鉄天神大牟田線西鉄久留米駅・JR鹿児島本線久留米駅🚌佐賀駅行千栗八幡宮前🚶3分

　佐賀県東部のみやき町は、旧中原町・北茂安町・三根町が合併してできた新しい町である。千栗八幡宮前バス停を降りるとすぐ北側にある千栗八幡宮(祭神応神天皇ほか)は、昔の筑後川の流れが蛇行した西岸の高台に位置する。東の久留米から日田方面・西の佐賀方面への、また北の大宰府・南の大牟田方面への、歴史上重要な戦略拠点となった所でもある。JR佐賀駅方面からも行けるが、JR久留米駅もしくは、西鉄久留米駅からのほうが近距離で、JR久留米駅からがより近い。

　この神社の名は、「千栗」と書いて「ちりく」と読むが、その由来は、あまりはっきりしない。社伝によると、奈良時代、この地域を治めていた養父郡司壬生春成が、現在の八幡宮のある場所に狩りにきたとき、白鳩が弓にとまった。その夜、春成は1000個の栗を授けられる夢をみたが、不思議なことに、その場所に1000株のクリの木が本当に生い茂ったという。そのことを春成が、聖武天皇に奏上したところ、天皇は八幡神降臨の瑞祥であるとして、八幡神の勧請を許したという。

　九州の宇佐八幡宮(大分県宇佐市)の末社となったが、その後は石清水八幡宮(京都府八幡市)に属するようになった。鎌倉時代の1230(寛喜2)年、この神社全体が焼失したとき、その再建を後堀河天皇が国司に命じているところから、肥

千栗八幡宮

千栗八幡宮周辺の史跡

前国でも重要な神社であったことがわかる。同じ肥前国の国府近郊に位置する河上(与止日女)神社とともに，肥前国一宮を称した。

筑後川を見下ろす高台にあるこの八幡宮は，鎌倉時代末から南北朝時代以後，軍事的な戦略に重要な場所であったものと考えられ，たびたび兵火に遭い焼失している。

戦国時代には，肥前の戦国大名龍造寺隆信の子政家による社殿の再建，鍋島氏による崇敬など，安定した地位を保つに至った。

江戸時代には，河上神社との一宮をめぐる争いはあったものの，鍋島氏の保護を受けており，平和な時代を迎えた。なお，毎年3月15日に行われる御粥神事(お粥だめし)は，粥のカビの変化をみてその年の吉凶を占うもので，特色がある。

また，千栗八幡宮境内図(県重要文化財「千栗八幡宮縁起絵」2幅のうちの1幅)は，近世以前のありさまを今に伝える貴重な絵画資料である。その境内図にも描かれている，南側の百数十段の石段をのぼると，鬱蒼とした木々に囲まれた社殿に到達し，鳥栖・久留米方面の見晴らしが素晴らしい。

千栗土居 ⑨

〈M▶P. 2, 12〉三養基郡みやき町
JR長崎本線佐賀駅🚌久留米行千栗🚶3分，または西鉄天神大牟田線西鉄久留米駅・JR鹿児島本線久留米駅🚌佐賀駅行千栗🚶3分

江戸時代、人びとと川との戦いを知る遺構

千栗土居(県史跡)は，千栗八幡宮の1kmほど南に位置し，現在は大型ショッピングセンターの西南の道を隔てた所に復元されている。

佐賀・鍋島藩の治水事業を行った第一人者として伝説化されている成富茂安が寛永年間(1624〜44)に筑後川沿いに築造した堤防である。その工事は，12年間におよび，約12kmに達する大規模なものであったという。その結果，この地域の水害はめっきり減ったということだが，その被害を今度は筑後川対岸の久留米藩がこうむることとなった。復元された土居跡の上から周囲を見渡すと，その規模の一端をうかがい知ることができる。

1889(明治22)年，この地域の人びとは成富茂安の遺徳を偲び，村名を北茂安・南茂安とした。

千栗土居

綾部八幡宮 ⑩
0942-94-4159

〈M▶P. 2, 12〉三養基郡みやき町原古賀2338 🅿
JR長崎本線中原駅🚶20分

渡来人の精神の拠りどころとなった古社

綾部八幡宮(祭神応神天皇・神功皇后ほか)も肥前国の神社のなかでは古く，古代に遡ると考えられ，綾部郷については『肥前国風土記』にみえ，漢部つまり「あやべ」という渡来人集団が独自の技術を伝えた所としている。しかし残念ながら，古代の綾部八幡宮の詳しいことはわかっていない。

JR中原駅で降りると，北へと延びるまっすぐの道があり，ややゆるやかな上りになっているが1kmほど進むと，八幡宮の門前に至る。門前には，ここの名物になっている綾部のぼたもちを売る店

綾部八幡宮

がある。鳥居をくぐって石段をのぼると、本殿に着く。南への見晴らしは開けていて、意外にも駅からかなり高い所にきたことが実感できる。八幡宮の創建は、伝えによると、鎌倉時代の1205（元久2）年、綾部荘（現、みやき町原古賀）の地頭綾部四郎太夫通俊が、鎌倉の鶴岡八幡宮の分霊に、住吉大神らの神々をまつったという。以後、中世を通じて、宇佐八幡宮領綾部荘の鎮守として崇敬されていた。

江戸時代になると、佐賀の鍋島直茂の保護を受けることによって、この地域の中心的神社としての地位を確立した。八幡宮は、古来風神をまつっていたことから、風の方向・強さなどを測ることによって、天候予測・五穀豊穣を祈る風鎮祭を行う所として知られていた。その祭祀は現在にまで継承され、神木である境内のイチョウの大木に布を垂らして占いをし、風害を予測するものである。毎年、その儀式（旗上げ神事）が7月15日に行われ、多くの参詣者を集める。

修学院と霊仙寺跡 ⓫
0952-52-5285

〈M▶P.2〉神埼郡吉野ヶ里町松隈1400
JR長崎本線吉野ヶ里公園駅🚌10分、またはJR長崎本線吉野ヶ里公園駅🚌吉野ヶ里町コミュニティーバス南北コース（永山行・さざんか千坊館行）松隈🚶10分

日本の山岳信仰における北九州の一拠点

佐賀・福岡両県の境を画する脊振山は、古代以来、山岳信仰が盛んであった。奈良時代の元明天皇の頃（707〜715）の開山といわれるこの山は、脊振千坊と称されるほど山岳修験道の修行地でもあった。脊振山山頂付近の上宮に東門寺、中宮に霊仙寺、下宮に積翠寺（現、修学院）という名の寺がそれぞれあった（神仏習合である）。そのうち、現存するのは修学院のみであるが、鎌倉時代に栄西が中国から持ち帰った茶の栽培を始めたのは西谷の霊仙寺石上坊と伝承されており、その跡地（いまも江戸時代末期に建立された乙護法堂

修学院

が残っている)には記念碑が建立されている。日本における臨済宗の開祖者である栄西のその後の活動は、博多・京都・鎌倉と舞台を移すとはいえ、この脊振山での山岳宗教体験は彼の宗教者としての成長に大きな影響を与えたものと思われる。なお、脊振山の宗教活動は戦国時代の衰微を経て江戸時代には、佐賀藩鍋島氏によって寺坊も再建されたが、明治時代初期の廃仏毀釈の嵐の前に廃絶を余儀なくされた。

九州電力広滝第一発電所 ⑫

0120-986-303(九州電力佐賀営業所コールセンター)

〈M▶P.2,16〉神埼市脊振町広滝字横井手2521-4 P
JR長崎本線神埼駅🚌広滝・三瀬車庫行一の橋🚶5分、または神埼駅🚗12分

県内最古の発電機は今も現役

　仁比山神社前バス停より県道21号線を北へ約1.5km行くと、一の橋バス停につく。バス停の北西すぐに赤レンガ壁の九州電力広滝第一発電所が目に入る。

　動力源を近代化する必要性を痛感していた中野致明・牟田万次郎・伊丹弥太郎らは1906(明治39)年に広滝水力電気株式会社を設立した。発電所は1908年に完成し、佐賀市や神埼町方面に送電されることになった。

　建築用材の英国製レンガ157万個は、神埼駅より馬車100台で運んだといい、オランダ積みの工法を用いている。水車はドイツ・フォイト社製2台、発電機はドイツ・シーメンス社製2台を設置したが、これらは一部改良やコイルの巻替えを経ているが現役で稼働し

九州電力広滝第一発電所

みやき・中原・脊振山　15

脊振町周辺の史跡

ている。

1918(大正7)年に芝浦製作所製の水車・発電機の3号機を設置した。佐賀県の近代化を語るうえで不可欠の重要な資産である。

一の橋バス停から県道21号線をさらに北へ約1.5km行くと城原川に眼鏡橋が架かる。城原川に沿う脊振峡谷の道路は断崖絶壁が続く危険な道であった。そこで1889(明治22)年より神埼と脊振・三瀬を結ぶ県道の改修工事が開始された。3年におよぶ難工事の連続であったが、1892年に竣工した。長さ20m・高さ14mの石造りアーチ橋である。しかしその後、車両の大型化と交通量が増加したため、1978(昭和53)年に約100m上流に新しい橋が架けられた。今は周囲の自然景観の中にとけこみ、脊振地区の文化的シンボルとなっている。

脊振神社 ⑬　〈M▶P.2, 16〉神埼市脊振町服巻字田中1455 P
0952-59-2267
JR長崎本線神埼駅🚌広滝・三瀬車庫行広滝🚶40分、または
JR神埼駅🚗30分

　広滝・三瀬車庫行きのバスを広滝バス停で下車し、脊振小・中学校北側を通り、伊福集落を右折するルートを車で行くと、約10分で田中集落に着く。ここに脊振神社が鎮座する。祭神は田心姫命・市杵島姫命・湍津姫命で、神功皇后の創建と伝える。脊振弁財天と

脊振山頂にある脊振神社上宮

も称され、神仏習合のなかで弁才天神と習合し、人びとが信仰するようになった。1610(慶長15)年佐賀藩主鍋島家から境内地8町、社領地米15石6斗が寄進された。

社殿は下宮として白蛇神社内に造営されているので、白蛇神社とも称された。上宮は脊振山頂(1055m)にあり、山頂すぐ下の駐車場までは脊振神社より車で約15分で着く。

1683(天和3)年から脊振山の領有をめぐって、佐賀藩と福岡藩との境界争いが表面化した。両藩の農民同士では解決せず、福岡藩は1692(元禄5)年幕府に提訴した。翌年には評定所で両藩の農民(両藩ともに知恵者の藩士を庄屋に仕立てている)出廷で公判が7回開催された。1694年には幕府検分使が来訪し、両藩の言い分を現地で確認し、その結果、同年10月に佐賀藩の主張を認める裁定を下した。そこで佐賀藩3代藩主鍋島綱茂は1697年、宝殿を石堂に改築し、石灯籠52基を寄進した。さらに1711(正徳元)年4代藩主鍋島吉茂から上宮一帯の山林415町2段7畝歩の永久寄進があった。佐賀藩歴代藩主の信仰が篤く、藩主の参拝もたびたびあった。

宗像3女神をまつり、佐賀藩主の篤い崇拝をうける

③ 吉野ヶ里遺跡とその周辺

佐賀県が全国に誇る弥生時代の大環壕集落遺跡である吉野ヶ里は国営公園となって生まれかわり、その威容を示す。

吉野ヶ里遺跡 ⓮
0952-55-9333(吉野ヶ里公園管理センター)

〈M▶P. 2, 19〉神埼郡吉野ヶ里町・神埼市
JR長崎本線吉野ヶ里公園駅・JR長崎本線神埼駅🚶15分

邪馬台国論争に一石を投じた重要な遺跡

　吉野ヶ里公園駅から整備された道を徒歩約15分で着く吉野ヶ里遺跡は，1989(平成元)年2月23日付『朝日新聞』の1面トップ記事に紹介された。その後，全国に知られ，教科書にも取り上げられる弥生時代の大環壕集落跡の代名詞的存在となった。この遺跡の注目点は，なんといっても，邪馬台国の女王卑弥呼の時代を彷彿とさせる遺構の発掘であった。

　最初の報道から2カ月間に100万人以上の来場者があり，2000年5月までに約1300万人の人びとがこの遺跡を訪れた。

　このような世論の動向と，地元遺跡保存団体の地道な活動，さらに佐賀県の政治状況の変化に後押しされて，佐賀県や国はこの遺跡を特別な形で整備することにした。それが1991年5月，国による特別史跡の指定であり，佐賀県による遺跡保存活用計画の進展であった。そして，その延長線上に「国営吉野ヶ里歴史公園」の整備が，1992年10月に閣議決定された。

　この遺跡についての詳細は，ほかの専門書に譲るとして，ここでは，この遺跡が中国古代城郭の影響を強く受けたことが指摘されている点を取り上げておく。また，北内郭を囲む環壕の北東―南西の中軸線は夏至の日の出地点と冬至の日没地点を結ぶ線と一致しており，さらに墳丘墓の中心と祭壇と考えられる遺構の中心もそれ

吉野ヶ里遺跡

吉野ヶ里公園駅周辺の史跡

らの線の延長上にあるなどの規則性を示している。これらのことは、吉野ヶ里遺跡が、中国やその影響下にあった朝鮮のことを強く意識したものであったことを如実にあらわしている。

　また、この地域が古代・中世の時代を通じて、重要な場所であったことは、つぎの項目で取り上げる、東妙寺（とうみょうじ）や石塔院（しゃくとういん）などの寺院や神崎荘（かんざきのしょう）の歴史、重要港湾都市である博多（はかた）との深いつながりなどを考慮しても明らかである。

東妙寺（とうみょうじ）❶⓹
0952-52-2084
〈M▶P.2, 19〉神埼郡吉野ヶ里町田手1728
JR長崎本線吉野ヶ里公園駅🚶20分

蒙古襲来に備えて北条氏が拠点とした名刹

　東妙寺（真言律宗）は、鎌倉時代の蒙古襲来（文永の役・弘安の役）のときに、後宇多天皇の勅願と、執権北条氏の援助によって建立されたものである。東妙寺文書（国重文）によれば、北条氏が強力に庇護していた大和（現、奈良県）西大寺の律宗の僧である唯円上人が、みずからこの地に下向して寺を創建したという。吉野ヶ里遺跡のすぐ南東に位置するこの場所は、北の脊振山（せふりやま）からは山の麓（ふもと）にあり、また佐賀平野の東部においては、大宰府（だざいふ）・久留米（くるめ）・筑後（ちくご）川方面にも睨みをきかせる交通の拠点ともいえる所であった。西大寺派律宗は、北条得宗（とくそう）家の援助を受けて、全国各地の交通の要地に寺

東妙寺

吉野ヶ里遺跡とその周辺　19

を建立し，もしくはすでにあった寺をみずからの宗派にかえさせる活動を展開していたが，この東妙寺もその1つと考えられている。なかでもこの寺は，蒙古合戦の主戦場である博多の近くにつくられたことは重要である。その後，南北朝時代に後醍醐天皇の皇子懐良親王(南朝)の自筆紙本墨書梵網経(国重文)が奉納されたり，足利尊氏が祈禱所にすることなどからみても，この地が北九州の要地であったことは間違いない。なお，本来東妙寺は尼寺である妙法寺と対の寺であったことが，東妙寺幷妙法寺境内絵図(東妙寺文書とともに国重文)によって知られる。また最近，妙法寺跡地の発掘からベトナム産白磁鉢や奈良火鉢とよばれる瓦質火鉢などの出土が報告されている。

石塔院 ⓰ 〈M▶P. 2, 19〉神埼郡吉野ヶ里町
JR長崎本線吉野ヶ里公園駅🚶20分

東妙寺住職が隠居したのちに居住した寺

石塔院(真言律宗)は，東妙寺の北西約600mの所にある。国営吉野ヶ里公園の入口からは目と鼻の先にあるが，田手川の上を公園入口からの道が通っているので，この寺はその道の下に隠れるようにあり，目立たない。この寺に行くには，東妙寺の方面から吉野ヶ里公園入口とは反対方向に行き，田手川に架かる橋(田手村橋)を渡って行かなければならないので，少しわかりにくい。寺は東妙寺住持の隠居寺であったといわれている。寺の門には佐賀の役(1874年)のときの銃弾の痕が残されているが，今ではややわかりにくくなっている。それとは対照的に，境内には巨大な五輪塔があり，目を引く。鎌倉時代の親王将軍のものと伝承されているが，それが事実とすれば，ここにも北条氏が擁立した将軍の姿が残されているというべきか。東妙寺・石塔院という寺院は，吉野ヶ里地域の中世の姿をわれ

石塔院

われに垣間見せてくれる。

目達原古墳群 ❶ 〈M▶P.2, 19〉神埼郡吉野ヶ里町・三養基郡上峰町坊所
JR長崎本線吉野ヶ里公園駅🚌久留米方面行坊所🚶2分

宮内庁所管の陵墓参考地も含む古墳群

大型商業施設前のバス停の南側の地域には、かつて目達原古墳群という前方後円墳や円墳など十数基からなる古墳群があった。この地は『日本書紀』や『古事記』に登場する米多国造の本拠地であったと考えられている。しかし、この古墳群のほとんどは第二次世界大戦中の1942（昭和17）年から翌年にかけての発掘の後、飛行場建設のため破壊された。現在は、上のびゅう塚古墳が陵墓参考地（都紀女加王墓）として保存されているにすぎない。しかも大型商業施設や都市化の波を受けて、上のびゅう塚古墳もそのまわりを建造物によって囲まれている。

上のびゅう塚古墳

目達原飛行場跡 ❽ 〈M▶P.2, 19〉神埼郡吉野ヶ里町苔野・立野・吉田
JR長崎本線吉野ヶ里公園駅🚶10分

第二次世界大戦の数少ない戦争遺跡の1つ

この『佐賀県の歴史散歩』では珍しく、近代の戦争遺跡を取り上げる。2008（平成20）年6月27日に発刊された『吉野ヶ里町誌』の「コラム1」は「町内の戦時遺跡を辿る」として、第二次世界大戦当時建設された目達原飛行場を再現しようとした。この飛行場は、福岡県の太刀洗陸軍飛行学校の分校として発足（鹿児島県の知覧も同じ分校）し、知覧同様特攻隊が編成された（特攻第273振武隊）。そしてここからも特攻隊が出撃したという。1993（平成5）年の映画「月光の夏」は目達原飛行場を舞台としたものであった。目達原飛行場跡の一部は陸上自衛隊目達原駐屯地となっている。なお、現在残るのは、「旧目達原飛行場正門跡」の石碑のみである。

4 神埼・千代田

神埼町・千代田町・脊振村は，合体で神埼市となる。素麺作りの里神埼，クリークの多い田園千代田，のどかな山村の脊振。

仁比山神社 ⑲
0952-53-0340
〈M▶P.2, 24〉 神埼市神埼町 的 1692 P
JR長崎本線神埼駅🚌広滝・三瀬車庫行仁比山神社前🚶2分

現在の山伏もここで活動する山岳信仰の拠点

　神埼市と佐賀市の東部地域は，古代から中世にかけての大荘園であった神崎荘の故地である。神崎荘は，平安時代に勅旨田として開発が進められたもので，天皇家と深い関わりがあった。のちに院領荘園として重要なものの１つになったのも，勅旨田として出発した経緯からであった。また，平安時代末期に勢力を拡大した平氏がこの地域に進出したのも，院との関係からである。ただ，このように有名な荘園であるにもかかわらず，その後の鎌倉時代の領有関係がはっきりせず，蒙古合戦の恩賞地になるなど，北条氏との深い関係が類推されるにとどまる。

　仁比山神社前バス停で降りると，すぐ大きな鳥居が目に入ってくる。仁比山神社（祭神大山咋神）は，脊振山にのぼる入口に位置し，古来山岳信仰である修験道の九州における一拠点をなしていた。現在でも，修験者である山伏の修行が行われる場所となっている。また，13年に１度，申年の４月に13日間実施される御田舞は，県の重要無形民俗文化財になっている農耕神事である。

仁比山神社

九年庵 ⑳
0952-37-0107（神埼市商工観光課）
〈M▶P.2, 24〉 神埼市神埼町大字的
JR長崎本線神埼駅🚌広滝・三瀬車庫行仁比山神社前🚶5分

　仁比山神社前バス停で降り，仁比山神社仁王門をくぐって，坂の

九年庵

参道をのぼると、境内の一角に、1995(平成7)年に国の名勝指定を受けた九年庵(旧伊丹氏別邸)庭園がある。九年庵は、佐賀出身の実業家伊丹弥太郎が明治時代に巨費を投じて建築した邸宅の中に設けられた14坪の茶室(現在は解体)の名からきたものである。また九年庵の「九年」は、この邸宅の庭園が9年間をかけて造作されたことに由来する。現在、秋の紅葉の時期の9日間のみ一般公開されていたが、近年は春にも公開されていて(5月上旬)、多くの来場者で賑わっている。なお秋は、毎年11月15日～11月23日公開、時間は8時30分から16時まで、入場整理券配布、協力金300円(中学生以下無料)である。

明治時代の実業家がつくらせた邸宅庭園

伊東玄朴旧宅 ㉑
0952-37-0107(神埼市商工観光課)
〈M▶P. 2, 24〉 神埼市神埼町的1675　P
JR長崎本線神埼駅🚌広滝・三瀬車庫行仁比山神社前🚶3分

江戸時代末期、種痘普及に尽力した人物の旧宅

　伊東玄朴は、佐賀出身の江戸時代末期の蘭学者・医者として著名な人物であり、神埼市庁舎敷地内に銅像がある。

　初め佐賀に出て蘭方医の島本竜嘯の下で学んだが、のち長崎のシーボルトの下で蘭医方を学習した。その後、江戸に出て医者として開業するとともに、蘭方医学書の翻訳や象先堂という蘭学塾を開き蘭学教授などを行ったことにより、江戸の人びとに知られるようになった。1849(嘉永2)年、幕府の蘭方禁止令に対抗する姿勢を明らかにし始め、1858(安政5)年、私設の種痘所を設けて牛痘法を成功させることによって、13代将軍徳川家定が重病に冒された

伊東玄朴旧宅

神埼・千代田　23

神埼町周辺の史跡

ときに、幕府奥医師となった。1860(万延元)年、種痘所は幕府直轄となり、翌年、西洋医学所と改称して、わが国における近代西洋医学の拠点となったが、玄朴も取締として中心的役割をはたした。

伊東玄朴旧宅(県史跡)は仁比山神社参道のすぐ東側の丘陵斜面にある。敷地は267坪、建坪22坪であり、間取りは8畳2間、6畳と3畳がそれぞれ1間ずつある。

玄朴は21歳までの4年間、ここに居住して医業を開いたといわれる。現在の旧宅は1821(文政4)年、玄朴20歳のときに建て替えられたもので、明治時代末期に一部改築補修された跡がある。

白角折神社（おしとりじんじゃ） ㉒　〈M▶P.2, 24〉神埼市神埼町 城 原字二本松
JR長崎本線神埼駅🚌広滝・三瀬車庫行小淵・仁比山公園下🚶10分

白角折神社(祭神日本武尊(やまとたけるのみこと))は、東妙寺(吉野ヶ里町)に伝来

鳥栖・みやき・神埼

長崎街道

コラム

江戸時代、海外への窓口に通じる道であった

長崎街道は、小倉から筑前6宿を経て肥前国に入る。田代宿(現,鳥栖市)から鍋島氏36万石の城下町佐賀を経て嬉野宿へ,彼杵宿から長崎に至るルートであった。

筑前6宿は,江戸時代初期以来ほぼ固定されたことと,比較的多く利用されたことで,宿場機能は整っていたといわれる。

しかし肥前国においては,小田宿から諫早宿間に複数のルートがあったこと,有明海や大村湾の海上ルートを利用する場合があったことなどで,宿場機能の充実という点では,ややおとっていたようである。

江戸時代後期になると,小田宿・諫早宿間は,北方・塚崎(武雄)・嬉野から彼杵・大村ルートが主流となった。ただ,のちにその主流からはずれはしたものの,成瀬宿は,この地域の物資集散地として栄え,塩田宿は水を入れるのに使う大甕の生産地として知られていた。また,肥前浜宿(現,鹿島市)には,現在でも当時の面影を残す問屋場の跡が残っており,付近一帯は造酒屋が数軒あり,絶好の散策コースである。

江戸時代,この長崎街道を旅した4人の人物がどこに宿泊したかなどをまとめると,下の表のようになる。

人物名	年次	県内での宿泊地	備考
ケンペル[1]	1691年(元禄4)	(往)小田・轟 (復)神埼・塩田	時津から彼杵は大村湾 往復とも塩田・成瀬を通過
ツンベリー	1776年(安永5)	(往復とも) 牛津・田代	塩田・成瀬を通過
遠山景晋[2]	1812年(文化9)	(往復とも) 嬉野・佐賀・田代	往復ともに3泊。ただし, 復路は1815(文化12)年
シーボルト	1826年(文政9)	(往)塚崎・神埼 (復)田代・牛津・嬉野	往路2日,復路3日と宿泊数が異なる

1):1692(元禄5)年にも第2回目の江戸参府を行っているが,諫早から有明海を竹崎へ,さらに柳川へと渡海している。

2):遠山景晋は,長崎奉行として赴任。町奉行(北)遠山景元の父である。

する「東妙寺文書」の中に登場する神埼荘(現,神埼市・佐賀市東部)の三所大明神の1つとして記載されている。古い神社であり,平安時代の873(貞観15)年には従五位下を授けられている。

神埼・千代田　25

白角折神社

川のそばに立つ楠の大木が往時を偲ばせる

小淵バス停から西に向かって田園地帯を歩くと、前方に木々に囲まれた白角折神社がある。境内には県の天然記念物に指定されている楠の大木があり、樹齢約1000年といわれており、県内でも代表的な巨木である。神社はその後に衰退し、1911(明治44)年には、仁比山神社に合祀された。現在は、地域の人びとの集まりの場所となっている。神社の痕跡はとどめるものの、その機能はなくなった。神社の位置は、仁比山神社からは明らかに低いが、平地ではなく、人びとの生活の場がしだいに平地へと移る時代の過渡期を示すものと考えられる。

勢福寺城跡 ㉓
0952-53-0730(種福寺)

〈M▶P.2,24〉 神埼市神埼町城原字北外 P
JR長崎本線神埼駅🚌広滝・三瀬車庫行飯町🚶20分、またはJR神埼駅🚖10分

中世後期江上氏の居城で、東肥前の主要城郭

勢福寺城跡は、神埼町尾崎の西九州大学の東北約1.3kmの所にある中世の城郭跡である。佐賀平野を望む城山(196m)に設けられた山城で、北約1.3kmに土器山(430m)、南約1.3kmに日の隈山(148m。古代の烽があった)が控える。山頂は南北に平坦で、広さは約10aである。『鎮西志』には1353(正平8・文和2)年九州探題一色直氏(範氏の子)によって築城されたという。その後、菊池・渋川氏らの手に移り、1472(文明4)年九州探題渋川教直を撃った江上常種がこの地に居を移した。以後、1589(天正17)年江上家種(龍造寺隆信

勢福寺城のあった城山(中央)

肥前鳥居

コラム

謎に満ちた肥前鳥居の成立は、いつ頃か

　肥前鳥居は，佐賀県を中心に長崎・福岡県の一部にも分布する，北部九州独自の石造鳥居である。

　『佐賀県大百科事典』によると，その特徴は，「笠木・島木・貫・柱が原則として2〜3本つなぎで組み立てられ，明神鳥居などにみられる亀腹が設けられていない。また，継材で組まれているために倒壊しやすそうであるが，重量感にあふれる姿である」。

　肥前鳥居出現の経緯は，ほとんど謎であるといってよいが，佐賀県のデータは整いつつある。

　小川徳晃の整理によると，佐賀県内の108基の肥前鳥居の分布状況は，佐賀市全体では，45基（42％）と，圧倒的にこの地区に集中している。また，築造年代を年代別に分類すると，慶長・寛文年間（1596〜1615，1661〜73年）に2つのピークがある。

　もっとも古いものが，1585（天正13）年の杵島郡白石町稲佐神社のものである。もっとも新しいのは，1927（昭和2）年の神埼市神埼町「下六丁の天満宮」のものである。元禄年間（1688〜1704）までに，肥前鳥居作りの最盛期は，ほぼ終わったようだが，この鳥居をつくろうとする意欲は，近代に至るまで残っていた。

　多くの肥前鳥居のうち，室園神社（唐津市厳木町）・牛尾神社（小城市小城町）・櫛田宮（神埼市神埼町）・本庄神社（佐賀市本庄町）の4つが県重要文化財に指定されている。

　佐賀市内の肥前鳥居のうち，龍造寺八幡宮・伊勢神社・与賀神社の3つの神社は近距離に位置し，歩いてまわれる。

　なかでも，与賀神社は，3つの鳥居すべてが肥前鳥居である。一の鳥居が1640（寛永17）年，二の鳥居は1604（慶長9）年，三の鳥居は1603年の築造である。なお，龍造寺八幡宮は1604年，伊勢神社は1607（慶長12）年の銘がある。

本庄神社（佐賀市）の肥前鳥居

の2男）が蓮池城（現，佐賀市蓮池町）へ移るまで，東肥前の主要城郭であった。

　城の南麓に種福寺があり，その東部一帯には館や町屋・市場などがあったようだが，中世の館跡や城下町の解明のために，発掘調査が待たれている。

神埼・千代田

博多櫛田神社に遷された神が住む神崎荘の鎮守

櫛田宮 ㉔
0952-52-3016

〈M▶P.2, 24〉 神埼市神埼町神埼419-1 [P]
JR長崎本線神埼駅 🚶10分

　JR神埼駅南口を出て南へ直進し，神埼駅前交差点を右折して国道34号線を西へ進むと神埼市庁舎がみえてくる。櫛田宮（祭神櫛田三神〈櫛稲田姫命・須佐之男命・日本武命〉）はその西隣に位置する。神崎荘の荘鎮守として重要な役割をはたしてきた。この神社は，福岡・博多の櫛田神社と深いつながりがあり，神埼の櫛田神社の神を博多に勧請したという言い伝えが残る。平氏との関係で，このような博多と神埼の深いつながりができたものと思われる。そのことをよく示しているのが，「櫛田神社霊験記」という神社縁起の存在である。それは，蒙古襲来時に，櫛田神がいかに霊験があったかを中心に，東妙寺（吉野ヶ里町）との関わり，博多の櫛田神社とのつながりをも示唆する，興味深い内容になっている。

　神埼の櫛田宮は，文化財の宝庫といってよく，県重要無形民俗文化財となっている太神楽は４月の神社の祭礼である神幸祭のときに隔年で奉納される獅子舞である。南北朝時代の1352（観応３）年の「足利直冬文書」にもみえており，すでにこの時代に行われていたことがわかる。また時代はくだるが，県重要有形民俗文化財の櫛田宮神幸祭絵馬がある。

櫛田宮

長崎街道ひのはしら一里塚（神埼市）

28　鳥栖・みやき・神埼

この絵馬は，縦159cm・横184cmと大型のもので，奉納された時期が1858(安政5)年とわかっており，江戸時代末期の芸能や祭礼を知るうえで貴重な資料となっている。

神社は最近になって北の国道に面する側にも参道をつけたが，本来は南側のみに参道があったのであり，そこには肥前国を中心に分布している肥前鳥居が入口を飾っており，「慶長七(1602)年」の造立銘をもち，佐賀藩初代藩主鍋島勝茂の寄進である。

一方で神埼は，江戸時代には長崎街道の宿場町としても栄え，ひのはしら一里塚も残る。

千代田町の史跡

佐賀特有のクリークの中に築かれた中世城郭遺構

姉川城跡 ㉕　〈M▶P.2〉神埼市神埼町姉川
JR長崎本線神埼駅🚌佐賀駅バスセンター方面行姉川🚶15分

姉川城は，佐賀平野に点在するクリークに囲まれた平坦地に築かれた城である。この城の東方約1kmの所には，横武クリーク公園があり，その場所にも横武城という同様の城があった。現在，姉川城跡(国史跡)は，姉川バス停の北約500mの田圃の中に埋没するように位置していて，クリークを利用した城としては貴重で，案内板があり，往時を偲ばせる。城は肥後(現，熊本県)の菊池武安により南北朝時代に築かれたといわれ，その子孫がのちに姉川氏を称したとされる。戦国時代には龍造寺氏に属した。

高志神社 ㉖　〈M▶P.2, 29〉神埼市千代田町大字下板1229
JR長崎本線神埼駅🚶15分，またはJR長崎本線佐賀駅🚌信愛女学院久留米行・西鉄久留米行西分または詫田🚶5分

高志神社(祭神素盞嗚尊・稲田姫命・日本武命)は，櫛田宮の南約3.8kmに位置する。この地は神崎荘の開発の最終段階を迎えた時

神埼・千代田　29

代の神社として役割をになったものであったろう。

　神社に残る県重要無形民俗文化財の高志狂言は，毎年10月12日，高志神社の能舞台で演じられる。この狂言の特色は，江戸時代の主流であった鷺流が，中央では姿を消したものの，地方にわずかに残っているなかの1つであることである。この狂言は，室町時代以前に遡るものではないと考えられており，あまりよくわかっていないが，この神社の創建年代を考えるうえで参考になる。

　なお，高志神社のある千代田地域は，佐賀平野を縦横無尽に走るクリークが多くみられる土地でもある。

神崎荘ゆかりの神社で荘域の最南に位置する

下村湖人生家 ㉗

〈M▶P. 2, 29〉 神埼市千代田町崎村895-1　P
0952-44-5167　　JR長崎本線神埼駅🚌15分

　JR神埼駅から南へ約5km行くと，『次郎物語』の作家として有名で，教育者の下村湖人が，1884(明治17)年に生まれてから15歳まで暮らした下村湖人生家がある。生家内には湖人ゆかりの品々が展示されている。建物は1970(昭和45)年下村湖人生家保存会によって買収・修復され，1997(平成9)・98年には「瓦一枚募金」により瓦屋根が修復された。毎年10月3日に湖人生誕祭が行われている。

下村湖人生家

佐賀出身の作家・教育者として著名な人物の生家

県都佐賀市とその周辺

Saga

佐賀城鯱の門

肥前国庁跡

県都佐賀市とその周辺

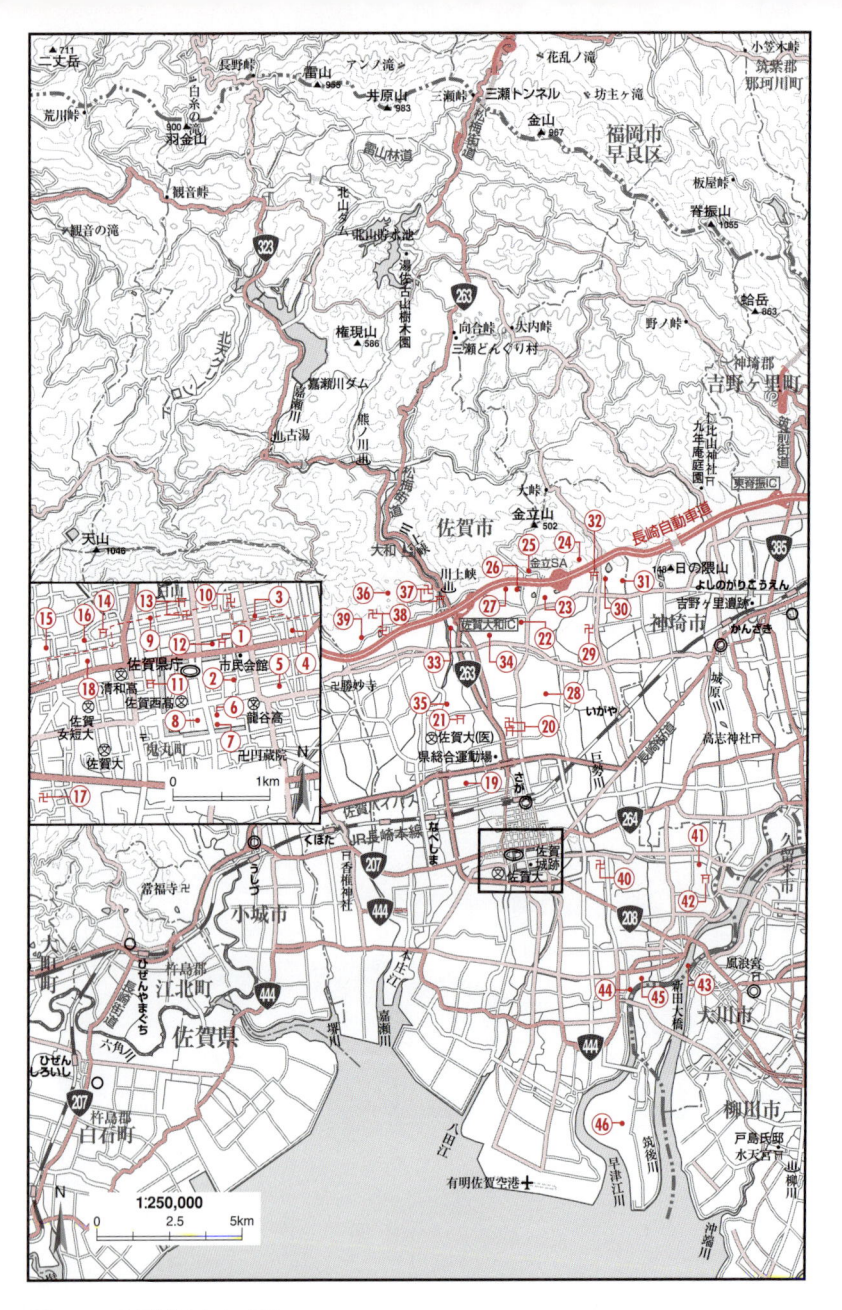

◎佐賀市中心部散歩モデルコース

肥前鳥居の神社をめぐるコース　　JR長崎本線・唐津線佐賀駅_15_佐賀(龍造寺)八幡宮_15_与賀神社_10_伊勢神社_20_本庄神社_15_JR佐賀駅

大隈重信生家などをめぐるコース　　JR長崎本線・唐津線佐賀駅_8_恵比寿像(佐賀銀行本店向かい側)・街中の恵比寿像見学_15_佐嘉神社・松原神社_3_徴古館_10_佐賀市歴史民俗館_15_大隈重信記念館(大隈重信生家)_30_JR佐賀駅

佐賀城公園をめぐるコース　　JR長崎本線・唐津線佐賀駅_30_佐賀城本丸歴史館(佐賀城鯱の門)_5_佐賀県立博物館・美術館_10_佐賀城公園(南の濠)_15_佐賀県庁・佐賀県立図書館，佐賀城公園北側の濠(クスの大木群)_20_JR佐賀駅

◎佐賀市北部散歩モデルコース

肥前国府跡地をめぐるコース　　JR長崎本線・唐津線佐賀駅_30_肥前国庁跡_25_河上神社・実相院_30_JR佐賀駅

金立山山麓をめぐるコース　　JR長崎本線・唐津線佐賀駅_35_金立山いこいの広場(徐福長寿館)_5_丸山遺跡_20_来迎寺(島義勇の墓)_30_JR佐賀駅

---

①松原神社・佐嘉神社
②万部島公園
③佐賀市歴史民俗館(旧古賀銀行)
④野中烏犀圓本店
⑤大隈重信旧宅
⑥佐賀城跡
⑦佐賀城本丸歴史館
⑧佐賀県立博物館
⑨長崎街道と恵比寿像
⑩願正寺と称念寺
⑪与賀神社
⑫徴古館
⑬佐賀(龍造寺)八幡宮と高寺
⑭伊勢神社
⑮築地反射炉跡
⑯肥前国忠吉(初代)の墓
⑰高伝寺
⑱江藤新平の墓
⑲神野公園
⑳高木八幡宮と正法寺
㉑蠣久天満宮
㉒銚子塚古墳
㉓島義勇の墓
㉔丸山遺跡
㉕常朝先生垂訓碑
㉖古賀穀堂の墓
㉗西隈古墳
㉘東名遺跡
㉙龍田寺
㉚関行丸古墳
㉛帯隈山神籠石
㉜白髭神社の田楽
㉝肥前国庁跡
㉞肥前国分寺跡
㉟石井樋とさが水ものがたり館
㊱小隈山古墳
㊲河上神社と実相院
㊳大願寺廃寺跡と健福寺
㊴船塚
㊵福満寺
㊶蓮池城跡
㊷大堂神社
㊸筑後川昇開橋(旧筑後川橋梁)
㊹佐野常民記念館
㊺三重津海軍所跡
㊻大詫間島

佐賀市中心部 ①

佐賀市は江戸時代，鍋島藩の城下町として栄え，中心部は佐賀城公園として整備され，県庁などの機関が立ち並ぶ。

松原神社・佐嘉神社 ❶
0952-24-9195

〈M ▶ P. 32, 35〉佐賀市松原2-10-43 P
JR長崎本線佐賀駅🚶20分，またはJR長崎本線佐賀駅(佐賀駅バスセンター)🚌諸富・橋津線，犬井道・大詫間線，諸富・早津江線ほか佐嘉神社前🚶2分

鍋島家代々の藩主が崇敬した一体化した2つの社

　松原神社は佐賀駅から南に向かってまっすぐの道を歩いてもよいし，バスに乗ると佐嘉神社前バス停からはすぐわかる。1772(安永元)年，鍋島家の始祖直茂をまつる神社として創建，法号から日峯大明神(日峯宮)と称した。1817(文化14)年，直茂祖父清久，1872(明治5)年，直茂の嫡子勝茂をそれぞれ合祀し，松原神社と改称。1873年には鍋島直正や龍造寺隆信・政家・高房をまつり，1923(大正12)年，直正の子直大を合祀した。

　1933(昭和8)年，佐嘉神社が造営され，直正・直大の霊が移されたが，1961年，松原・佐嘉神社は運営を一体化した。

　松原神社では，「日峯さん」といわれる春(4月)と秋(10月)の祭りが行われていて，市民に親しまれている。「日峯さん」とは，佐賀藩祖である鍋島直茂にちなんだ松原神社の愛称である。五穀豊穣・家内安全・商売繁盛などが祈願され，祭りの期間中は，境内に出店が立ち並び，祭りステージでの伝統芸能の披露や花火などが行われ，賑わいをみせている。

佐嘉神社

佐賀市中心部の史跡

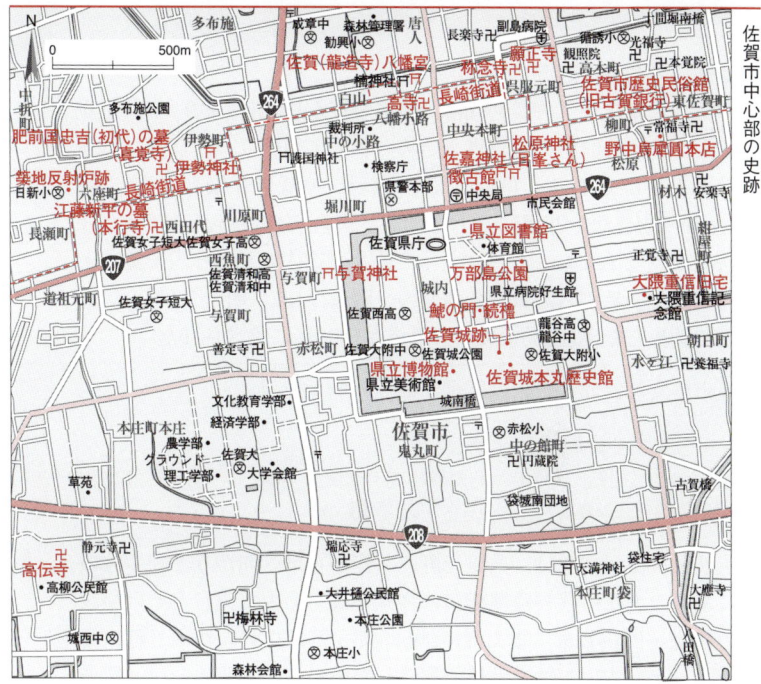

万部島公園 ❷

まんぶしまこうえん

0952-40-7368（佐賀市教育部文化振興課）

〈M ▶ P. 32, 35〉 佐賀市水ケ江1-7 **P**

JR長崎本線佐賀駅🚶30分，またはJR長崎本線佐賀駅（佐賀駅バスセンター）🚌諸富・橋津線，犬井道・大詫間線，諸富・早津江線ほか佐嘉神社前🚶5分

万部経読誦の結願記念石塔が林立

龍造寺隆信の菩提寺として建てられた宗龍寺の裏手の佐嘉神社駐車場を南へ行くと，市道の南側に四周を堀で囲まれた万部島公園がある。この地で1505（永正2）年，龍造寺家兼（剛忠）によって国家安泰と万民安楽を目的として法華経一万部の読誦が行われた。1545（天文14）年にも家兼は法華経万部読誦を行っており，これ

万部島公園の万部経読誦石塔群

佐賀市中心部

が万部島の名称の起源である。

万部島公園には、佐賀初代藩主鍋島勝茂が1632(寛永9)年に建立した大乗妙典読誦の万部塔を始め、各藩主が建立した11基の万部経読誦石塔群がある。脊振山東福院(現、神埼市脊振町)や修学院(現、神埼郡吉野ヶ里町)などを始め、天台宗の僧侶が導師となって法要が営まれている。また、「天文二(1533)年」銘と「天文二十二(1553)年」銘の六地蔵や、南側の一隅には1874(明治7)年の佐賀の役で戦死した士族200余人の慰霊塔が1886年に建立された。

佐賀市歴史民俗館(旧古賀銀行) ❸
0952-22-6849

〈M ► P. 32, 35〉 佐賀市柳町2-9 P
JR長崎本線佐賀駅 25分、またはJR長崎本線佐賀駅(佐賀駅バスセンター)佐賀大学・西与賀線、佐賀大学・東与賀線呉服元町 1分

大正時代の和・洋風建築様式を残す建物群

佐賀市歴史民俗館は、呉服元町バス停から東へ向かうと約1分の所にある。大正時代の洋風建築の様式を残す旧古賀銀行とその創設者の住宅・旧古賀家、また今宿町に残っていた旧佐賀城下町のなかでもっとも古い町屋を移築し復元した旧牛島家、明治時代初期の銀行を思いおこさせる旧三省銀行、大正時代の和風建築である旧福田家などといった歴史的建造物群の総称名となっている。

歴史民俗館の中心的位置にある旧古賀銀行は、1885(明治18)年に古賀善平が設立したもので、1919(大正8)年頃は九州の5大銀行の1つとまでいわれた。しかし、大正末年から昭和初年の金融恐慌により休業した。その後は改装されて使用されていたが、現在は1916(大正5)年頃の銀行の姿に復元された。

近年3月を中心に行われている「佐賀城下ひなまつり」の会場ともなっている。

佐賀市歴史民俗館(旧古賀銀行)

佐賀城下ひなまつり

コラム

全国的に広まった城下ひなまつりの1つ

佐賀城下ひなまつりは，2001（平成13）年から始まり，市内2会場（徴古館，恵比寿ギャラリー）と1つのエリア（佐賀市歴史民俗館＝旧古賀銀行・旧古賀家・旧三省銀行・旧福田家・旧中村家の5会場）で毎年2月中旬から3月31日まで実施されている。年々規模が大きくなっており，いろいろな種類の雛人形が早春の旧城下町佐賀の町を彩っていく。なお，2010年には，開催10周年記念の催しが行われて，「佐賀城下ひなまつり」を盛りあげた。

会場には，佐賀藩鍋島家伝来の雛人形を始め，鍋島小紋や手織り佐賀錦などの趣向をこらした雛人形が展示されている。徒歩でゆっくりまわって約2時間の行程で，期間中はさまざまなイベントが企画され，観光ボランティアガイド定時ツアーもある。

野中烏犀圓本店 ❹
0952-23-2678

〈M▶P. 32, 35〉佐賀市材木1-3-17
JR長崎本線佐賀駅🚶40分，またはJR長崎本線佐賀駅（佐賀駅バスセンター）🚌今宿・道崎線，蓮池・橋津線材木橋🚶5分

旧長崎街道沿いに残る江戸時代後期の商家

県道264号線より旧佐賀城下の材木町の通りを北へ約300m行くと野中家がある。野中家は漢方滋養強壮剤の「野中烏犀圓」の製造販売を家業とする老舗である。1626（寛永3）年，初代源兵衛が創業したという。

1796（寛政8）年，生薬烏犀圓の製造販売の特許を得た。このときに野中烏犀圓建物（国登録）が建築されたと伝えられている。冷善楼とよばれる座敷と店が古く，それ以外の部分は昭和時代初期の増築である。広く街路に面する漆喰壁，正面中央の大破風，看板を吊るす屋形が江戸時代後期の商家の風情を伝え，長崎街道の歴史的景観形成に寄与している。

1867（慶応3）年のパリ万

野中烏犀圓本店

佐賀市中心部

国博覧会には藩の御用商人だった野中元右衛門(古水)が佐賀本藩の使節の1人として派遣されたが, パリで客死した。同家に伝わる野中家文書には領内での独占販売の許可証, 藩への献金などによる貢献, 精煉方の資金面を担当する政商としての資料などがあり, 古川松根・中島広足ら文化人との交流を物語るものも多い。パリで客死した野中元右衛門のマルセイユからの書簡もある。

大隈重信旧宅 ❺

0952-23-2891(大隈重信記念館)

〈M ▶ P.32, 35〉 佐賀市水ヶ江2-11-11 🅿

JR長崎本線佐賀駅 🚶25分, またはJR長崎本線佐賀駅(佐賀駅バスセンター)🚌諸善・早津江線, 諸富・橋津線, 犬井道・大詫間線大隈記念館入口 🚶3分

明治・大正時代に活躍し, 首相にまでなった人物の旧宅

佐賀城下の東部は, 東西に通るいわゆる小路が7つあり(北から順に, 馬責馬場・通・椎・花房・中ノ橋・枳・会所小路), 佐賀藩中流クラスの武士の居住地区であった。大隈記念館入口バス停で降り, 東への通りを行くと大隈重信旧宅(国史跡)がある。旧宅は「小路」の一番南の「会所小路」の南側で, 敷地約315坪・建坪45坪の, この地域に多いコの字型をしたカギ屋の平屋(一部)と2階造の家屋である。2階は母が重信の勉学のために増築したといわれている。

大隈重信は, 1838(天保9)年, この家に父信保と母三井子の長男として誕生した。父は鉄砲組頭などをつとめた人で, 1832(天保3)年にこの家を手に入れた。重信は長年ここを住居としたが, 1868(明治元)年に東京に移住した。

旧宅は, 当初から2間(約3.6m)ほど北にひかれ, 玄関などにも改造の跡があり, また台所は撤去されて管理部屋が付設されるなど, 若干変更されているが, 座敷・次の間・居間などはよく残っている。1968(昭和43)年に解体修理された。

現在, 佐賀城下の

大隈重信記念館

武家屋敷は、屋敷の門をのぞいてほとんど残っていない。その意味から、この旧宅は佐賀市内に残る数少ない典型的な武家屋敷として貴重である。なお、旧宅の東隣には、大隈重信記念館があり、大隈関係の品々が展示されている。

佐賀城跡 ❻

〈M▶P. 32, 35〉 佐賀市城内2丁目 P
JR長崎本線佐賀駅🚶30分、またはJR長崎本線佐賀駅(佐賀駅バスセンター)🚌佐賀城跡線佐賀城跡🚶1分

> 鍋島藩36万石の城跡　楠の大木と門・濠が残る

バス停のすぐ目の前にある佐賀城跡(県史跡)一帯には、現在約120株ほどの楠の大木が並び生えている(佐嘉城址の楠〈群〉、県天然)。堀端には、樹齢300年を超え、樹高26mにおよぶと推定されるものもあり、佐賀の人びとの憩いの場所となっている。この楠の木は、かつて龍造寺氏の居城であった村中城を、佐賀藩祖鍋島直茂が近世的城郭として拡張し、佐賀城とした慶長年間(1596～1615)に植えられたものと推定されている。

佐賀城は1602(慶長7)年から本丸の建設に取りかかり、1611年の完成までに10年の年月を費やして築かれたものである。しかし、江戸時代、数度の火事に見舞われた。なかでも、1835(天保6)年の火災では、二の丸が全焼した。その後、二の丸の再建とともに、1726(享保11)年に火災に遭って失われていた本丸の建設も行われた。現在残る国重要文化財の鯱の門と続櫓は1838(天保9)年に完成したが、今のものは再建されたものである。

佐賀の役のときには城内で戦闘が行われたが、その際の銃弾痕が門扉に残っている。なお、この門を含む佐賀城跡一帯は、佐賀城公園として整備されつつあり、鯱の門の西側には、佐賀城本丸歴史館が建設されて昔日の面影の一端を偲ぶことができる。

佐賀城本丸歴史館 ❼
0952-41-7550

〈M▶P. 32, 35〉 佐賀市城内2-18-1 P
JR長崎本線佐賀駅🚶25分、またはJR長崎本線佐賀駅(佐賀駅バスセンター)🚌佐賀城跡線佐賀城跡🚶1分、または平松循環線、広江・和崎線、佐賀空港線博物館前🚶1分

> 佐賀城跡鯱の門内に復元された本丸御殿資料館

佐賀城跡にある佐賀城本丸歴史館は、2004(平成16)年8月1日開館。日本の近代化に貢献した幕末・維新期の佐賀を検証し、変革の

佐賀城本丸歴史館

時代を体感できる施設として誕生した。旧佐賀城本丸御殿(ごてん)の一部を復元して、建物そのものから歴史を知る施設を目指している。

佐賀県は、この地に歴史資料館建設計画を1983(昭和58)年にスタートさせ、佐賀市教育委員会は1993(平成5)・94年に確認調査を実施、県教育委員会も1999〜2001年度に発掘調査を行った。そして、絵図・指図・文献史料(さしず)・古写真などをもとに、旧佐賀城本丸御殿を木造で復元した。各種イベントを始め、催し物を多く行って、県民を始めとして訪れる人びとに親しまれる歴史館を目指している。

佐賀県立博物館(さがけんりつはくぶつかん) ❽
0952-24-3947

〈M ▶ P. 32, 35〉 佐賀市城内1-15-23 P
JR長崎本線佐賀駅🚶30分、またはJR長崎本線佐賀駅(佐賀駅バスセンター)🚌平松循環線、広江・和崎線、佐賀空港線博物館前🚶1分

佐賀県の考古・歴史・美術資料の収蔵・展示館

佐賀城本丸歴史館の道路を挟んで西側に、1970(昭和45)年に開館した佐賀県立博物館がある。この地は旧佐賀城三の丸跡である。ここには唐津 桜 馬場弥生遺跡出土品(からつさくらのばば)(肥前唐津桜馬場出土品(ひぜん)として国重文)を始めとする考古資料、肥前名護屋 城 図屏風(なごやじょうずびょうぶ)(県重文)などの歴史資料、染付(そめつけ)鍋島藩窯絵図大皿(なべしまはんようえずおおざら)(県重文)などの美術資料、有明海漁撈用具(ありあけかいぎょろうよう)(国民俗)などの民俗資料が展示されている。

博物館につなげて西側に、佐賀県立美術館が1983(昭和58)

佐賀県立博物館

佐賀の役

コラム

佐賀が歴史の舞台に立ちながら消えていった戦争

佐賀の役は、高校の教科書では、つぎのように記述されている。「1874(明治7)年、征韓派前参議の一人江藤新平は郷里の佐賀の不平士族にむかえられて征韓党の首領となり、政府に対して反乱をおこした(佐賀の乱)」(山川出版社『詳説日本史』)。

地元佐賀では、「佐賀の役」(もしくは佐賀戦争)と表現していて、いわゆる反乱ではないという認識に立っている。それはたんなる地元および地元出身者の贔屓ということだけではなく、明治時代初期の政治史における江藤新平の役割(大久保利通との政治的対立)とそのすぐれた政治家としての資質が評価されているからである(この江藤を評価する考えは、近年ますます高まっている)。

この戦いの跡をめぐることは今日ではやや困難となっているが、吉野ヶ里遺跡のすぐ近くに位置している石塔院(現、神埼郡吉野ヶ里町)の入口の門や佐賀城鯱の門に銃弾の痕が残っている。

なお、この戦いでの戦没者に関する碑が残されている。1919(大正8)年の政府特赦により、江藤新平・島義勇の2人は赦免され、叙任されるとともに、佐賀市水ヶ江(現、佐賀城近く)に、地元有志によって、大正年間(1912〜26)に慰霊碑が建碑された。

年に開館した。収蔵資料は墨跡・絵画・彫刻・工芸で、常設展示や企画展示が催されている。

博物館を北へ約500m行くと道路東側に佐賀県立図書館がある。ここには武雄神社文書・河上神社文書(ともに国重文)などの中世史料を始め、鍋島家藩政史料・坊所鍋島文書などの近世史料に明治行政資料が収蔵されている。ほかに、深堀家文書・松浦山代家文書(ともに国重文、財団法人鍋島報效会所蔵)など、鍋島家が所蔵していた資料が県立図書館に寄託されておさめられている。

長崎街道と恵比寿像 ❾

〈M▶P. 32, 35〉佐賀市伊勢町〜長瀬町・八戸
JR長崎本線佐賀駅(佐賀駅バスセンター) 🚌 嘉瀬新町・久保田線長瀬町 🚶 5〜15分

日本一恵比寿像が多い佐賀市

長瀬町バス停から北へ行き、長崎街道の面影が残る町並みを東へ護国神社まで行く。長崎に向かう長崎街道は、佐賀の城下町の中を通っていた。佐賀市の西部に位置する八戸から長瀬町にかけては、道がジグザグになり、敵の攻撃から身を守るために斜めに家を構え

佐賀市中心部

ている。これをのこぎり型家並みと称し，弓や鉄砲に対する防御を目的としたものであろうといわれている。

　また，佐賀市南部は有明海に面し，満潮のときは水路が利用されて商人の交易が行われていた。もともと海の幸をもたらす神として漁民の信仰を集めていた恵比寿神は，商売繁盛の神としてもまつられていたようである。

　佐賀市内には約420〜430体の恵比寿像があり，これは日本一の数ともいわれていて全国的にも珍しい。恵比寿像の胸の宝珠をなでると利益があるという。また，近年新しくつくる石材店もあらわれている。

願正寺と称念寺 ⑩
0952-23-4001／0952-26-6641

〈M ▶ P. 32, 35〉佐賀市呉服元町6-5 🅿／佐賀市呉服元町5-18 🅿
JR長崎本線佐賀駅🚶20分，またはJR長崎本線佐賀駅(佐賀駅バスセンター)🚌佐賀大学・東与賀線,佐賀大学・西与賀線呉服元町🚶5分

> 西本願寺への報恩のため鍋島氏が建立した巨刹

　呉服元町バス停のすぐ北より西へ約100mで，道路北側に宝海山願正寺（浄土真宗）がある。本尊は阿弥陀如来。

　1600（慶長5）年，関ヶ原の戦いで鍋島家は西軍に属したが，敗戦後，鍋島家を保護してくれた西本願寺の准如の恩義に報いるため鍋島家が長崎街道に面したこの地に建立した。開山は熊谷寿閑。

　鍋島勝茂は寺領400石を与えて保護するとともに，佐賀領内の浄土真宗寺院をすべて西本願寺派にし，願正寺を法頭職として領内の同宗寺院を支配させた。末寺からは開山番料を徴収する権限も与えた。また，1696（元禄9）年から時鐘を撞いて城下に知らせた。本山の学林から毎年学僧を招いて宗学講座を開講した。この学寮は

願正寺本堂

鍋島猫化け騒動

コラム

龍造寺から鍋島への権力移行にともなう怪異

　佐賀の戦国時代は，龍造寺隆信(りゅうぞうじたかのぶ)の登場と勢力拡大からあらたな段階を迎えた。北九州に覇を唱えた隆信が，島原合戦(沖田畷の戦(しまばらかっせんおきたなわて)い)で島津・有馬の連合軍に敗死した後，佐賀の政治の実権は，その家臣(かしん)である鍋島(なべしま)氏へと移って行く。

　龍造寺氏は隆信の子政家と孫高房(まさいえ)(たかふさ)がいたが，高房が自殺してその血縁は途絶えたと思われていた。しかし，伯庵(はくあん)という高房の子がおり，その伯庵が佐賀の領主権を主張して江戸幕府に提訴したが敗れて流罪(るざい)となった。

　このような歴史的事実を背景に，講談(こうだん)・歌舞伎の世界で「佐賀の夜桜猫化け騒動(よざくらねこばけさくらねこばけ)」として脚色(きゃくしょく)され，人びとに知られるようになった。その内容は，佐賀藩2代藩主鍋島光茂と碁の名人龍造寺又七郎との対局のうらみによる光茂の又七郎斬殺事件に端を発した又七郎母の自殺。その後，母の飼い猫が藩主婦人に化け，怪猫となり，夜ごと光茂を苦しめたという話である。そのため，家臣2人が苦心の末退治したという。

1878(明治11)年の振風教校(しんぷうきょうこう)(旧制龍谷(りゅうこく)中学校の前身)に発展した。1883年には第1回の県会が同寺で開かれている。

　願正寺の西道路を挟んで称念寺(浄土宗)がある。宗門改(しゅうもんあらた)めが行われた所で，呉服町(晒橋(さらしばし)の西北)に1800(寛政(かんせい)12)年本陣(ほんじん)が設けられるまでは，願正寺とともに本陣として利用された。

　境内の墓地には大財聖堂(おおたからせいどう)を建てた武富咸亮(たけとみかんりょう)，幕末の儒学者武富圯南(いなん)，明治の政治家武富時敏(ときとし)などの武富氏一族や，幕末の朱子学者草場佩川(くさばはいせん)の墓がある。

与賀神社(よかじんじゃ) ⑪

0952-23-6091

〈M▶P. 32, 35〉佐賀市与賀町(まち)2-50
JR長崎本線佐賀駅🚶30分，またはJR長崎本線佐賀駅(佐賀駅バスセンター)🚌佐賀女子短大・高校線，佐賀大学・西与賀線，徳万(とくまん)・久保田線，平松循環線ほか辻の堂🚶3分

佐賀城跡の東に位置する肥前鳥居のある古社

　辻の堂バス停から南へ3分ほどの所にある与賀神社(祭神豊玉姫命(とよたまひめのみこと)ほか)は，欽明天皇時代の6世紀の創建と伝えられる。その後，時代がくだって，室町時代の1482(文明(ぶんめい)14)年，少弐政資(しょうにまさすけ)が城を築いたとき，城の鎮守(ちんじゅ)としたものである。

　与賀神社の境内(拝殿(はいでん)の南側)には県の天然記念物に指定された楠の巨木がある。推定樹齢400年，根周り15.5m・樹高20.5mの堂々

与賀神社楼門

とした木であり，佐賀市内に数多くある楠の木のなかでも代表的な木である。境内には，俳人青木月斗の「我に迫る　三千年の　楠若葉」の句碑がある。

　また神社の楼門と三の鳥居及び石橋は国の重要文化財に指定されている。なかでも三の鳥居は，佐賀県特有といわれる石造肥前鳥居で，「慶長八(1603)年」の銘があり，佐賀藩祖鍋島直茂夫人が奉建したものである。

　石橋は，そり橋で，欄干についている青銅製の擬宝珠には，1606(慶長11)年の造立銘があり，藩祖鍋島直茂が寄進した。

　楼門は，入母屋造，銅板葺きで，自然石の礎石の上に円柱を立て，中央の1間の床を石敷とし，両開きの板戸がある。少弐教頼・政資父子との関係が深いといわれ(与賀城という城郭の一部としての機能もあった)，室町時代中・後期(15世紀後半)の創建であるともいわれている。

徴古館 ⑫
0952-23-4200
〈M▶P.32, 35〉佐賀市松原2-5-22　P
JR長崎本線佐賀駅🚶20分，またはJR長崎本線佐賀駅(佐賀駅バスセンター)🚌平松循環線，広江・和泉線，佐賀空港線ほか多数，県庁前🚶3分

佐嘉・松原神社東隣にある鍋島家ゆかりの博物館

徴古館

　県庁前バス停から北へ約3分の所にある徴古館は，1926(大正15)年5月鍋島家により博物館建設が計画され，1927(昭和2)年10月28日に開館。肥前関係の文書・古器物などを

陳列して博物館的役割をになった。1970(昭和45)年,県立博物館が新設されて役目を終えた。

その間,鍋島報效会(旧鍋島家の奉賛会)は助成団体としての活動に重点をおいていたが,1994(平成6)年以降,徴古館再開を計画,1999年に登録博物館の認可を得た。2000年,鍋島家より国宝・重要文化財を含む多くの資料が寄贈され,現在に至っている。なお,文化・教育・福祉諸事業への助成活動も継続中である。

佐賀(龍造寺)八幡宮と高寺 ⓭
0952-23-6049/0952-24-2558

〈M ▶ P. 32, 35〉 佐賀市白山1-3-2 P／佐賀市白山1-1-10
JR長崎本線佐賀駅🚶15分,またはJR長崎本線佐賀駅(佐賀駅バスセンター)🚌平松循環線,広江・和崎線,佐賀空港線ほか白山🚶2分

龍造寺家の始祖季家が鶴岡八幡宮分霊を勧請

白山バス停より西へ約50m行くと,右手に佐賀八幡宮が鎮座する。その東南には高寺がある。現在は市道で神社と寺は分離されているが,かつては同一境内であった。佐賀八幡宮の祭神は応神天皇・天児屋根命・表筒男命・中筒男命・底筒男命。創建は社伝によると,龍造寺家の始祖季家が1187(文治3)年鶴岡八幡宮(現,神奈川県鎌倉市)の分霊を龍造寺村(現,城内)に勧請したものという。一説に建久年間(1190～99)季益(季家の子)の勧請とする説もある。

1604(慶長9)年初代藩主鍋島勝茂が佐賀城拡張に際し,当地に移すとともに本殿・拝殿などを造営,常夜燈を寄進し一般の参拝を許した。同宮は白山八幡宮ともいう。鳥居は1604年佐賀藩祖鍋島直茂の室(藤の方・陽泰院)の奉献である。

八幡宮の西隣の楠神社は,楠木正成・正行父子を祭神とする。1854(安政元)年執政鍋島茂真らにより創建された。このとき,1850(嘉永3)年城外の梅林庵

佐賀(龍造寺)八幡宮

佐賀市中心部

(現,佐賀市本庄町西川内)に安置されていた楠木正成父子の甲冑像も楠社に移された。これらのことを進めたのが国学者枝吉神陽を中心とする尊攘派の義祭同盟のメンバーである。この団体には神陽の実弟副島種臣,大木喬任・江藤新平・大隈重信らも参加していた。

高寺は,正しくは瑞石山龍造寺(臨済宗)といい,711(和銅4)年行基の創建と伝えられる。龍造寺季益が13世紀初めに,今の城内の地に再建したという。本尊は十一面観音。佐賀八幡宮と同様,江戸時代初期の佐賀城拡張の際に現在地に移建された。

伊勢神社 ⓮
0952-23-4221

〈M▶P.32,35〉佐賀市伊勢町9-8
JR長崎本線佐賀駅🚶25分,またはJR長崎本線佐賀駅(佐賀駅バスセンター)🚌平松循環線護国神社前🚶5分,または佐賀大学・西与賀線,徳万・久保田線,平松循環線ほか辻の堂🚶10分

お伊勢さん信仰を物語る佐賀の神社

伊勢神社(祭神天照皇大神)は,護国神社前バス停から西へ徒歩5分ほどの所にある。戦国時代に杉野隼人という人物が53回も伊勢詣をして,普通は伊勢神宮からは勧請できないが,特別に許されてこの地に伊勢の神をまつったことに始まるという。ただ,初めに田手神社(現,神埼郡吉野ヶ里町)にまつり,それから佐賀城下へ遷したという。もともとこの地域は,鍋島家が佐賀郊外の蠣久(現,鍋島町)という所にあった市場を移転したものであった。

1605(慶長10)年に伊勢の神が勧請された伊勢屋町(現,伊勢町)は,城下に訪れた人が宿泊する旅館街であり,繁盛していた。明治時代初期までは参拝者が多かったが,明治時代中期以後は減少していった。

1884(明治17)年佐賀米会所(のち佐賀米穀取引所)が設立されてからは,米商人らにより伊勢講が結成され,それが現

伊勢神社

築地反射炉跡 ⑮
0952-40-7110（佐賀市経済部観光振興課）

〈M▶P. 32, 35〉佐賀市長瀬町9-15（日新小学校）
JR長崎本線佐賀駅（佐賀駅バスセンター）🚌 徳万・久保田線，平松循環線，嘉瀬新町・久保田線長瀬町 🚶 5分

幕末佐賀藩軍事力の源となった製鉄所跡

　ペリー来航(1853年)の約3年前の1850(嘉永3)年10月，長崎港警備にあたっていた鍋島直正は，築地に日本最初の反射炉を建設し，鋼鉄製の大砲を鋳造して，そこを大砲鋳造所とよんだ。現在，長瀬町バス停から北へ約5分の日新小学校の校庭にある築地反射炉跡は小学校の敷地や民家となっているが，小学校の校庭内には反射炉や大砲の模型などが設置されている。

　近年，跡地の発掘調査も行われ，三重津海軍所跡地などとともに，「九州・山口の近代化産業遺産群」が，2013(平成25)年に「明治日本の産業革命遺産九州・山口と関連地域」に名称が変更された。

　その掲示板には，つぎのような文章が刻まれている。

　　日本で初めて鉄を生んだ溶鉱炉，嘉永3年12月12日に火入れ式
　　嘉永3年12月12日，わが国で最初に築造された佐賀藩の反射炉が，日本近代工業のあけぼのをつげた。（中略）佐賀藩は幕府の力を借りず独力で，この地に反射炉の建設にとりかかり，失敗を重ねたあげくわが国最初の工業用鉄精錬と鉄製大砲の製造に成功した。

　　嘉永6年，ペリー来航にあわてた幕府は，佐賀藩に「公儀用大砲200門鋳造」を委託。佐賀藩技術陣は苦難に耐えこの大任を果たした。（中略）

　　昭和50年12月12日建立

　なお，幕府の命により，伊豆半島の韮山(現，静岡県伊豆の国市)に，代官江川英竜の手により反射炉が築かれたのは佐賀藩より後のことで，その築造にあたっては，佐賀藩の技術者が招かれている。しかし，そ

築地反射炉跡

佐賀市中心部　47

の建設は難航を極め，江川英竜の子英敏の代になってようやく完成したが，十分なものではなかったという。

　また，幕府は韮山反射炉未完成のため，1853(嘉永6)年佐賀藩に品川台場用の鉄製大砲50門を発注。佐賀藩は「公儀御用石火矢鋳立所」を設立し鋳造を始めたという。前述した掲示板の文章と若干異なるが，同様の歴史的経緯を示すものであろう。

肥前国忠吉(初代)の墓 ❶⓰

0952-24-1743(真覚寺)

〈M▶P. 32, 35〉佐賀市伊勢町6-22(真覚寺) 🅿
JR長崎本線佐賀駅(佐賀駅バスセンター)🚌
平松循環線，護国神社前🚶10分

肥前日本刀の質の高さを示した刀工

　肥前の日本刀の刀工の祖といわれる初代肥前国忠吉の墓は，護国神社前バス停から東へ10分ほど歩いた佐賀市伊勢町の真覚寺(浄土真宗)にある。忠吉(初代)は，1572(元亀3)年，龍造寺家抱え刀工橋本道弘の子として誕生，橋本新左衛門という名であった。1596(慶長元)年，上洛して刀工としての腕を磨き，1598年，佐賀に戻って佐賀城下の長瀬町に居を構えて，佐賀藩抱えの刀工として活動した。1624(元和10)年に再び上洛，武蔵大掾の称号を得て忠広と改名し，姓を藤原とした。

　県重要文化財に2口が指定されている。1つは，「寛永七(1630)年八月吉日」銘の刀(佐賀県立博物館所蔵)，もう1つは，「寛永八年八月吉日」銘の短刀(佐嘉神社所蔵)である。忠吉(初代)は1632(寛永9)年，60歳で没するから，2本ともに晩年の作である。

高伝寺 ⓱

0952-23-6486

〈M▶P. 32, 35〉佐賀市本庄町大字本庄1112-1 🅿
JR長崎本線佐賀駅(佐賀駅バスセンター)🚌平松循環線高伝寺前
🚶5分

鍋島家の菩提寺として重きをなした寺院

　高伝寺前バス停から南へ徒歩5分ほどの所にある高伝寺は，1552(天文21)年，鍋島直茂の父清房が建立，代々佐賀藩主鍋島家の菩提寺として，また佐賀藩内にある曹洞宗寺院の中心としての役割をになった。開山堂には，龍造寺隆信時代や島原・天草一揆時の戦死者の位牌を安置し，1706(宝永3)年に寄進された釈迦涅槃像の写しもあり，毎年4月19日に開帳している。ほかに織部灯籠1基や枝吉神陽・副島種臣兄弟の墓がある。

高伝寺

　1871(明治4)年，11代藩主鍋島直大は佐賀市内各所に散在していた祖先および龍造寺家の墓を高伝寺に集めた。現在の本堂は1902(明治35)年改築。『葉隠』の山本常朝に大きな影響を与えた堪然和尚は，この寺の11代住持である。

江藤新平の墓 ⑱
0952-24-1813(本行寺)
〈M▶P.32, 35〉 佐賀市西田代1-4-6(本行寺) Ⓟ
JR長崎本線佐賀駅(佐賀駅バスセンター)🚌佐賀女子短大・高校線，徳万・久保田線，平松循環線ほか西田代 🚶2分

悲劇の政治家といわれる人物の墓は数々の伝説を生む

　西田代バス停から北へ2分ほど歩くと本行寺に着く。江藤新平の墓碑銘(本行寺)は，同じく佐賀藩出身で幕末・明治時代に活躍した副島種臣(書家としても高く評価されている)が書いたものである。江藤新平の墓は，初め鍋島村の蓮成寺(現，佐賀市鍋島2丁目，鍋島中学校の北側)にあったが，病気平癒や兵役を免れるなどの利益が話題となって，参拝者が多くなりすぎたため，佐賀市内の本行寺(日蓮宗)に改葬されたという。明治維新政府一の政策通といわれながら，佐賀の役で敗れ志なかばで倒れた江藤新平に対する地元の人びとの思いを物語る逸話である。

　なお，この本行寺には，江戸時代初期に，佐賀平野の治水・灌漑事業につくした成富茂安の墓もある。

神野公園 ⑲
0952-30-5681
〈M▶P.32〉 佐賀市神園4-1-3 Ⓟ
JR長崎本線佐賀駅(佐賀駅バスセンター)🚌神野公園・佐賀大学病院線神野公園 🚶1分

佐賀藩主の別邸が，今は市民の憩いの場

　神野公園はもと神野の御茶屋といっていた。佐賀藩10代藩主鍋島直正(閑叟)が1846(弘化3)年に築いた別邸である。この地を鍋島家が1923(大正12)年に佐賀市に寄附したので，一般に公開されて神野公園となった。別邸は木造平屋の寄棟造の藁葺き1棟と，木造平屋建の四方廻屋根・藁葺き1棟の2棟からなり，この2棟を瓦葺きの廊下でつないでいる。寄棟造は桟瓦葺きの庇をつけ，南と西

神野公園

には 1 間幅の縁がめぐる。主室は 4 間半に 2 間半の畳の間で床の間がつき，主室の北側に 4 間に 1 間の畳の副室がついている。東棟の北隅に千鳥破風本瓦葺きの玄関がついている。

　庭園は天山を借景にして多布施川の清流をひいて，池・小山をつくり，石と樹木を配したもので，直正の側近古川松根が設計監督にあたったと伝えられている。現在では公園内に遊園地，ゲート・ボール場，入口蓮池，小動物園，野外音楽堂などもあり，とくにサクラは有名で市民の憩いの場として人気がある。

高木八幡宮と正法寺 ⑳

0952-31-0858（正法寺）

〈M▶P.32〉佐賀市高木瀬東2-12-8 **P**／佐賀市高木瀬東3-9-12 **P**
JR長崎本線佐賀駅（佐賀駅バスセンター）🚌 二俣・金立 公民館線 東高木 🚶 5分／8分

中世前期の有力者高木氏の足跡

　東高木バス停より少し南を西へ約100m行くと，道路北側に鳥居がある。そこから北へ約50mで高木八幡宮がある。『肥前古蹟縁起』には，文安年間（1444〜49）に高木貞長（貞永）が霊験によって朝日を旗の紋とし，城を築いてそのなかに八幡宮を建立したと伝える。1253（建長5）年の「将軍家政所下文」（実相院文書）に「高木屋敷」の記事があるので，当時，高木氏が高木城（高木屋敷）を中心に大きな勢力をもっていたことがわかる。

　高木城は高木八幡宮の西北約150mにあり，「高木城址」の碑がある。高木氏は遅くとも平安時代末には佐賀郡北部を本拠とする豪族に成長していたと考えられる。鎌倉時代初期に佐賀郡の西南部の小津東郷を拠点とする龍造寺氏も，この高木氏の一族である。高木氏は南北朝の動乱では北朝に属していたが，その後，東西両家に分かれ龍造寺氏と覇を競った。しかし，1553（天文22）年高木鑑房は龍造寺隆信に攻められて滅び，東高木の高木胤秀は城を明けて和を講

じ，城は廃絶した。城址近くに館・郷倉・館橋の地名が今も残る。

高木八幡宮より市道を横切って北へ約200m行くと高木山正法寺（臨済宗）がある。本尊は阿弥陀如来で，高木氏の菩提寺である。創建は1299（正安元）年，高木氏の一族西郷三郎兵衛の室妙明尼の発願で，深海和尚を開山とする。今も高木家累代の墳墓が残る。高木氏の滅亡とともに寺勢も衰えたが，のち江戸時代に鍋島家の保護を受けた。

正法寺には鎮西御教書，後醍醐天皇の綸旨，征西将軍懐良親王の令旨，足利尊氏御教書，今川了俊の安堵状など32通が正法寺文書（県重文）として残っている。また平安時代末期に書写された大般若経の一部が保存されている。

蠣久天満宮 ㉑

〈M▶P. 32〉佐賀市鍋島町大字蛎久字蛎久 P
JR長崎本線佐賀駅（佐賀駅バスセンター）🚌神野公園・佐賀大学病院線医学部北 🚶20分

蛎久荘の護り神の社に、佐賀藩主が連歌を奉納

佐賀大学医学部東側より北へ約400m，そして東へ約700m行くと，蠣久天満宮の北側に出る。蛎久荘が1082（永保2）年に太宰府天満宮の神宮寺である安楽寺（現，福岡県太宰府市）に寄進される前後から，蛎久の地と天満宮との結びつきが強かったと考えられているが，社伝によれば，1054（天喜2）年勅願によってこの地に分祀されたという。祭神は菅原道真。16世紀後半の大友・龍造寺両氏の兵乱で焼失したと伝えられる。その後に再建され，鍋島氏の尊崇を受けた。

1661（寛文元）年の一千句法楽連歌には佐賀藩2代藩主鍋島光茂や宮司らの連歌が奉納され，3代藩主綱茂も奉納連歌を続けた。太宰府天満宮の安楽寺領の荘園である蛎久荘は，この蠣久天満宮周辺であろう。13世紀末の史料では面積が60町と記録されている（『河上神社文書』）。

蠣久天満宮

佐賀市中心部

❷ 金立山周辺

佐賀平野北部，脊振山系南麓の金立山周辺には古墳が多く，古代以来開拓が進み，徐福伝説の場でもあった。

銚子塚古墳 ㉒

〈M▶P. 32, 53〉佐賀市金立町大字金立字八本杉2355
JR長崎本線佐賀駅(佐賀駅バスセンター)🚌尼寺・金立線
金立🚶3分

佐賀第2位の大きさをもつ前方後円墳

　金立バス停から西南方向に歩いて3分ほどに銚子塚古墳(国史跡)はあり，佐賀駅から北東へ約15km行った，脊振山麓の標高15m付近に位置する。前期古墳時代の前方後円墳(全長98m，後円部径58m・高さ8m，前方部幅32m・高さ4.6m)である。この古墳の墳形は前期古墳に特徴的な柄鏡形で，後円部と前方部の比高差も大である。前方部は西向きであるが，第二次世界大戦の戦中・戦後の開墾などで削り取られているが，全体として古墳の残存度は良好である。後円部には多数の葺石が認められ，周濠は11～28mと広く，中期古墳に多い盾形周濠に先行する形態である。内部は竪穴式石室と推定されるが，実態は明らかでない。

　この古墳は，墳形と出土遺物(壺形埴輪に近い土師器二重口縁壺6個体以上)から4世紀末期頃の築造と推定され，古墳時代前期の佐賀平野における政治的権力の存在を知ることができるとともに，古墳文化の伝播を知るための重要な遺跡である。

島義勇の墓 ㉓

0952-98-1025(来迎寺)
〈M▶P. 32, 53〉佐賀市金立町大字金立字来迎寺1660(来迎寺内)
JR長崎本線佐賀駅(佐賀駅バスセンター)🚌尼寺・金立線
来迎寺🚶5分

北海道開拓に尽力したが志なかばでたおれる

　幕末の佐賀藩を代表する人物の1人である島義勇は，その活躍にもかかわらず，佐賀の七賢人の1人としてしか知られていないようである。佐賀の役での敗死が好ましくない印象を与えているのかもしれない。その点，江藤新平とも似通ったところがあるが，島の場合，江藤新平以上に知られていない。

　島義勇の銅像は，佐賀県にはなく，札幌市役所・北海道神宮にあり，円山公園(現，札幌市)には「島判官紀功碑」(顕彰碑)がある。北海道神宮では，命日の4月13日に島の北海道開拓などの功績を偲

金立山周辺の史跡

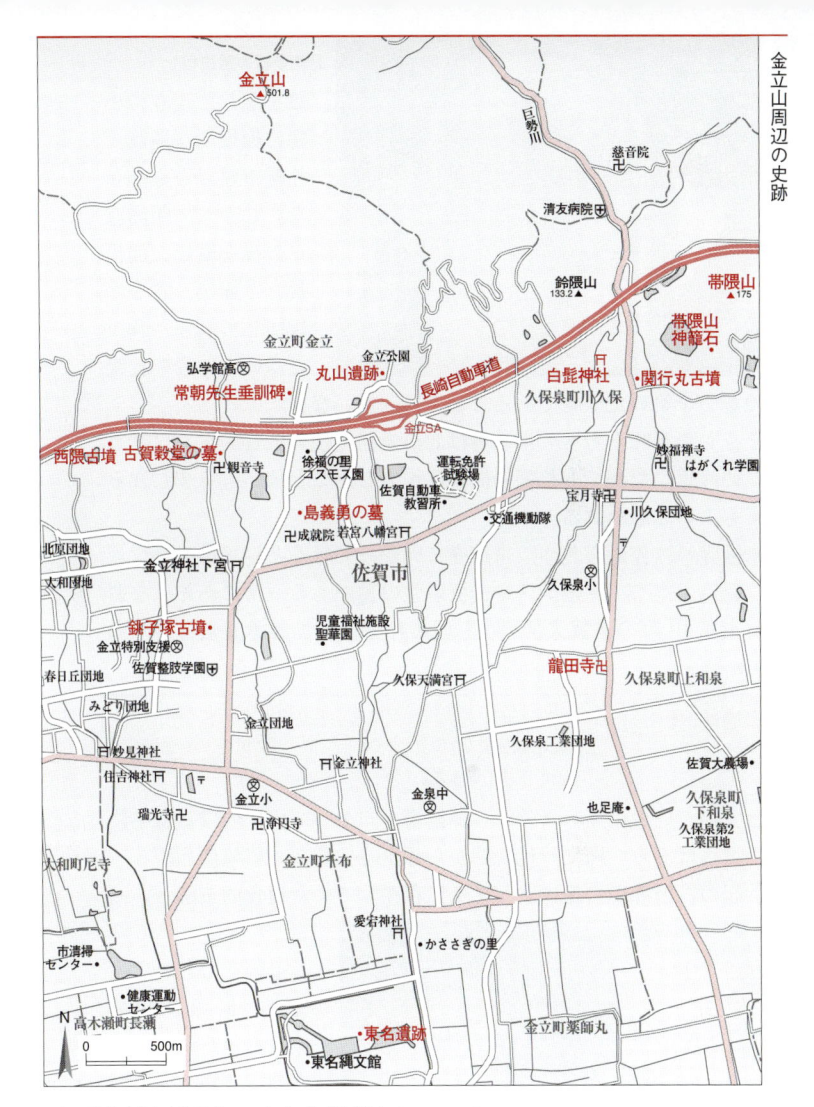

び、「島判官慰霊祭」が毎年開催されている。
　島義勇は、佐賀藩主鍋島直正の命により、箱館奉行堀利煕の近
習となり、蝦夷地・樺太を探検調査、『入北記』という記録を残
した。島は明治新政府が、鍋島直正を蝦夷地開拓長官に任命したこ
とから、開拓使判官に就任した。そこで、蝦夷地の中心的都市の建

金立山周辺　53

島義勇墓の解説板

設を志して現在の小樽に仮役所を開設，札幌市建設を推進した。しかし，鍋島直正の後を継いだ開拓長官と衝突，志なかばにして解任された。とはいえ，今の札幌市の基礎を築いた人物であることには間違いない。

　そうした意味からも，島義勇は北海道開拓使の実質的トップとして，北海道，なかでも札幌の開拓に尽力したことは，もう少し知られてもよいと思われる。

　来迎寺バス停から北へ，来迎寺に向かって行くと島義勇の墓に着く。墓は山本常朝垂訓碑や古賀穀堂の墓がある一帯にある。なお，佐賀市本庄町の佐賀大学の少し北の住宅街に島義勇屋敷跡碑がある。

丸山遺跡 ㉔

〈M▶P. 32, 53〉佐賀市金立町大字金立字五本黒木 P
JR長崎本線佐賀駅（佐賀駅バスセンター）🚌尼寺・金立線金立いこいの広場行終点🚶5分

道路建設のために遺跡が移転、復元された

　金立いこいの広場バス停から葬祭場へ向かって山をのぼる途中に丸山遺跡はある。縄文時代晩期から弥生時代前期の墳墓群と，5～6世紀の古墳群が台地にまとまって存在していた複合的遺跡といえる。

　遺跡そのものは佐賀市久保泉町川久保にあったが，長崎自動車道建設のため，1982（昭和57）～83年にかけて移設工事が行われた。この移転復元がはたしてよかったかどうかは後世

丸山遺跡

金立山と徐福伝説

コラム 伝

金立山には徐福伝説が息づいている

中国最初の統一王朝を築いた秦の始皇帝の命を受けた徐福は，東方の蓬萊山などの山に住む仙人から不老不死の薬を手に入れるために若い男女数千人を引き連れて，旅立った。一度は失敗したが再び船出した一行は，現在の日本のどこかの土地に辿り着いたといわれている。

その伝説の場所は，全国各地に多数あって，それぞれの地域独自に徐福を顕彰している。佐賀では，金立山（金立神社という神社が山の中腹にある）一帯に徐福伝説が色濃く残り，今では徐福長寿館という施設がつくられ，金立神社には徐福像がまつられている。また，ここは金立公園として，人びとの憩いの場になっている。

金立公園内にある徐福長寿館は，長崎自動車道の金立サービスエリアからも徒歩で入ることができる。

金立神社上宮遠景

の判断を待つしかないが，少なくとも遺跡そのものは破壊された。

移設された石室は一般公開され，野外公園における教育的役割をはたしているといえる（丸山遺跡1・2・6・7号墳石室及び出土遺物，県重要文化財）。

常朝先生垂訓碑 ㉕

『葉隠』著者が晩年に生活した場所に建立

〈M ▶ P. 32, 53〉 佐賀市金立町大字金立字黒土原
JR長崎本線佐賀駅（佐賀駅バスセンター）🚌尼寺・金立線金立いこいの広場行終点 🚶 5分

金立いこいの広場バス停から北へ，弘学館学園の南にある常朝先生垂訓碑は，江戸時代の代表的な武士道書として知られる『葉隠』の口述者である山本常朝が，晩年に隠棲した場所に建てられた碑である。ここで，山本常朝は同じ佐賀藩士田代陣基の訪問を受け，常朝の語る武士の心構えや生き方を田代陣基が筆記した。

佐賀藩2代藩主鍋島光茂に仕えた常朝は，光茂没後の1700（元禄13）年この地に移り住んだ。そのため，この垂訓碑が立っている所が『葉隠』発祥の地というべきである。碑は，1935（昭和10）年に建てられたものである。

『葉隠』は，戦前においては，滅私奉公の精神を広めるものとし

金立山周辺

て，もてはやされた。戦後はその反動として，右翼的著作として，敬遠された向きもあるが，あくまでも，江戸時代の佐賀藩に仕えた武士が個人的に考えた「武士の心得」の１つとして読むべきものであると考えられる。その点，武士道精神という形で一般化することはやや不適当なのではないだろうか。

古賀穀堂の墓 ㉖

〈M▶P. 32, 53〉佐賀市金立町大門
JR長崎本線佐賀駅（佐賀駅バスセンター）🚌尼寺・金立線金立いこいの広場行弘学館前🚶7分

寛政三博士の長男鍋島直正の傅役

古賀穀堂は，幕末の日本の政治を動かした鍋島直正の傅役（教育担当者で，3年間直正に教えを授けた人物）として，直正に大きな影響を与えた。古賀穀堂の父は，江戸の昌平坂学問所で教授として活躍した古賀精里である。

古賀穀堂は精里の長男として，1778（安永7）年に誕生，1836（天保7）年に没した。弘学館前バス停から西へ向かって長崎自動車道沿いに7分ほど行った所にある墓は，金立町大門にひっそりと立っている。山本常朝垂訓碑の近くに位置しているのも，何かの因縁かもしれない。

西隈古墳 ㉗

〈M▶P. 32, 53〉佐賀市金立町大字金立字西隈2936-5
JR長崎本線佐賀駅（佐賀駅バスセンター）🚌尼寺・金立線弘学館前🚶20分

金立山麓にある代表的な円墳

弘学館前バス停から西に向かって約20分歩くと西隈古墳（国史跡）があり，佐賀駅から北東へ15kmほど行った，脊振山麓の標高30m付近に位置する。直径約40m・高さ約4mの円墳である。墳丘の周囲を若干削り取られているが，残存度は比較的よい。墳丘上から形象・円筒埴輪片が採集され，葺石帯の存在も確認されている。

西隈古墳

内部は初期の横穴式石室で，家形石棺1基をおさめる。玄室は長さ3.3m・幅1.5m・高さ1.7mで，基底部に腰石をおき，その上に扁平な塊石を積んでいる。石材はいずれも花崗岩で，玄室内は赤色顔料が塗られている。石棺は阿蘇山系の凝灰岩製で，長さ2m・幅1.1m・高さ1.3mで，4枚の板石を組み合わせている。棺蓋などには線刻文様があり，それ以外の部分に赤色顔料が塗ってあった。

　西隈古墳は，盗掘の跡があり，鉄鏃・挂甲片らの遺物が若干出土しただけであるが，石室・石棺などの構造からみて5世紀末頃の築造と推定されている。有明海文化圏における石棺系装飾古墳の代表例として重要である。

東名遺跡 ㉘

約7000年前、縄文時代早期末の国内最大級湿地性貝塚

0952-40-7368(佐賀市教育部文化振興課)

〈M▶P.32, 53〉佐賀市金立町大字千布字東名，巨勢川調整池内 P

JR長崎本線佐賀駅(佐賀駅バスセンター)🚌二俣・金立公民館線二俣🚶10分

　二俣バス停の少し北の平尾橋を東方へ約10分歩くと広い調整池があり，ここに東名遺跡がある。遺跡は国土交通省による巨勢川調整池(約55ha)建設工事にともない発見された。2004(平成16)～07年に第1・2次の調査が実施され，標高3m前後の微高地上に火所(集石炉)や墓地が設けられた集落跡と，標高0m以下の谷部につくられた貯蔵穴をともなう6カ所の湿地性貝塚が確認された。

　縄文時代早期末(約7000年前)の湿地と貝塚という2つの特徴を有する遺跡で，水成粘土層で覆われていたので保存状態がきわめて良好であった。湿地性貝塚としては国内最古で，縄文時代早期段階としては国内最大級の貝塚群として広く知られることになった。集落・墓地・貝塚・貯蔵穴がセットで発見された遺跡は国内でも類例が少なく，学術的価値は高い。

　出土した遺物としては塞

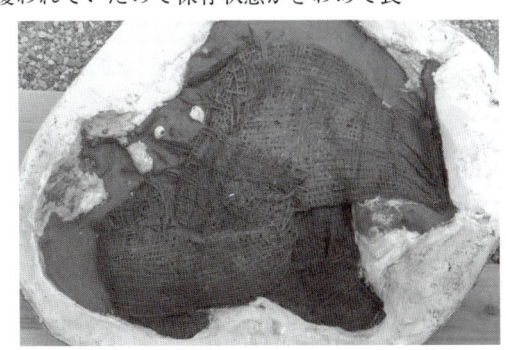

大型の編みかご(東名遺跡出土)

ノ神式土器などの土器や黒曜石・安山岩(サヌカイト)製の石器のほか，貝製品・骨角器類などの動物性遺物，種子・木製品などの植物性遺物があげられる。なかでも特筆すべきは，おびただしい数の編みかご類で，多くはドングリ類の水漬け用として使用された。その構造はバラエティに富み，国内の縄文遺跡で確認されている編組技法のほとんどが確認された。そのほか，容器類を中心とした木製品や緻密な文様を施した鹿角製の装身具など，いままでの縄文時代早期に対するイメージを一新させる遺物が多く出土し，高度な加工技術が早期段階まで遡ることが明らかとなった。

出土した遺物のガイダンス展示館として東名縄文館が2009(平成21)年に開設された(開館は火〜金曜日は10〜13時，土・日曜日，祝日は10〜16時，月曜日は休館。入場無料)。

龍田寺 ㉙
0952-98-0031

〈M▶P. 32, 53〉佐賀市久保泉町上和泉1270
JR長崎本線佐賀駅(佐賀駅バスセンター)🚌伊賀屋・清友病院線上和泉🚶2分

鎌倉時代末期の創建とされる寺院

上和泉バス停から南へ2分ほど歩くと着く龍田寺は，元亨年間(1321〜24)に創建されたと伝えられる真言律宗寺院である。本尊は木造普賢延命菩薩騎象像(国重文)で，延命息災を祈るための本尊である。象の上に鎮座する普賢延命菩薩騎象像は，像高71.7cm，ヒノキの寄木造であり，表面には漆箔を施す。目には水晶を嵌め込み玉眼とし，頭上には金箔を貼った銅製の宝冠をいただき，同様の首飾りをかける。これらの特徴は，鎌倉時代末期から南北朝時代の仏像に共通する。この像には銘文があり，1326(正中3)年に奈良仏師で，慶派に属する康俊がつくったことが判明している。

関行丸古墳 ㉚

〈M▶P. 32, 53〉佐賀市久保泉町川久保4097
JR長崎本線佐賀駅(佐賀駅バスセンター)🚌伊賀屋・清友病院線上分公民館前🚶2分

前方後円墳の形態に横穴式石室をもつ古墳

関行丸古墳(県史跡)は，上分公民館前バス停から南へ100mほどの所にあり，佐賀駅から北東へ約15km行った，脊振山麓の扇状地に立地する。東は神籠石で知られる標高175mの帯隈山，西は約140mの山丘に囲まれた，平地に位置する前方後円墳である。

1957(昭和32)年，佐賀県教育委員会と九州大学が発掘調査を実施。

関行丸古墳

前方部の長さ20m・幅13m・高さ1m、後円部径35m、周囲との比高差4.5mで、葺石・埴輪などは認められなかった。

　内部は、短い羨道(せんどう)をもった横穴式石室で、後円部にあり、長さ4.35m・幅2.8m・高さ2.65mで、奥壁の方が前より約0.8m広い。石室内には5体の遺骸(いがい)が埋葬されていた。石室内部は天井部・羨道部をのぞいて、すべて鉄丹(てつに)が塗られていた。副葬品は鏡4面、金銅製冠帽(かんぼう)・貝輪(かいわ)・勾玉(まがたま)・管玉(くだたま)・刀子(とうす)・小玉(こだま)・鉄鏃(てつぞく)・鋲金具(びょうかなぐ)・三環鈴(さんかんれい)などが出土している(出土遺物、県重文)。6世紀初頭頃の築造とされる。

帯隈山神籠石(おぶくまやまこうごいし) ㉛

〈M ▶ P. 32, 53〉佐賀市久保泉町川久保
JR長崎本線佐賀駅(佐賀駅バスセンター) 🚌 伊賀屋・清友病院線上分公民館前 🚶15分

九州北部などに点在する謎の石組施設

　帯隈山は、佐賀市内から北東部に約15km行った、脊振山麓(やまじろ)に築かれた古代の山城と考えられている。しかし、上分公民館前バス停から東へ1kmほどの所にある神籠石(現在、北部九州から瀬戸内海の一部にその存在が知られる)そのものが謎の施設であり、山城とはまだ断定できていない。なんらかの宗教的施設ではないかとも考えられている。

　標高175mの帯隈山を中心に切石(きりいし)を並べた列石線(れっせき)が約2.4kmの長さで1周しており、途中北面に門跡(もんあと)1カ所、南面に水門(すいもん)推定地3カ所がある。1941(昭和16)年に発見され、1964年に発掘調査された。発掘調査の結果、列石は土塁(どるい)の基礎部分にすぎず、その背後上部に

帯隈山神籠石

金立山周辺　59

は高さ2～3mの土塁が版築によって築かれ、石塁前面には約3m間隔で木の柵が立てられていたようだ。

佐賀県下では、武雄市のおつぼ山神籠石が知られているが、規模・立地や内部に建物跡がみられないなどの点で、基肄城跡(基山)などの朝鮮式山城とは様相が異なる。6～7世紀頃の建造物ともされるが、詳細は不明である。神籠石、つまり神のいる場所を意味する名に囚われない施設の真の姿の解明が待たれる。

白鬚神社の田楽 ㉜

〈M▶P.32, 53〉佐賀市久保泉町川久保
JR長崎本線佐賀駅(佐賀駅バスセンター) 🚌伊賀屋・清友病院線上分公民館前 🚶10分

古式豊かな古来の神事を引き継ぐ田楽

上分公民館前バス停から西へ約500mの所にある白鬚神社(祭神豊受比売命・猿田彦命・武内宿禰)に、毎年10月18・19日に奉納される田楽。神社の鎮座の時代は不明であるが、近江国(現、滋賀県)から勧請されたという。その際に奉仕した19家は、姓に丸字をつけて祭事に従事したことから丸祭といった。

その後、丸祭は1959(昭和34)年以来中断していたが、現在は保存会(氏子総代を中心とする)の手により行われている。内容は中世以来の神まつり芸能であると考えられる。

演者はハナカタメ1人(幼児、造花をもつ)・スッテンテン1人(幼児、鼓の役)・カケウチ2人(青年、太鼓を打つ)・ササラツキ4人(少年、ササラをもつ)・笛の役4人(壮年)という構成になっている。田楽は、社前に青竹の玉垣をつくり、ゴザを敷いてその上で演じられ、国の重要無形民俗文化財に指定されている。

白鬚神社の田楽

3 肥前国府跡周辺

古代，肥前国の中心であったこの地は，いまでは長崎自動車道のインターチェンジ（佐賀・大和）があり，各地とつながる。

肥前国庁跡 ㉝
0952-62-7441（肥前国庁跡資料館）

〈M▶P. 32, 63〉 佐賀市大和町大字久池井2738-2
JR長崎本線佐賀駅（佐賀駅バスセンター）🚌尼寺・金立線尼寺🚶20分，またはJR長崎本線佐賀駅（佐賀駅バスセンター）🚌古湯・北山線高志館高校前🚶3分

肥前国の政治的拠点はいまは緑豊かな地に

　長崎自動車道の佐賀大和ICから南へ，佐賀市内方面へ向かった最初の信号の西側にある肥前国庁跡（国史跡）は，1975（昭和50）年から10年間にわたる発掘調査の結果，南門・前殿・正殿・後殿が南北一直線に並び，周囲を築地塀で囲まれていたことがわかった。

　南門・築地塀などが復元され，2005（平成17）年から公開されるようになった。内部には，簡明な解説を図示した施設も設けられており，現在では誰でもが気軽に立ち寄れる肥前国庁跡歴史公園となっている。また一方，芝生広場では，各種イベントも開催できるようになっている。

肥前国庁跡

肥前国分寺跡 ㉞

〈M▶P. 32, 63〉 佐賀市大和町大字尼寺958（国分北）
JR長崎本線佐賀駅（佐賀駅バスセンター）🚌尼寺・金立線尼寺🚶10分

いにしえの官立の寺院跡はいまは街中に

　肥前国においても，全国のほかの国々と同様，国府（国庁）のすぐ近くに国分寺と国分尼寺が建立された。現在でも，佐賀市大和町には尼寺という地名が残っている。尼寺バス停から東へ約1km，阿淡島神社の北側にある肥前国分寺跡の発掘は，1974（昭和49）年から1975年にかけて行われた。それによると，寺域は方2町（約218m四方）で，中心にあった金堂の北側に講堂，その東南に塔が建てられており，中門につく回廊が，それらの建物を取り囲んでいたと

肥前国府跡周辺　61

想定されている。なかでも塔は七重塔であったと考えられており、塔跡の基壇は全国最大規模であったといわれている。1990(平成2)年5月、佐賀市史跡に指定された。

石井樋とさが水ものがたり館 ㉟
0952-62-1277(さが水ものがたり館)

〈M▶P. 32, 63〉 佐賀市大和町大字尼寺3247 P
JR長崎本線佐賀駅(佐賀駅バスセンター)🚍尼寺・金立線グリコ乳業前🚶20分、または多久行イオンショッピングタウン大和🚶10分

江戸時代の治水工事の跡を偲ぶ場所

大型商業施設前のバス停で降りて、西へ約500mの嘉瀬川のほとりにあるさが水ものがたり館は、石井樋公園のなかに設けられた地域の歴史や文化を学ぶための施設である。佐賀平野と水・成富茂安の生涯・石井樋のすべて、の3つのテーマを軸に、模型やビデオで紹介している。

石井樋とは、佐賀市大和町の嘉瀬川と多布施川の分流点にあり、佐賀での治水事業の指導者的存在である成富茂安によって約400年前につくられた水路調節施設。佐賀城下町や農地に水を供給するとともに、水害防止機能もあわせもっていた。一時、埋没していたが、2005(平成17)年に復元され、周囲は公園として整備された。

さが水ものがたり館

小隈山古墳 ㊱
〈M▶P. 32, 63〉 佐賀市大和町大字川上字小隈
JR長崎本線佐賀駅(佐賀駅バスセンター)🚍中極・東山田線中極🚶30分

脊振山麓の前方後円墳は果樹園に囲まれて

小隈山古墳(県史跡)は、佐賀市の北部、肥前国庁跡や河上神社から西へ2kmほど行った脊振山南麓の独立丘陵上に位置し、出土遺物などから6世紀中頃に築造されたと推定される前方後円墳。現況では葺石などは認められない。出土した円筒埴輪の形状から後円部

62　県都佐賀市とその周辺

肥前国庁跡周辺の史跡

に横穴式の石室があった可能性がある。

　現在は果樹栽培のための開発によって，土地の改変がかなり進んでいるが，古墳の墳形を確認することはできる。全長約63m，前方部幅約30〜31m・後円部径約30mで，発掘調査では円筒埴輪と形象埴輪が出土した。

河上神社と実相院 ㊲
0952-62-5705／0952-62-2652

〈M ▶ P. 32, 63〉佐賀市大和町大字川上1-1／大和町大字川上947
JR長崎本線佐賀駅(佐賀駅バスセンター) 🚌 古湯・北山線川上橋 🚶 1分

　川上橋バス停から南へ10mほどの川上川のほとりに河上神社が，道を隔てた反対側に実相院がある。河上神社は与止日女(淀姫)神社という名が古代以来の名称であった。中世には河上神社とも称された。創建は564(欽明25)年と伝承されている。『肥前国風土記』

河上神社

肥前国府跡周辺

佐嘉(佐賀)の地名説話

コラム 伝

佐賀の地名説話には、楠の大木が登場

　佐賀(江戸時代までの表記は佐嘉)という地名については、8世紀前半頃に成立したとされる『肥前国風土記』にその地名由来説話がみえる。

　1つは、「昔、楠の大木がこの村(佐嘉郡家の地か)にあった。その幹と枝は大きく、葉もたいそう繁茂していて、朝日の影は杵島郡の蒲川山(現在の原山か)をおおい、夕日の影は養父郡の草横山(現、九千部山)をおおっていた。日本武尊(倭建命)がこの地を巡幸したとき、楠木が茂って栄えているのをみて、おっしゃったことは、この国は栄の国というべし、と。そのため、栄の郡というようになった。後に改めて佐嘉と名付けた」という。なお、「栄」を「佐嘉」としたのは、地名を好字2字で書くべきという中央政府の方針があった、と想定されている。

　これによると、杵島郡の蒲川山の場所ははっきりしないが、佐嘉郡家から杵島郡の東境までは直線距離で約14km、九千部山までは約20kmもあるので、事実とはいいがたいのは明らかである。しかし、このような説話は「大樹伝説」とよばれ、この佐嘉以外にも登場する。

　『播磨国風土記』(逸文)速鳥条に、「仁徳天皇の時代、明石の駅家、駒井の井のほとりに楠の木があって、朝日には淡路嶋をかくし、夕日には大和国をもかくした」とあり、その木を伐って船をつくると、飛ぶように進む船をつくることができ、その船の名を「速鳥」と名づけたという。

　また『筑後国風土記』(逸文)三毛郡条に、「昔、棟木の木が郡家の南にあった。その高さは970丈あって、朝日の影は肥前国藤津郡の多良の峯(現、多良岳)をおおい、夕日の影は肥後国山鹿郡の荒爪山をおおった、という。そのため、御木の国といった。後に三毛といって、今は郡名となった」。

　このうち、筑後国三毛郡の大樹伝説において、朝日の影がおおった多良岳は筑後国から有明海をはるか隔たった彼方であり、同様に、播磨国速鳥の大木によって夕日が大和国をかくしたというのも遠すぎると思われる。

　一方、佐嘉の地名説話の第2は、佐嘉川(現、嘉瀬川)という郡の西を流れる川の川上にいた荒ぶる神の話である。その神は「往来の人の半数は生かし半数は殺してしまった。そこで、県主(この地の豪族)の祖である大荒田が占いをした。その結果、大山田女・狭山田女という2人の女に祭祀をさせたところ、下田という村の土を取って人形・馬形を作って、この神を祭れば必ずやわらぐ、ということであった。そこで、大荒田はその言葉どおりに神を祭ると、荒ぶる

神が受け入れてやわらいだ。そのため、大荒田は2人の女性はまことに賢女であるから国の名としようと思うといった。それゆえ、賢女の郡というようになった。それが変化して、佐嘉の郡というようになった」ということである。

以上、『肥前国風土記』には、佐嘉の地名説話が2種類載せられているが、それぞれの伝説を伝える2つの有力な集団がいて、一本化できなかったのであろう。

しかし、現在では、前者すなわち「大樹伝説」の栄の国の方が一般に流布していると思われる。

佐賀城は、栄城と称し、のちに栄城と読むようになった。その伝統は、旧制佐賀中学(現、佐賀西高校)にも引き継がれ、その同窓会を栄城同窓会という。ちなみに、佐賀西高校野球部のユニフォームには、「EIJO」とある。

楠の木は、佐賀県の県木に指定され、県旗も楠の花をデザイン化したものである。現在、県内各地の神社などに残る楠の古木には天然記念物に指定されているものもあり、往古、この佐賀の地に楠の木が繁茂していた様を彷彿とさせる。

1870(明治3)年以後、佐賀の表記は、「佐賀」で統一されたが、近代以前は「佐嘉」の使用が主であった。

肥前国一宮として重きをなした古社と古寺

の佐嘉郡条に「また、この川上に石神あり、名を世田姫という。海の神鰐魚を謂ふ年ごとに、流れに逆ひて潜り上り、この神のもとに到るに、海の底の小さき魚多に相従う。或いは、人、その魚をかしこまばわざわいがなく、或いは、人、捕りくらえば死ぬることあり。すべて、この魚ども、二三日とどまり、還りて海に入る」というこの神社の始まりの神についての記述がある。

この文章から、この地には世田姫という女神がまつられていたことがわかる。この神の性格についての説は種々であるが、海神と水神の両方が出会うこの地に女神祭祀が営まれたのであろう。

律令制時代以後は、国府との近接した位置関係から重要視され、肥前国一宮として宗教的・政治的権威をもつようになった。それは、この神社の造営が肥前国全体に賦課されていることをみてもわかる(正応五〈1292〉年「河上宮造営用途支配惣田数注文」)。なお、神社の西門は1573(元亀4)年の建立で、県重要文化財に指定されている。

肥前国府跡周辺　65

実相院

実相院は、1089(寛治3)年、河上神社の僧円尋が裏山に堂宇を建てたことに始まると伝える。真言宗御室派に属する。

河上神社西門から出て石段をのぼると実相院の仁王門(県重文)に至る。この門の建立年代については記録がなく、門の額に「寛永二十(1643)年」とあり、江戸時代前半のものであると想像されている。

なお、ほかに県重要文化財に指定されている絹本著色普賢延命菩薩騎象像・仏具類(戒体箱・説経箱・如意)なども所蔵されている。

また、江戸時代に肥前国一宮をめぐって千栗八幡宮(現、三養基郡みやき町)と争った一宮相論に関する文書を多数有している。

大願寺廃寺跡と健福寺 ㊳

〈M ▶ P. 32, 63〉佐賀市大和町大字川上字大願寺／大和町大字川上3881
JR長崎本線佐賀駅(佐賀駅バスセンター) 🚌 中極・東山田線中極 🚶 30分／40分

古代の七堂大伽藍を誇った寺もいまは廃寺

中極バス停から北へ、脊振山麓を目指して長崎自動車道の下を越えて歩いて行った所にある五社明神を中心とする一帯は、文献にはみえないが明らかに寺院跡である。肥前国府跡から嘉瀬川を挟んで西方約2kmの距離に位置する大願寺廃寺跡(県史跡)は、五社明神境内に建物基壇が残り、礎石約50個がおよそ4地区に分散している。その範囲は、ほぼ200m四方であり、布目瓦の散布も同じ範囲であることから、寺域は肥前国分寺と同等の規模と推定される。これまで出土した瓦には、寺浦廃寺跡や基肄城跡などと同様のものがみられ、近接する国分寺跡・国府跡との関係も想定される。

大願寺廃寺跡から北へ5分ほど行くと案内板があり、そこから山へのぼること約5分で健福寺に到着する。和銅年間(708〜715)に行基の創建と伝える。「建久七(1196)年丙辰十一月十九日」銘の銅鐘(国重文)があり、鎌倉時代初期の様式をもつ和鐘で、佐賀県

健福寺

内で現存する最古のもので、価値が高いと評価されている。

　健福寺は、初め現在地より北方約2kmの地にあったといわれる。戦国時代に兵火に遭(あ)い、また江戸時代初期に山津波(やまつなみ)におそわれたという。建久七年銘の鐘は佐賀城下まで流出し、藩が時を告げる鐘として使用したという記録もある。1634(寛永(かんえい)11)年実相院の座主尊純(ずそんじゅん)によって現在地に再興され、以後は真言宗御室派になった。

船塚(ふなづか) ㊴　〈M▶P.32, 63〉佐賀市大和町大字久留間(くるま)4768-2
JR長崎本線佐賀駅(佐賀駅バスセンター)🚌中極・東山田線大久保(おおくぼ)
🚶15分

佐賀最大の前方後円墳は地方豪族の力を示す

　大久保バス停から北へ、山麓の道を15分ほど行くと船塚(県史跡)はある。佐賀市内から北西に15kmほど行った、脊振山麓の緩斜面に築造された佐賀県下最大規模の前方後円墳である。周辺には、小隈山古墳、野田山(のだやま)古墳群など、多数の古墳が集中している。

　古墳の中心は南北の方位をとっていて後円部を北にし、全長114m、後円部径63m・前方部最大幅62mあり、墳丘(ふんきゅう)は3段に築造され、葺石が認められる。後円部の高さは10m、前方部の高さは9mと、その差は1mしかない。墳丘の周囲は、周濠(しゅうごう)がめぐっていたが、現在は水田化している。

　古墳の形態・規模・出土遺物(家形埴輪・大型勾玉1個)などから5世紀後半のものと考えられ、この地域を支配した有力豪族の存在が推定される。

船塚

肥前国府跡周辺

④ 佐賀市南部

この地域は田園地帯が広がり，有明海干拓が進められた地域である。東南部は福岡県と接し，島に独自の文化がある。

福満寺 ⓰
0952-24-7940

〈M ▶ P. 32, 69〉 佐賀市北川副町江上345
JR長崎本線佐賀駅（佐賀駅バスセンター）🚌 諸富・橋津線江上 🚶
8分

室町時代末期の古図を残す真言宗御室派の寺

804（延暦23）年に入唐（中国の唐に渡る）に際して最澄が開いたと伝えられる真言宗御室派護国長尾山福満密寺は，佐賀市の南東の平野にある。江上バス停から8分ほど東へ向かうとたどり着く福満寺には，紙本著色福満寺古図1幅（県重文）がある。図は足利直冬（足利尊氏の子，尊氏の弟直義の養子）が貞和年間（1345〜50）に再興して以降の伽藍を描いたものと伝えられている。建物はそれぞれ違った角度から描かれており，その特徴から室町時代末期から安土・桃山の時期に製作されたものと考えられている。

蓮池城跡 ⓱
0952-97-1244（蓮池公園）

〈M ▶ P. 32, 69〉 佐賀市蓮池町・諸富町 🅿
JR長崎本線佐賀駅（佐賀駅バスセンター）🚌 蓮池・橋津線
蓮池公園前 🚶 5分

旧蓮池鍋島5万石の居館跡。ショウブの名所

蓮池公園前バス停から東南方向へ5分ほど歩くと蓮池城跡に着く。佐賀市蓮池町と佐賀市諸富町小曲地域に所在した城で，小田城・芙蓉城・小曲城の別称をもつ。佐賀平野の平坦な地に位置し，初めは小田直光が築城したといわれる。1600（慶長5）年の「鍋島直茂書状」によれば，佐嘉城と蓮池城が同時期に築かれ始めたことがわかる。蓮池城は佐嘉城の南を防衛するための支城としての役割があったと考えられる。以後，「鍋島勝茂書状」「黒田如水書状」などにも記載されているので，重要な位置を占めていた城といえる。ま

蓮池公園

た,「慶長国絵図」
にも「蓮池城」は描
かれた。
　その後, 元和の一
国一城令(1615年)
で, 1国内には城
郭は1つに限定され
たことから破却され
た。1639(寛永16)年
鍋島勝茂が子の直澄
に分与して蓮池支藩
が成立したときに屋
敷が設けられ, 御
館と呼称された。
現在は堀跡が残り,
蓮池公園となってい
て, 園内はサクラ・
ツツジの名所として
知られ, 花見で人び
とが集まる。

大堂神社 ❷
0952-47-3130

〈M▶P.32, 69〉佐賀市諸
富町大字大堂695
JR長崎本線佐賀駅(佐賀
駅バスセンター)🚌 蓮
池・橋津線橋津🚶7分

　橋津バス停から西へまっすぐの道を7分ほどで大堂神社(祭神事代主神・大山祇命・豊玉姫命・平将門・宗像三女神)に着く。社の創建は1279(弘安2)年と伝えられる。永仁年間(1293～99)に新しく六所宮が造営され, 六所大明神とも称す。
　小田祐光が蒙古襲来時に夢のなかで大堂大明神のお告げを受け

佐賀市南部の史跡

佐賀市南部

見島のカセドリ行事

コラム

来訪神に扮した者が家々をまわる正月予祝行事

　佐賀市蓮池町見島に伝わる,カセドリに扮した青年が各家々をまわる小正月行事(見島のカセドリ,国民俗)は,もとは旧暦正月14日に行われていたが,現在は見島地区の熊野権現社春祭りの前夜2月14日に実施されている。行事では3日前に若者の手により,各家々宛「大福帳」が配られる。当日の夕刻,神社に集まった若者のなかから役割を選ぶ。カセドリ役の氏名は隠し,蓑・笠をつけて,すべての家々をまわり終えるまで口をきかないと決められている。神社の拝殿に人びとが揃うのをみて,小脇に抱えた青竹を激しく打ち鳴らしながら走り込んで行く。出された盃を一気に飲み干して謡3番の後,走り去る。この後,一行は各家々をまわり,神社での動作と同様の所作を行う。

　この行事の意味については,各種の解釈があり,いまだ定説となっている考えはないが,民俗学的に貴重なものであることは間違いない。

島原・天草一揆戦勝祈願の県内唯一の銅製鳥居のある社

て戦いに勝ち,後宇多天皇勅願の神社を創建したと伝える。小田氏は関東御家人出身であったゆえに,平将門もまつったものであろう。江戸時代になると,島原・天草一揆(1637〜38年)に出陣した鍋島元茂(佐嘉藩支藩・小城藩初代藩主)が戦勝祈願成就に銅製の大鳥居を寄進した。この銅造明神鳥居は1640(寛永17)年につくられた県内唯一の銅製鳥居で,県重要文化財に指定されている。

大堂神社

筑後川昇開橋(旧筑後川橋梁) ㊸
0944-87-9919(筑後川昇開橋観光財団)

〈M ▶ P. 32, 69〉佐賀市諸富町大字為重石塚分土井外24番地先(財団法人筑後川昇開橋観光財団所有) [P]

JR長崎本線佐賀駅(佐賀駅バスセンター)─諸富・早津江線昇開橋前 2分

　国道208号線の諸富橋西入口より南へ5分行くと,筑後川昇開橋

三重の獅子舞

コラム

芸

越後伝来の特色ある獅子舞 鍋島氏の招来

三重の獅子舞(県重要無形民俗文化財)は約600年前に、越後国(現、新潟県)から肥前の蓮池に伝来したといわれ、江戸時代に藩主鍋島氏が川副郷三重の川副代官に伝授させたといわれる。同様の曲芸的所作をともなう獅子舞が佐賀市蓮池町にも伝承されている。

この獅子舞は、以前は10月19日に氏子の村々によって新北神社に奉納されていたが、近年は9月の日曜日を選んで奉納されている。

出演者は囃子方としてドラ(太鼓)2人・鼓2人・笛10人、演技者としてめずり2人・獅子使い二十数人(雌雄各十数人)であり、そのほかに奉行2人・世話役10人前後・高張提灯・手提灯がつき、いずれも青壮年が中心となる。

獅子頭は顎の部分が木製で、ほかの部分が和紙の重ね張りの上に漆をかけてあり、頭部内側には銅製の環をつけて音を発するようになっている。また、頭部から尾部にかけては、着物とよぶ幌をつけ、その色は頭の色にあわせて赤褐色や青緑色となっている。

曲目は、ひら・2段継ぎ・3段継ぎ・獅子かぶり・のみとり・めずり、である。ひら・獅子かぶり・めずりは、頭・尾に各1人がつき、獅子頭を振りながら前後に動くが、2段継ぎ・3段継ぎでは頭部に肩車になった2~3人が手をさしあげて獅子頭を動かす曲芸的な所作をする。

佐賀県内で伝承される獅子舞のなかでは、やや特色ある民俗芸能であるといえる。

(国重文)に着く。佐賀地方と筑後南部の人と物資の交流のために筑後川に鉄橋を架け、鉄道で結ぶことが待望されていた。佐賀線の工事はようやく1929(昭和4)年から、瀬高(現、福岡県みやま市)より佐賀方面に向かって開始された。そして1935年、筑後川橋梁が完成して瀬高駅~佐賀駅までが全線開通した。この橋梁は長さ507mだが、大型船の往来を可能にするために中央部を上下の可動橋とした。可動部は24.2mの昇程を有し、高潮面から22mのクリアランス(通

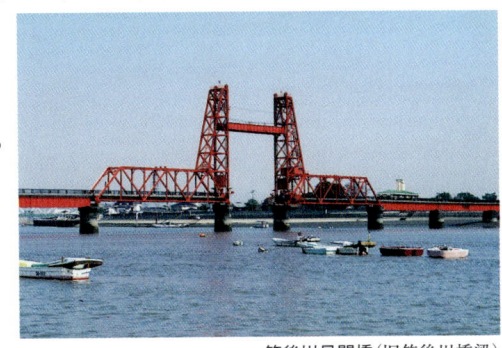

筑後川昇開橋(旧筑後川橋梁)

佐賀市南部

過可能空間)を確保している。可動部はボタン1つで上下可能で,昇程の高さと径間の長さで当時は東洋一の可動橋であった。

　佐賀線は1988(昭和63)年に廃止されたが,1996(平成8)年に遊歩道として生まれ変わり,昇開橋は永久保存されることになった。遊歩道は無料で渡れる。管理する筑後川昇開橋観光財団は,毎日9～16時35分の間で30分おきに橋げたを動かしている。

　筑後川昇開橋は,2007(平成19)年,日本機械学会から機械遺産にも認定された。

鉄船の航行のため上下に可動した橋は、いまは遊歩道

佐野常民記念館 ㊹
0952-34-9455

〈M▶P.32, 69〉　佐賀市川副町大字早津江津地内
JR長崎本線佐賀駅(佐賀駅バスセンター)🚌諸富・早津江線中川副小学校前🚶5分

日本赤十字社創設者の多面性がわかる博物館

　中川副小学校前バス停から東南へ約5分歩くと佐野常民記念館に着く。日本赤十字社の創設者である佐野常民の博愛精神について,学び普及させる施設として2004(平成16)年に開館した。

　3階建ての館内は階ごとにテーマが設定されている。1階のテーマは「体験」で,体験活動のなかで佐野常民の精神を学ぶことができる。2階は「感動」がテーマとなっており,記念館のすぐそばで現在でも発掘が進められている佐賀藩三重津海軍所について,絵図や発掘調査に基づいてつくられた模型が展示されている。また,映像ホールでは,佐野常民の生涯をわかりやすく紹介している。常設展示室では,幕末の国際・国内情勢などを背景に佐野常民の生涯を資料などで紹介している。3階は「展望」というテーマで,この階からは三重津海軍所跡地を見下ろすことができる。発掘情報コーナーには,海軍所跡地から出土した遺物も展示されている。

佐野常民記念館

漏斗谷の山口家住宅

コラム

山口家住宅(国重文)は，佐賀市川副町大字大詫間930番地に所在する。

この住宅の建築年代についての資料はないが，19世紀初頭と推定されている。建物は北面し，正面約10m・側面約10.9mで，ほぼ正方形の寄棟造，茅葺きの屋根を四角形の字形にかけ，正面に馬屋を配置する。

この家の屋根は，棟が四方にまわっていて，その内側が漏斗状になり，雨水は中央に集まる。これを小屋裏の樋に受け西側面の軒下に導いて排水している。このような四角形の字形の屋根の家は，「四方谷」「漏斗谷」とよばれており，佐賀県東南部と福岡県西南部にのみ分布している。

山口家住宅は漏斗形民家のなかでも建築年代が古く，旧状もよく残っており，民家建築変遷の歴史を知るうえから価値の高いものである。なお，1977(昭和52)・78年には解体修理が実施された。

屋根の形状から中央に雨水が集まり排水する

山口家住宅

三重津海軍所跡 ㊺

〈M▶P.32, 69〉 佐賀市川副町大字早津江津地内
JR長崎本線佐賀駅(佐賀駅バスセンター) 🚌諸富・早津江線中川副小学校前 🚶6分

佐賀藩が西洋技術を取り入れてつくった海軍所跡

佐野常民記念館と佐賀藩海軍所(三重津海軍所)跡の跡地とはすぐ近くに位置している。

そこで，記念館と海軍所の遺構とを総合的につなげた総合歴史公園としての位置づけを目指して，発掘・整備が進められた。また，佐賀藩が幕末に積極的に推進した西洋技術の導入という視点で，「九州・山口の近代化産業遺産群」の1つに組み入れ，2015(平成27)年，「明治日本の産業革命遺産　製鉄・製鋼，造船，石炭産業」の構成資産として，世界遺産に登録された。この地の発掘は今後も続けられる予定。世界遺産登録というだけではなく，地元に根づいた遺構としての多様な活用が望まれる。なお，この三重津海軍所の絵図が残されていて，佐野常民記念館に展示されている。

佐賀市南部

大詫間島 ㊻　〈M▶P. 32, 69〉佐賀市川副町大詫間
　　　　　　　　JR長崎本線佐賀駅(佐賀駅バスセンター)🚌犬井道・大詫間線
　　　　　　　　上の小路または終点🚶5分(山口家住宅まで)

> 肥前・筑後の境界争い島が福岡・佐賀に分割所属

　終点(大詫間)でバスを降り，じょうご谷民家山口家住宅(国重文)へ向かう。大詫間小学校を東にみながら，南へ5分ほど西側に入った所にある。大詫間島は，筑後川河口にできた島であるが，古来，筑後国と肥前国との境界争いが続いた所として知られている。始まりは，1601(慶長6)年に筑後藩士が干拓を進め，1616(元和2)年大野島と名づけたことである。

　一方，鍋島勝茂は大野島の南の州の中に神石(祠)というものを建てた。その付近を中心に土砂が堆積して干潟が成長し，寛永年間(1624～44)に境界争いがおきた。正保年間(1644～48)に和解が成立し，千栗八幡宮の神幣を流して境目を決定した。そのとき，佐賀城下白山町の武富氏が泥地に干拓地50町歩を設定して，大詫間村と称したという。

　不規則な川の流れを利用して，それぞれの藩の思惑で，1つの島が2つの藩に分割されたことがわかる。しかも，それは現在までも続き，福岡・佐賀両県に所属している。

Ogi
Taku

小城と多久

小城公園

多久聖廟釈菜の舞い

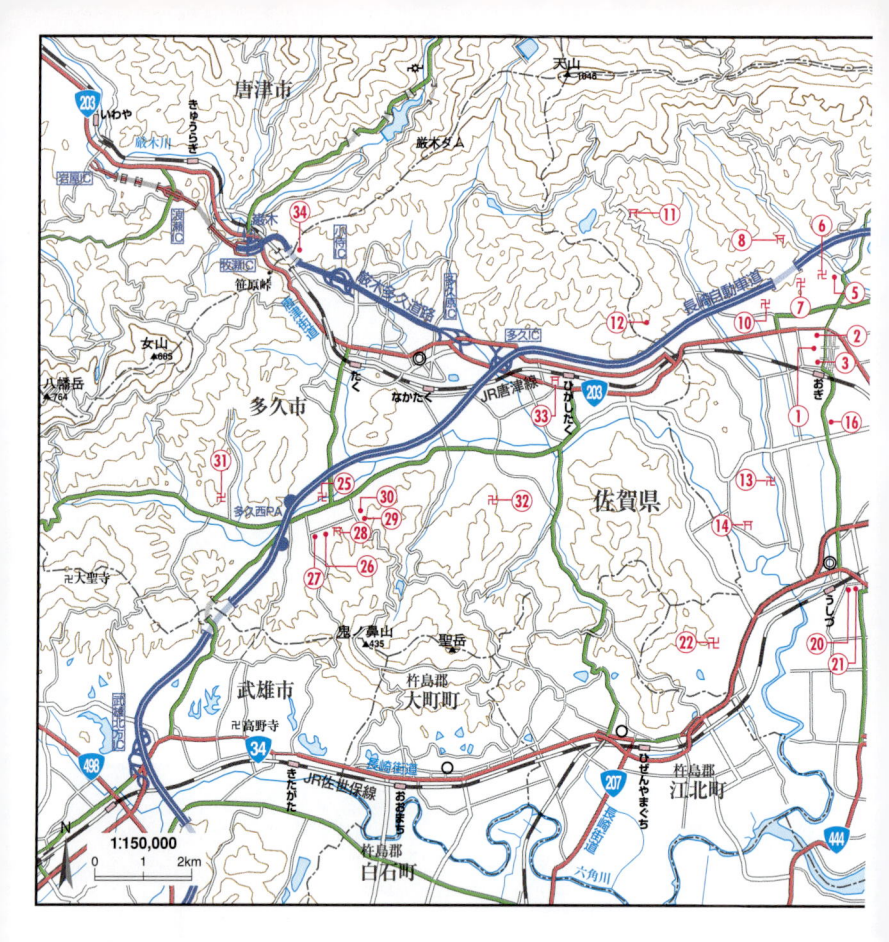

◎小城・多久散歩モデルコース

小城町中心部めぐりコース　　JR唐津線小城駅_5_桜城館_5_小城公園_5_興譲館跡_5_小城教会_30_円明寺_10_千葉城跡_5_須賀神社_5_羊羹資料館_30_清水観音_30_岩蔵天山神社_15_円通寺_10_光勝寺_10_千葉胤貞墓碑_20_JR小城駅

小城町西部めぐりコース　　JR唐津線小城駅_30_星巌寺_10_寺浦廃寺跡_40_晴気天山神社_40_本龍院_20_晴気城跡_30_姫御前古墳_30_三岳寺_10_牛尾神社_30_JR長崎本線牛津駅

牛津・砥川めぐりコース　　JR長崎本線牛津駅_5_牛津赤れんが館_5_牛津宿跡_10_乙宮神社_5_正満寺_30_持永城跡_60_常福寺_20_砥川三所八幡宮_10_永福寺

①小城公園	⑬三岳寺	㉕専称寺
②興譲館跡	⑭牛尾神社	㉖西渓公園
③桜城館	⑮玉毫寺	㉗多久市郷土資料館
④千葉城跡	⑯土生遺跡	㉘多久(若宮)八幡宮
⑤羊羹資料館	⑰梧竹観音堂	㉙東原庠舎跡
⑥円通寺	⑱芦刈水道	㉚多久聖廟
⑦光勝寺	⑲持永城跡	㉛円通寺
⑧岩蔵天山神社	⑳牛津赤れんが館	㉜妙覚寺
⑨清水観音	㉑牛津宿跡	㉝別府八幡神社
⑩星巌寺	㉒常福寺	㉞小侍関所跡
⑪晴気天山神社	㉓芦刈城跡	
⑫晴気城跡	㉔天満神社	

 30 JR牛津駅

多久中部・西部めぐりコース　　JR唐津線多久駅 10 専称寺 10 東原庠舎跡 5 多久聖廟 10 若宮八幡宮 2 多久神社 2 西渓公園 2 多久市歴史民俗資料館 1 多久市郷土資料館 5 唐人古場窯跡 10 西の原大明神 15 道祖神 10 保四郎窯跡 10 円通寺 15 川打家住宅 15 正善寺 15 JR多久駅

多久東部・北部めぐりコース　　JR唐津線東多久駅 5 通玄院 5 別府八幡神社 5 大平庵酒蔵資料館 10 牟田辺遺跡 10 妙覚寺 30 高野神社 10 陣内館跡 5 延寿寺 30 昌福寺 15 少弐さん 30 小侍関所跡 40 JR唐津線多久駅

小京都小城

小城市の中心地で，中世は関東より下向の千葉氏が支配した。江戸時代は，7万3000石の小城鍋島家の陣屋がおかれた。

小城公園 ❶
0952-73-4750（小城公園元気広場事務所）
〈M▶P.76, 79〉 小城市小城町185 Ｐ
JR唐津線小城駅 🚶 8分

サクラが植栽された小城藩主のもと庭園

JR小城駅より北へ約300m，左折して約200m行くと小城公園に着く。桜岡丘陵（娑婆岡・鯖岡とも）を北に，その南方一帯を築山と池が天山（1046m）を借景に配置され，広々とした静かな庭園の趣をみせている。約3000本のサクラと2万5000本のツツジは県内有数の花見の名所である。

サクラの植樹は小城藩初代藩主鍋島元茂が行ったのが始まりで，2代藩主直能のとき吉野桜を数回にわたり植栽し，1656（明暦2）年桜岡と改称された。直能は桜岡の麓に居を構え，3代元武は藩邸を佐賀城下から桜岡北部に移した。

桜岡一帯の造園は，直能時代の貞享年間（1684〜88）に進められ，自楽園と称され，園内にはいくつかの建物が建てられた。1875（明治8）年，最後の藩主鍋島直虎から桜岡丘陵が小城町に寄贈され，県で最初に公園に指定され，桜岡公園とよばれた。丘陵南側の庭園は第二次世界大戦後，小城町に移管され，桜岡と庭園をあわせて小城公園と改称されて今日に至っている。

公園内に岡山神社（国武社）がある。同社は1789（寛政元）年7代藩主直愈が，初代元茂（国武明神）・2代直能（矛治明神）を祭神として創祀したものである。境内北側に玉成社・武正社の小祠がある。これは元茂・直能が剣術家柳生宗矩の弟子で新陰流兵法免許皆伝を許されたので，宗矩・十兵衛父子をまつったものである。

小城公園

小城駅周辺の史跡

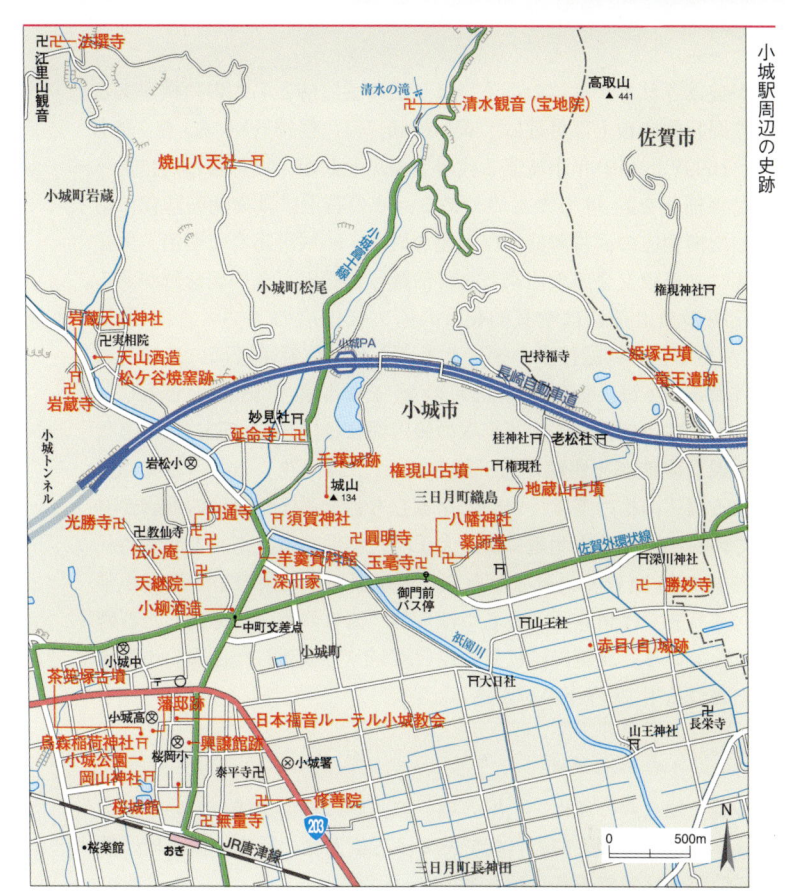

境内の西隅の松鉄祠(しょうてつし)は、元茂に追腹(おいばら)した10人の家臣をまつったものである。

庭園の北西隅には、小城藩士出身で、1809(文化6)年生まれの神道家(しんとうか)で、端歌(はうた)「春雨(はるさめ)」の作者柴田花守(しばたはなもり)の歌碑がある。毎年4月上旬に春雨祭りが行われ、長崎丸山(まるやま)の芸者による春雨の踊

岡山神社

小京都小城　79

りが披露される。歌碑の近くには，浜の茶屋跡と名木の角槙がある。

桜岡丘陵の頂上部付近に，烏森稲荷神社(祭神蒼稲魂尊)がある。1699(元禄12)年小城藩3代藩主鍋島元武が，江戸藩邸内にあった烏森稲荷を勧請したものである。その右手には南北朝時代に活躍した南朝方の武将阿蘇惟直の記念碑や，小城町出身で明治・大正時代に立憲政友会の政治家として活躍した松田正久の記念碑がある。

丘陵の頂上部には全長約46mの前方後円墳の茶筅塚古墳(県史跡)がある。4世紀後半の築造と考えられ，佐賀平野部に造営された古墳としては，佐賀市金立町の銚子塚古墳(県史跡)とともに，もっとも古い例である。茶筅塚の後円部には，1675(延宝3)年2代藩主鍋島直能が後西院から下賜された，「詠岡花」の歌「さく花にまじる岡辺の松の葉は　いつとなきしも色を添えつつ」の歌碑が立っている。桜岡の東北麓には，大正時代初期に造立された明治時代の書家中林梧竹の退筆塚がある。退筆塚から北東の市立桜岡小学校北通りまでは梧竹通りと名づけられ，梧竹の代表作を刻した石碑が並んでいる。北麓には佐賀の役(1874年)で戦死した13人の小城藩士をまつる甲戌烈士の碑がある。

興譲館跡 ❷
0952-73-3070(小城市立桜岡小学校)
〈M▶P.76, 79〉小城市小城町166
JR唐津線小城駅 🚶 10分

俊才を輩出した藩校　興譲館跡に立つ桜岡小学校

桜岡丘陵東部の通称「松屋の堀」の北側に石橋が残っている。これは小城藩邸正門入口の石橋である。石橋西側の県立小城高校の敷地一帯が藩邸跡である。

石橋東側の市立桜岡小学校内に，藩校興譲館跡がある。興譲館は1787(天明7)年7代藩主鍋島直愈の治政に創設され，藩士子弟の教育の場であった。通常約180人が学び，経費は藩より毎年150石があてられた。小学校体育館の入口右に，「興譲館碑」の石碑がある。最後の藩主鍋島直虎筆の「興譲館」の扁額は，小城市立歴史資料館にある。明治・大正時代に活躍した富岡敬明・松田正久・波多野敬直らの政治家，電気工学者中野初子，書家中林梧竹らを輩出した。

桜城館 ❸
0952-71-1132(小城市立歴史資料館)
〈M▶P.76, 79〉小城市小城町158-4 Ｐ
JR唐津線小城駅 🚶 5分

JR小城駅より北へ通りを300mほど行き，左折して約50m，小城

公園の手前に小城市民図書館小城館・市立歴史資料館と中林梧竹記念館の3館を複合した桜城館が1999(平成11)年に開館した。歴史資料館では埋蔵文化財や各時代の遺品を展示し，梧竹記念館では書家中林梧竹の作品や関係資料を紹介している。

桜岡小学校の北側には，木造の日本福音(ふくいん)ルーテル小城教会(国登録)がある。1938(昭和13)年に建築されているが，国家主義的流れのなかにおいても，キリスト教信仰の場として設計(ヴォーリズ建築設計事務所)された。建物の西側は聖壇(せいだん)部が円形状に張り出す独特の形をしている。

図書館・資料館・記念館の複合施設

桜城館

千葉城跡(ちばじょうあと) ❹
0952-71-1132(小城市立歴史資料館)
〈M▶P.77, 79〉 小城市小城町松尾字吉田(まつおよしだ) P
JR唐津線小城駅 🚶40分

中世の肥前を制した九州千葉氏の拠点

JR小城駅から約900m北上し，国道203号線を横切って7分ほど歩くと，中町(なかまち)交差点に着く。交差点北の西側に小柳(こやなぎ)酒造がある。同家の主屋(しゅおく)，昭和東・西蔵，離れ，東・西貯水槽，釜場，煙突，ポンプ小屋などは，いずれも国登録有形文化財である。主屋は文化年間(ぶんか)(1804〜18)の建築という。さらに約370m北上した上町(かみまち)には，造酒屋であった深川(ふかがわ)家が道路東側にある。住宅主屋と土蔵(どぞう)(ともに国登録)は，1865(慶応(けいおう)元)年頃の建築とされている。

深川家より約200m北の大きな鳥居をくぐり，祇園(ぎおん)川を渡ると，かつては祇園社とよばれた素戔鳴命(すさのおのみこと)を祭神とする須賀(すが)神社が鎮座する。社伝によると803(延暦(えんりゃく)22)年の創建で，鎌倉時代末期，晴気(はるけの)荘(しょう)(現，小城町西部一帯)の地頭(じとう)として下総(しもうさ)(現，千葉県)からきた千葉胤貞(たねさだ)が，1316(正和(しょうわ)5)年，京都祇園神社から勧請したという。以来，千葉・鍋島氏の篤い崇敬を受けた。境内には奉献年代不明の肥前(ひぜん)鳥居と，小城藩士で神道家の柴田花守が中町から遷座(せんざ)したという楠公(なんこう)神社(祭神 楠木正成(くすのきまさしげ))がある。

小京都小城

須賀神社

須賀神社がある丘陵は前面が祇園川、後面は断崖の天然の要害となっている。社殿東側の吉田山は城山(じょうやま)と呼称され、中世の山城千葉城跡である。須賀神社の祭神素戔嗚命すなわち牛頭天王(ごずてんのう)にちなみ、別名牛頭城、または牛頸城(うしくび)・祇園城ともよばれた。山城は標高133mの頂上部に主郭(しゅかく)がつくられているが、砦(とりで)的存在で、千葉氏主従は平時は北の北浦集落に屋敷を構えていたという。主郭の西方約200mにある展望台は、曲輪(くるわ)跡に建てられている。

中世、千葉氏が小城に勢力を張る契機は、千葉常胤(つねたね)が源頼朝(みなもとのよりとも)より幕府開設の功績で晴気荘の地頭職(しき)を与えられたことにある。13世紀後半の元寇(げんこう)では、千葉頼胤(よりたね)が下向して奮戦している。頼胤の孫胤貞が九州千葉氏の祖で、戦国時代初期には小城・佐賀・杵島(きしま)3郡を支配下におき、千葉氏は肥前の守護(しゅご)クラスの有力武将となった。

15世紀なかばの千葉元胤(もとたね)時代が全盛期で、祇園山挽・猿楽(さるがく)・犬追物(いぬおうもの)も催され、商人も多く、おおいに賑わい、小城は中世商業都市として繁栄した。しかし、16世紀なかばに戦国大名龍造寺隆信(りゅうぞうじたかのぶ)が台頭(とう)し、東・西千葉氏に分裂して一族が内紛をおこしたことにより、千葉氏は衰退した。

千葉城は14世紀後半の築城と推測される。千葉城が荒廃する契機は、1470(文明(ぶんめい)2)年の千葉氏の内訌(ないこう)からおこった土一揆(つちいっき)合戦と、1546(天文(てんぶん)15)年の龍造寺家兼(いえかね)の馬場頼周(ばばよりちか)攻略

千葉城跡(右手が主郭、左手の低い所が曲輪)

小城と多久

祇園山挽

コラム

祇園会の山挽神事は、夏まつりのメーンイベント

　須賀神社は、かつて祇園社とよばれていた。この神社で旧暦6月15日に行われる祇園会は、祇園山挽といわれ、3台の山笠(山鉾)が下町から中町を経て上町の祇園社前広場まで曳かれ、再びもとの場所まで曳き戻された。団扇祇園ともいわれ、旧小城町域最大の夏祭りである。

　1316(正和5)年下総から小城に下向した千葉介胤貞は、京都祇園社を勧請し、祇園会に山挽神事を始めたという。それは竹・ワラ・カズラで組み立てられた櫓に囃手の武士が乗って、笛と太鼓によって兵に軍陣の駆け引きの訓練をさせたものといわれる。

　江戸時代には、小城藩の藩営神事として実施された。藩政期の山挽は先山と後山(本山)の2台の山鉾が曳かれた。祇園社前には山桟敷ができ、藩の重臣の出席の下に能も興行された。2台の山鉾にはそれぞれ7〜8人の藩士が乗り込み、夫役によって駆り出された農民たちが曳いた。しかし、1843(天保14)年佐賀本藩の厳しい倹約令のため、山挽は中止された。

　明治時代になって上町・中町・下町の町民により山挽神事が再興され、3台の山笠を曳くことになった。藩政期の形態を伝えるものは下町の山鉾だけで、上町・中町は屋形型の山笠をつくった。かつては「見事みるには博多の祇園、人間みるには小城の祇園」といわれたが、現在はふるさとおこしの行事となり、7月第4土・日曜日に小城祇園夏まつり(山挽祇園)として行われている。

祇園祭の挽き山
(レプリカ、桜城館)

による焼失と考えられる。祇園川南岸の古町遺跡からは室町・戦国時代の建物跡や磁器類が発掘された。また、千葉氏の小城来着によって日蓮宗がもたらされ、小城・三日月一帯に流布することになった。

　千葉城跡の南麓吉田に霊験山圓明寺(天台宗)がある。『北肥戦誌(九州治乱記)』によれば、1470年の千葉氏の内部抗争は、尼寺(現、佐賀市大和町尼寺)や千葉氏城下で行われ、圓明寺はこのとき被災した。現在、同寺には1329(元徳元)年に安置された木造地蔵菩薩半

跏像(県重文)が残っている。

羊羹資料館 ❺
0952-72-2131(村岡総本舗本店)
〈M▶P. 76, 79〉小城市小城町861
JR唐津線小城駅🚶30分

小城の銘菓作りを展示・紹介する

　須賀神社一の鳥居の左手に，村岡総本舗羊羹資料館(国登録)がある。1938(昭和13)年に建築された，砂糖蔵を利用した資料館である。館内では羊羹作りの道具類を展示し，羊羹の歴史を紹介している。

　千葉城跡の南側を流れる祇園川は，水源を天山(1046m)に発する清流で，ゲンジボタルが生息する。

　須賀神社から祇園川沿いに上流に向かい，二瀬川橋を渡ると，二瀬川集落の山麓に松ケ谷焼窯跡がある。松ケ谷焼は小城藩3代藩主鍋島元武が元禄年間(1688〜1704)に，有田南川原(現，西松浦郡有田町)の柿右衛門窯系の陶工を連れてきて焼かせた御用窯である。製品の大半は白磁で，元文年間(1736〜41)まで50年ほど続くが，享保年間(1716〜36)がもっとも盛んであった。

羊羹資料館(右)

円通寺 ❻
0952-73-2694
〈M▶P. 76, 79〉小城市小城町松尾3832 🅿
JR唐津線小城駅🚶35分

千葉氏の菩提寺は臨済禅の古刹で，多数の文化財

　村岡総本舗羊羹資料館北側から西へ500mほど行くと，古刹円通寺(臨済宗)に至る。正式名は三間山円通興国禅寺である。本尊は木造千手千眼観音立像である。由緒記によると，650(白雉元)年筑後国三箇村の郡司三池氏の創建で，三箇寺と称したという。その後，三間寺と改め，天台宗に属した。鎌倉時代末期に千葉宗胤が再興し，蘭渓道隆に師事した若訥宏弁が中興開山になり臨済宗となった。1350(観応元・正平5)年，光厳上皇より「興国」の2字を受け，京都南禅寺・鎌倉建長寺(ともに臨済宗)とともに，三興国禅寺とよばれた。かつては勅使門があったが，いまは扁額を残すのみで

小城と多久

小城羊羹

明治時代初期より創業し、日清戦争後、生産を拡大した銘菓

　小城の名物に小城羊羹がある。由来として、豊臣秀吉の朝鮮出兵まで遡るものもある。江戸時代、「さくらようかん」の名で親しまれたというが、資料的には明治時代初期の創製が確実なところである。

　1872(明治5)年蛭子町(現、小城市小城町)の肴屋森永惣吉が、小豆・寒天・砂糖を原料として考案、製造したものである。日清戦争(1894〜95年)の際、兵士の酒保(兵営内の売店)用品として使われ、変質腐敗しなかったところから名声をあげた。明治30年代には赤・白・茶の3種類の羊羹を製造するようになった。1902(明治35)年頃から同業者が町内に続出した。

　現在、小城羊羹協同組合の組合員数は14企業である。販路は、九州を中心に関東地方まで伸びている。

コラム 食

ある。中世の豪族千葉氏は同寺を菩提寺とした。江戸時代になると佐賀藩内の臨済宗南禅寺派寺院の西目の本山となり、塔頭あわせて115ヵ寺を支配した。1841(天保12)年の火災と明治時代初期の廃仏毀釈で堂宇の大半が破壊されたが、現在は本堂・薬師堂・鐘楼・庫裏が残る。

　宝物殿に保管されている木造持国天立像・木造多聞天立像(ともに県重文)は、多聞天の胎内墨書によって1294(永仁2)年に慶派仏師と考えられる湛幸によってつくられていることがわかった。持国天は像高1.6m、多聞天は像高1.59mで、2体とも漆箔・彩色・截金を施した寄木造で、玉眼が嵌められていた。「円通寺文書」には、蘭渓道隆・千葉宗胤・一色範氏・今川仲秋らの書翰・安堵状などとともに、後宇多上皇の院宣や後醍醐天皇の綸旨などが含まれている。

　円通寺の300mほど南に大門集落があるが、地名は円通寺の入口大門があったことにちなんでいる。大門

持国天像(右)・多聞天像(左)(円通寺蔵)

小京都小城

集落には，千葉宗胤夫妻の墓碑がある。円通寺の参道沿い東に，政治家の富岡敬明・松田正久，実業家西正豊らの墓がある天継院(臨済宗)が，また円通寺の東には1914(大正3)年宮内大臣に就任した波多野敬直を出した波多野家の墓がある伝心庵(臨済宗)が隣接する。

光勝寺 ❼
0952-73-3201
〈M▶P. 76, 79〉 小城市小城町松尾4421　P
JR唐津線小城駅🚶45分

千葉氏がもたらした日蓮宗の鎮西総本山

円通寺から北西に約500m行くと，日蓮宗鎮西総本山の松尾山光勝寺がある。本尊は十界曼荼羅である。松尾集落の南入口に小門があり，坂道を少しのぼると木立の中に中門が聳え，石段をのぼると本堂・日親堂・庫裏などがある。

光勝寺は由緒記によれば，1316(正和5)年に千葉胤貞が創設し，開山は下総国中山法華経寺の日祐である。なお，最近の研究によると中山法華経寺2世日高上人の依嘱を受けた日厳上人が開いたとされる。千葉氏が下総で密接な関係にあった日蓮宗を利用して，教化支配を行っていこうとしたものである。また，千葉氏が妙見菩薩を弓矢の神としたので，妙見神の信仰も同時に小城にもたらされた。千葉胤貞が1317(文保元)年に奉納した「妙見之宝剣」がある。

光勝寺14世，中興の祖といわれる日親は，1433(永享5)年に中山門流の鎮西総導師として小城に赴き，衰退していた宗勢を再興した。日蓮宗は商人や手工業者に信仰者が多かったので，千葉氏の城下小城も商業の繁栄した地域であることを物語る。日親は苛烈な布教活動を展開し，小城町高原には竹槍御難の跡，三日月町彦島には石こずみ御難の跡があり，辻説法のときに遭った法難の遺跡として知られる。1617(元和3)年，後水尾天皇から「護国光勝寺」の勅額を受けた。寺宝として，千葉胤貞・胤頼，少弐教頼，日祐上人

光勝寺本堂

らの安堵状などを含む「光勝寺文書」が保管されている。境内裏手に妙見社があり、裏山登り口に千葉胤貞の墓という自然石がある。戦国時代には、裏山に松尾城があったといわれる。

岩蔵天山神社 ❽
0952-73-4085（岩蔵寺）

〈M ▶ P.76, 79〉 小城市小城町岩蔵2349 P
JR唐津線小城駅 🚶15分、小城バス停 🚌中極線・佐賀駅バスセンター経由辻の堂行上町（小城）🚶20分

小城郡の鎮守で、肥前国内で第3位の社格

須賀神社の一の鳥居より市立岩松小学校脇を通り祇園川沿いに900mほど上流へ行くと、左手に天山神社と岩蔵寺がある。岩蔵天山神社（祭神多紀理比売命・市杵島比売命・多紀都比売命）は、社伝によれば701（大宝元）年の参議藤原安広の創建という。藩政期までは天山大明神とよばれ、本地は弁財天といわれる。

天山神社は、天山山頂近くに上宮、桑鶴に中宮をまつり、岩蔵・晴気および厳木町広瀬に下宮を3社まつる。肥前国内では第3位の社格をもつと伝えられている。

島原・天草一揆（1637～38年）のとき、小城藩士が戦勝祈願をしたことが契機となって浮立（鉦浮立・天衝舞など）が奉納されることになった。旧暦9月15日に行われていたが、現在は10月15日以前でいちばん近い日曜日に実施されている。境内の一の鳥居は1665（寛文5）年に小城藩2代藩主鍋島直能により、二の鳥居は1612（慶長17）年に本藩の鍋島直茂・勝茂父子らによって寄進されている。

天山神社の西に隣接して雲海山岩蔵寺（天台宗）がある。本尊は木造阿弥陀如来立像である。由緒記によると、桓武天皇の勅命によって比叡山西谷の聖命上人が803（延暦22）年に下向し、創建したと伝えられる古刹である。

岩蔵寺には平安時代からの種々の仏像や、南北朝時代から室町時代の千葉氏を始め多くの人びとが参会した、如法経会の過去帳や宋版大般若経が伝えられていた。しかし、1984（昭和59）年の本堂の火災で仏

岩蔵天山神社

小京都小城

像・仏画工芸品とともに焼失した(本堂は1990〈平成2〉年に再建)。また，焼け残った宋版大般若経の断片は，佐賀県立博物館に寄託された。境内には，「殿の腰掛石」という曽我兄弟・虎御前にまつわる伝説の遺跡がある。

　天山神社東の祇園川の対岸に，1875(明治8)年創業の天山酒造がある。祇園川に沿って立つ明治蔵および大正蔵・昭和蔵は，旧精米所立型水車および祇園川から取水する水路とともに国の登録有形文化財に指定された。

　天山神社の北，祇園川左岸の江里口集落から車で10分ほどのぼると江里山集落に着く。江里山には一本山法撰寺(日蓮宗)があり，その裏手には安産の神で知られる江里山観音がある。また，観音堂左側の板碑に，日蓮宗の信者によって建てられた「天文三(1534)年」銘の題目碑がある。

清水観音 ❾
0952-72-2840　〈M▶P.77, 79〉 小城市小城町松尾2209-1　P
JR唐津線小城駅🚶10分

清水の滝に打たれて無病息災

　千葉城跡の北側，北浦集落一帯は千葉氏支配時代には侍屋敷や，武芸訓練が行われた犬追場があった。また，妙見社や延命寺(日蓮宗)があり，同寺には千葉氏の常胤・頼胤・胤貞3人のうち，いずれかといわれる彫像がある。また，集落東の北浦堤一帯は幕末期に小城藩の射撃場があった。

　北浦からさらに10分ほど歩いて山手に向かうと，清水集落に着く。清水には清水の滝と清水山見瀧寺宝地院(天台宗)がある。本尊は千手千眼観世音菩薩で，通称は清水観音である。清水の滝は高さ約75m・幅約13mで，7月土用丑の日に滝に打たれると病気に罹らないといわれ，多くの人で賑わう。滝のそばには佐賀藩士倉永清雄碑がある。佐賀藩6代藩主鍋島宗教が元文年間(1736〜41)に難治な眼病をわずらった際，倉永清雄が治癒を祈願して，断食の後，極寒のなか滝に打たれ凍死したので，1787(天明7)年佐賀藩が碑を建ててまつった。宝地院には，佐賀藩初代藩主鍋島勝茂奉納の見瀧寺縁起絵(県重文)がある。

　清水観音の創建は由緒記によると，803(延暦22)年，桓武天皇の勅を奉じて聖命上人が開基した国家鎮護の道場であったといわれる。

絹本著色清水の図(宝地院蔵)

300坊の大伽藍を有していたが，元亀～天正年間(1570～92)頃の戦乱(応永年間〈1394～1428〉の焼失とも，大友氏の来襲時とする説もある)によって焼亡したという。そこで寛永年間(1624～44)に鍋島勝茂が再興し，近郷の住民を移住させて清水集落をつくり寺領とした。最近，清水一帯はコイのあらい料理で知られようになった。

清水観音の西方約1kmに，八天神社(焼山八天社，祭神軻遇突智命)がある。火除けの神として知られている。

星巌寺 ❿
0952-72-2562(真照寺)
〈M▶P.76, 91〉小城市小城町畑田3116 Ｐ
JR唐津線小城駅🚶15分，小城バス停🚌唐津・佐賀線唐津(大手口)行・多久行，またはイオンシャトル線多久行果樹試験場前🚶10分

小城藩主の菩提寺は五百羅漢を安置

円通寺から約150m南下すると，天山山麓に沿って東西に走る県道48号線に出る。ここは藩政期までの官道で，神埼・尼寺・小城・多久を結ぶ別府道であった。この道を西へ約1.2km，北に約250mの所に中国式の楼門がみえる。小城藩主菩提寺の祥光山星巌寺(黄檗宗)である。1684(貞享元)年，小城藩2代藩主鍋島直能が父元茂の菩提を弔うため建立を決心し，翌年に禅堂が完成した。直能が1689(元禄2)年に死去したので，3代藩主元武が仏殿建立を行い，翌年，仏殿が落成し，入仏供養が行われた。山号と寺号は元武の祖父元茂(祥光院)，父直能(星巌元晃居士)にちなんでいる。開山は西川(現，小城町池上)出身の潮音和尚である。江戸時代は，本堂・禅堂・斎堂・知客寮があったが，現在は開山堂・報恩堂・御霊屋・楼門・庫裏が残るだけである。小城藩主11代のうち3代元武・6代直員・9代直堯をのぞく各代の位牌が報恩堂に安置されている。

境内の五百羅漢は，西川の石工平川徳兵衛一族が享保年間(1716～36)に制作したといわれるが，完全なものは100体ほどである。俗に竜宮門ともよばれる楼門(県重文)は，1852(嘉永5)年小城藩9

小京都小城 89

星巌寺楼門

代藩主鍋島直堯が大檀那となり、大工棟梁丹宗常十が中心となり建築された。中国寺院様式の影響を強く受けている。星巌寺の裏山は狩り場で、1727(享保12)年と1763(宝暦13)年の鳥獣供養塔(猪鹿塔)がある。楼門のすぐ南に末寺の真照寺(黄檗宗)がある。4〜5月のタケノコが採れる時期には普茶料理が振る舞われる。

星巌寺から西へ7分ほど歩くと寺浦集落に着く。集落の入口に寺浦公民館が立っているが、この付近一帯が寺浦廃寺跡(寺浦廃寺塔跡ならびに礎石、県史跡)で、晴気廃寺跡とも称されている。優雅な奈良時代様式の布目瓦の破片も採集された。軒丸瓦・軒平瓦は小城市立歴史資料館に展示されている。公民館北の広場に小さな盛土があり、この上に直径70cmの塔心礎がある。塔心礎のまわりの記念碑や板碑の基礎に、礎石が使われている。三重塔・金堂・講堂・回廊を設けた法隆寺式の大規模な伽藍配置であったと推定される。当時の寺名は定説はないが、歓喜寺ではないかといわれている。周辺の地名として拝門橋・大門・本屋敷・タチバナゲなど、寺に関連するものが残っている。小城郡司などの有力者の創建と考えられる。

寺浦廃寺跡から北へ2〜3分歩くと、天山山麓の洪積台地の南端に形成されたこうざん山古墳に出る。寺浦廃寺跡より西へ5分ほど歩くと印鑰社(庄神社、祭神大己貴神)があ

寺浦廃寺の塔の心柱跡

る。中世の晴気荘(現,小城町西部一帯)の貢租を納める倉庫の印鑰を預かった所であると伝えられている。晴気天山神社の奉納浮立は，ここから開始される。

晴気天山神社 ⓫
0952-73-2826

〈M▶P.76, 91〉小城市小城町晴気3563 Ｐ
JR唐津線小城駅🚶15分，小城バス停🚌唐津・佐賀線唐津(大手口)行・多久行天山宮前🚶40分，または小城駅🚗20分

天山宮前バス停横の鳥居から晴気川に沿って北へ15分ほど歩くと，川東に円光寺集落がある。円光寺は徳川家康の帰依を受け黒衣の宰相とされた閑室元佶(三要)の出身地である。元佶は足利学校9代庠主(校長)になり，金地院崇伝とともに江戸幕府の文教政策に関与した。

さらに晴気川の2本の川筋が合流する所より西側の支流沿いに約1km北上すると，本山集落に晴気天山神社(祭神多紀理比売命・市杵島比売命・多紀都比売命)がある。江戸時代，晴気地区は佐賀藩領であったので，当社は佐賀藩主の篤い崇拝を受けた。神社正面の対岸に立つ肥前鳥居は，1617(元和3)年に佐賀藩初代藩主鍋島勝茂・小城藩初代藩主鍋島元茂父子が寄進したものである。毎年旧暦9月15日に鉦浮立が奉納されていたが，現在は10月15日以前でいちばん近い日曜日に実施されている。同社には平安時代の制作と伝えられる木造日光菩薩立像・月光菩薩立像(県重文，小城市立歴史資料館保管)がある。

晴気天山神社より川内集落を経由して，車で約15分山頂を目指すと天山上宮駐車場に着く。駐車場から上宮を経由して約30分歩くと天山山頂に着く。山頂には建武新政期の南朝方武将として活躍した

晴気天山神社

阿蘇惟直の墓碑が立っている。

晴気天山神社より約1km東方の東小松集落の小松山建保寺（臨済宗）には、平安時代前期のすぐれた技術が施された木造千手観音菩薩立像（県重文）がある。この像を安置する厨子は禅宗様で、1680（延宝8）年の制作である。

晴気城跡 ⓬
0952-71-1132（小城市立歴史資料館）

〈M▶P.76, 91〉小城市小城町晴気字西晴気
JR唐津線小城駅🚶15分、小城バス停🚌唐津・佐賀線唐津（大手口）行一本松🚶25分

千葉氏の本拠地は少弐氏の拠点

一本松バス停より北へ歩いて歩くと、長崎自動車道の左手奥に台形をした山があり、山頂が晴気城跡である。一帯は雑木林となっているが、頂上部は平坦で石垣や井戸の一部が残っている。築城したのは千葉氏で、築城年代は明確ではないが、千葉城よりも少し早い南北朝時代と推測される。中世の典型的な山城である晴気城は、戦国時代には鎌倉時代初期より大宰少弐・鎮西奉行をつとめた家柄の少弐政資・資元父子が拠点としたこともあった。また、佐賀藩祖鍋島直茂は1541（天文10）年より千葉胤連の養子として、約10年この城で生活した。平時の千葉氏主従の居館は、西晴気集落から東方の松葉集落の寄居一帯にあったという。

西晴気に千葉胤頼（少弐資元の実子）開基の天授山本龍院（臨済宗）がある。境内には江藤新平一族の墓地がある。

本龍院の裏から後方の山を南方へ行くと、寄居古墳群に出る。4世紀前半（古墳時代前期）の円墳1基と方墳2基が並ぶ。そのうち1号円墳からは中国製の方格規矩鏡のほか、鉄剣・鉄製工具（寄居古墳群出土遺物として県重文）などが出土した。畿内政権による地方への勢力伸長を背景に古墳文化が伝播し、いち早く盛土形式の墳墓を採用する首長墓があったことを物語っている。ただ発掘調査後、長崎自動車道建設で3基とも消滅した。この西南には、古墳

小城と多久

晴気城跡

時代後期に規模の小さな円墳が数多くつくられ、一本松古墳群といわれている。造営は6世紀後半から7世紀後半までおよぶと推定される。全部で70基を超える大古墳群であったと考えられるが、現存しているものは破壊された古墳を含めても18基余りにすぎない。発掘された鉄製武器・金銅製馬具は小城市立歴史資料館に展示されている。

晴気城跡の南、国道203号線・JR唐津線の南約1kmの所に峰山(158m)がある。その山頂部が姫御前古墳となっており、直径25mの円墳である。現在は封土がなくなり石室が露出しているが、横穴式の羨道や玄室はよく保存されている。

峰山のやや南方の鏡山(133m)南東麓、市立三里小学校の北西に丹坂峠古墳があり、銅鏡などが出土した。この丹坂峠一帯は丹坂古戦場で、1562(永禄5)年に龍造寺隆信と有馬晴純(仙岩)の戦闘が行われた所である。丹坂峠を越えて多久古賀宿に至る途中の上右原集落に鏡神社があり、藤原広嗣をまつっている。

三岳寺 ⓭ 〈M▶P.76〉小城市小城町池上3670 P
0952-72-2993　JR長崎本線牛津駅🚶30分

市立三里小学校の南方に独立した標高96mの山塊があり、牛尾山とよばれている。その北東山麓の清浄院(臨済宗)には、幕末の勤王志士祇園太郎(古賀利渉)の墓がある。同院の北には藩政期小城郡西郷(現、小城町南西部)の大庄屋古賀家屋敷が残っている。利渉はこの古賀家の出身である。

清浄院のすぐ南の晴気川の西に、医王山三岳寺(臨済宗)がある。鎌倉時代は三津寺といわれ、天台宗寺院であったが、佐賀藩祖鍋島直茂・初代藩主勝茂父子が閑室元佶を中興開山として、慶長年間(1596〜1615)に再興した。再興の由緒には、徳川家康の信任の厚かった元佶和尚が関ヶ原の戦い(1600年)のとき、西軍についた鍋島勝茂のために赦免運動を展開した返礼と伝えられている。鍋島氏の保

絹本著色閑室元佶像(三岳寺蔵)

中興の祖の元佶和尚は鍋島氏の恩人

護を受け，寺領120石を与えられている。江戸幕府2代将軍徳川秀忠，天海・金地院崇伝らの幕府関係者や，佐賀藩主らの書翰があり，「三岳寺文書」として貴重な史料である。また，絹本著色閑室元佶像，木造薬師如来坐像・木造大日如来坐像・木造十一面観音菩薩坐像(ともに県重文)を所蔵している。

若王子大権現の信仰と肥前修験道の拠点

牛尾神社 ⑭　〈M▶P.76〉小城市小城町池上4793 P
JR長崎本線牛津駅🚶30分

三岳寺から牛尾山沿いに南西に10分ほど歩くと，牛尾山西南麓に牛尾神社(祭神天之葺根命)がある。社伝によると，796(延暦15)年に桓武天皇の勅命により良厳上人が若王子大権現として創建し，あわせて福長寿院別当坊を建てたという。別当坊は近世修験の拠点であった。境内には肥前鳥居が2基ある。一の鳥居は1661(寛文元)年佐賀藩2代藩主鍋島光茂が，二の鳥居(石造肥前鳥居，県重文)は1597(慶長2)年佐賀藩初代藩主鍋島勝茂が，寄進したものである。

牛尾山には，千葉氏の支城であった山城の牛尾城跡がある。鍋島直茂が幼少のとき，千葉家の養子となり，

牛尾神社の二の鳥居

一時，同城に居住した。

玉毫寺 ⑮　〈M▶P.77, 79〉小城市三日月町織島1658 P
0952-72-4823
JR唐津線小城駅🚶15分，小城バス停⇄尼寺・佐賀駅北口・佐賀駅バスセンター・唐人町経由辻の堂行御門前🚶1分

御門前バス停は，千葉城跡から東へ徒歩15分ほどの所にある。バ

94　小城と多久

小城藩主の菩提寺で、3・6・9代の御霊屋がある

ス停名の御門はバス停のすぐ北にある小城藩主の菩提寺金粟山玉毫寺(黄檗宗)にちなむものである。同寺は小城藩3代藩主鍋島元武が1680(延宝8)年に創建し、元武と6代直員・9代直尭の御霊屋となっている。

玉毫寺の東側約100mに、八幡神社(祭神応神天皇)と薬師堂がある。薬師堂の本尊は「天文十七(1548)年」の胎内銘をもつ木造薬師如来坐像で、1545(天文14)年2月に村内の彦島山宝蘊寺が焼失したため、3年後に再彫したものである。境内にある禅宗僧侶の墓碑である無縫塔は、鎌倉時代後期(1300年頃)のものといわれ、県内では最古である。参道の入口両側にある六地蔵は、「天文元(1532)年」の紀年銘をもつ。

御門前バス停から山裾に沿って東へ10分ほど歩いた西分には、地蔵山古墳と権現山古墳がある。ともに前方後円墳で、前者は墳長43m、後者は墳長50mである。前者はミカン畑造成時に削平された。権現山古墳の後円部頂部は、陥没して内部主体は不明である。地蔵山古墳の東北約600m、長崎自動車道の南側に隣接して老松神社(祭神菅原道真)がある。神社北の老松山一帯からは、旧石器時代のサヌカイトの原石や石槍などが発見された。

老松山の東方約500mの山麓部、長崎自動車道の北側約300mの所に姫塚(県史跡)がある。6世紀前半の造営と考えられている前方後円墳である。後円部の一部は破壊されているが、全長約30m、後円部径約20mである。横穴式石室の羨道は埋没しているが、玄室の長さは約3.4mほどである。石室は丹塗りされていた。

姫塚のすぐ北西に竜王遺跡がある。旧石器時代から縄文時代晩期にかけての遺跡である。竜王遺跡の北西谷沿いには、総数60基以上の古墳群よりなる織島東分遺跡がある。古墳時代後期の群集墳で、現在、

玉毫寺の小城藩主御霊屋

小京都小城　95

勝妙寺山門

その半分が確認できる。

玉毫寺より県道48号線をさらに東南へ1kmほど行くと，大地町である。藩政期には神埼往還の宿場として栄えた。その南東の深川集落には竜王山勝妙寺（日蓮宗）がある。1366（貞治5・正平21）年に千葉胤泰が開基となり，日巌を開山として創建された。寺には「御真筆様」と称される日蓮曼荼羅が所蔵されている。山門は石門で，1895（明治28）年に建立されているが，門の刻字は書家中林梧竹の書である。また，『葉隠』の口述者山本常朝の本家中野家の墓所もある。深川の西南1kmの赤司には戦国時代の赤目（自）城跡があり，千葉氏の支城といわれている。中世にはこの一帯が，宇佐八幡宮領の赤自荘であったと推定される。

土生遺跡 ⑯

0952-71-1132（小城市立歴史資料館）

〈M▶P.76〉小城市三日月町久米2488-2 Ｐ
JR唐津線小城駅🚌牛津線牛津駅前行石木🚶2分

青銅器の鋳型など弥生時代の遺品が豊富

JR小城駅の北東約100mの所に無量寺（黄檗宗）がある。1875（明治8）年，千々岩哲六・松田正久らが，人民の権利を求めて自明社を設立し，その本部が無量寺におかれた。県内における自由民権運動の契機とされる。さらに東北に400mほど歩くと，三日月町本告

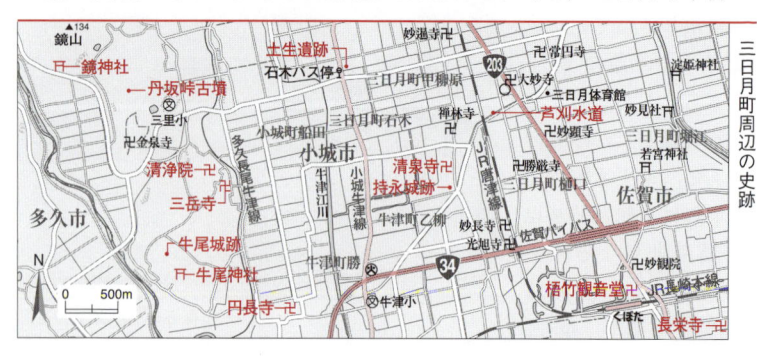

三日月町周辺の史跡

に長教山修善院(日蓮宗)がある。1369(応安2・正平24)年に小城町松尾に創建されたが,1625(寛永2)年に現在地に移転した。佐賀藩祖鍋島直茂の妻陽泰院の実家石井家の菩提寺である。この寺一帯が,中世千葉氏の平井館跡と推定されている。

小城駅より県道42号線を牛津方面に1.2kmほどの石木バス停の約150m北側に,土生遺跡(国史跡)がある。弥生時代前期から中期にかけての集落遺跡である。1971(昭和46)年より数次の調査が行われ,弥生土器や木製の鍬・鋤,掘立柱跡などが発掘された。木製農耕具などは,佐賀県立博物館に展示されている。

出土した土器の中には朝鮮系の須恵器と類似したものや,半角突起の壺などがあり,朝鮮半島との深い関係が考えられる。出土品で注目されるのは,弥生時代中期の銅鉇の鋳型(土生遺跡群出土青銅器鋳型,県重文)である。小城市は遺跡を公園とし,高床倉庫や住居などを復元している。

土生遺跡

梧竹観音堂 ⑰
0952-37-6129(小城市商工観光課)
〈M▶P.77〉小城市三日月町金田字久本
JR長崎本線久保田駅 🚶10分

明治時代三筆の1人 その晩年の居住地

JR久保田駅から約250m東の踏切を渡り北西へ約250m歩き,道路左手の白い門柱を西に入った所が,小城が生んだ明治時代の書家中林梧竹の晩年の居住地である。同所には,梧竹が1908(明治41)年に建立した観音堂と三日月村荘がある。観音堂は1949(昭和24)年のジュディス台風で倒壊したので,規模を縮小して再建されたものである。梧竹の墓は,久保田駅東方約700m,JR長崎本線南側の社集落の長栄寺(曹洞宗)にある。

長栄寺の南には社遺跡がある。古代から中世の集落跡で,掘立柱建物・井戸・土坑が残り,須恵器・土師器や中国産の白磁・青磁の破片が出土した。社集落の北方の遠江集落一帯は,中世の千葉氏

小京都小城 97

の環濠城高田城跡である。

芦刈水道 ⑱　〈M ▶ P.77〉小城市三日月町長 神田字大寺ほか
JR唐津線小城駅🚶15分，小城バス停🚌佐賀駅バスセンター
行大寺🚶5分

嘉瀬川右岸の旧小城藩領を潤す灌漑用水路

　大寺バス停の約100m南に，芦刈水道（嘉瀬川農業用水右岸幹線水路）が北東より西南に流れている。嘉瀬川右岸の旧小城藩領（現，佐賀市大和町，小城市三日月町・牛津町・芦刈町）の灌漑用水路である。とくに芦刈西部地区の約1000haを灌漑するのが目的で，総延長は約12kmである。大和町川上の淀姫神社下流に水門を設け取水した。

　築造者は，江戸時代初期の佐賀藩士成富茂安という。その後，小城藩2代藩主鍋島直能の治世に，小城藩士安住勘助（道古）が改修工事を施したものと伝えられている。しかし，取水口が佐賀藩の主水源の石井樋より上流にあるため，取水は本流の13分の1に制限された。水道は途中祇園川に底井樋を架して交差させ，国道203号線をくぐり，牛津町の東端で国道34号線に至る。ここに乙女井樋を設け，芦刈西部へ通水している。1893（明治26）年，西芦刈水道水利組合が設けられ，水利運用は組合が管理している。

　しかし，芦刈水道の灌漑では芦刈東部地区の農業用水を十分に確保することはできなかった。そこで，18世紀になって祇園川が嘉瀬川に合流する三日月町島溝に取水口を設け，芦刈東部地区の用水を補給した。これを東芦刈水道とよび，それまでのものを西芦刈水道として区別した。江戸時代は小城藩が管理していた。

　三日月町一帯では，条里制の遺称地が，集落ごとによく伝えられていることは，全国的に有名である。とくに，赤司と三ヶ島は整然とした地割をもっている。深川・袴田・石木なども，ほぼ基本型態を残している。旧三日月町教育委員会は，1997（平成9）年に長神田の生涯学習センタードゥイング三日月の駐車場に条里制記念碑を建てた。

牛津町と芦刈町

2

牛津は江戸時代、長崎街道の宿場町となり、物資の集散地で、「鎮西の大坂」と称される。芦刈は干拓地で農業と海苔で有名。

持永城跡 ⑲
0952-71-1132（小城市立歴史資料館）

〈M▶P.77〉 小城市牛津町乙柳字乙柳 P
JR長崎本線牛津駅 🚌 牛津線小城行上江良 🚶15分

今川了俊の一族の後裔である持永氏の居城

上江良バス停より田圃の中を東へ約10分、さらに南へ5分ほど歩くと乙柳集落に着く。生立ケ里集落との境近くの西芦刈水道西側に、持永城跡がある。城と称しているが砦や館の役割であった。現在は、約20m四方の盛土が残るのみである。

室町幕府3代将軍足利義満は、大宰府の懐良親王を中心とする九州の南朝方勢力に対抗するために、今川了俊（貞世）を1370（応安3・建徳元）年、九州探題に補任した。このとき、了俊がこの地に探題府をおいたといわれているが、館程度の建物であったと考えられている。了俊が探題職を解任された後は、養子今川仲秋の子国秋（母は小城の千葉胤泰の娘）がここを牟田城とし、居城にした。国秋の曽孫秋景が応仁年間（1467～69）に姓を持永と改称したため、持永城とよばれるようになった。

城跡南東隅の築山は、戦国時代に千葉氏・龍造寺氏に属して16世紀後半に活躍した秋景の孫持永盛秀の墓所である。築山前の道路は持永馬場とよばれていたという。城跡北側には今川・持永氏の菩提寺薬王山清泉寺（臨済宗）がある。同寺は今川国秋の創建といい、開山は1426（応永33）年に没した帆運和尚という。町内では歴史の明確な由緒ある寺である。

古代末から中世にみられた宇佐八幡宮領の大楊荘は、この乙柳集落一帯にあったと考えられる。

持永盛秀の墓（持永城跡）

牛津町と芦刈町

牛津赤れんが館 ⑳

0952-66-0221

〈M▶P. 76, 100〉小城市牛津町牛津586-1　P

JR長崎本線牛津駅 🚶 3分

百貨店玉屋をおこした田中丸家のシンボル

　JR牛津駅で下車して踏切を渡って東へ約150m歩くと，南側に牛津赤れんが館・牛津町会館（ともに国登録）がある。2つの建物は，百貨店玉屋を創業した田中丸家の倉庫・住宅である。

　玉屋は田中丸市兵衛が1806（文化3）年に，牛津西町で開業した荒物の小売店が始まりである。市兵衛の孫初代善蔵は，商品を京都・大坂から仕入れた。牛津は海運に恵まれ，藩政期は「鎮西の大坂」と称される商都であった。2代善蔵は日清戦争（1894～95年）時，田中丸商店の佐世保進出を実現させた。佐世保海軍鎮守府からの包帯用晒木綿の大量注文を契機に，海軍御用達商となった。以後，福岡・小倉・佐賀・伊万里へと発展させ，九州北部の佐賀・福岡・長崎の3県に百貨店網を確立した。

　赤れんが館は，明治時代中期に建てられた田中丸商店のレンガ造りの倉庫である。2階建ての倉庫は大半が焼成レンガで，一部に釉薬レンガを使用している。

　牛津町会館は田中丸家の住宅であった。建物は大きく2棟に分かれ，2棟は西側の畳廊下でつながれ，正面（西側）に式台付玄関と内玄関などを設けている。建築時

牛津赤れんが館（右手は牛津町会館入口）

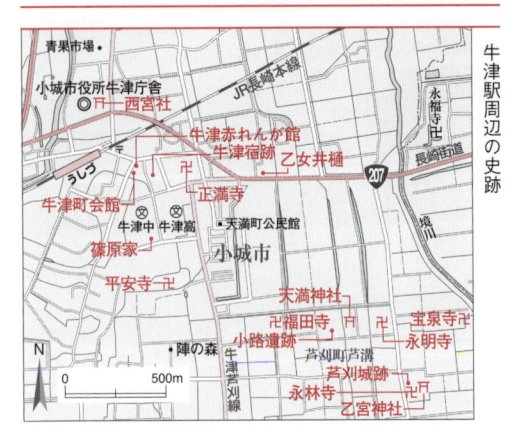

牛津駅周辺の史跡

期は大正年間(1912〜26)と考えられる。

牛津宿跡 ㉑

0952-37-6129(小城市商工観光課)

〈M ▶ P. 76, 100〉小城市牛津町牛津字本町・天満町 ほか

JR長崎本線牛津駅 🚶 8分

長崎街道の宿場町の中心地は本町

　牛津赤れんが館のある通りのすぐ東の通り(現，本町。通称立町通り)が，藩政期の長崎街道牛津宿跡の中心部である。立町通り中央部の道路東側に本陣があり，立町より東へ延びた中町の西南部の道路南側に，継ぎ場としての問屋場・人足・駄賃馬を常備する人馬屋敷があった。本陣が手狭なときは，中町より南へ約300m行った定原村(現，小城市牛津町牛津字天満町)にある小城郡平吉郷(現，同市牛津町中・東部)の大庄屋篠原家や柿樋瀬村(現，同市牛津町牛津本町)の正満寺が本陣として利用された。藩政期，牛津宿にはケンペルやシーボルト，伊能忠敬・大田南畝らが訪れている。

　篠原家跡地のすぐ南に天満神社(別称悪七天神，祭神菅原道真)と聴松山平安寺(臨済宗)がある。同寺には，1624(寛永元)年，佐賀城下の呉服町の中元寺新左衛門献納の五輪塔がある。

　立町南端の西側角に高札場と馬立場があった。高札場跡から中町を少し東へ行くと，道路北側に護城山正満寺(浄土真宗)がある。本尊は木造阿弥陀如来，開山は釈明善という。正満寺前の三差路をまっすぐ南にくだると芦刈方面に行く。正満寺より東へ約200m進むと，国道207号線と合流する。合流点から東へ約3分歩くと，道路の北側に西芦刈水道の乙女井樋があり，芦刈西部一帯に灌漑用水を供給している。乙女井樋よりさらに東へ10分ほど歩くと，牛津町と久保田町の境となる境川(福所江)に至る。

　立町の北端には乙宮神社(音宮大明神，祭神多紀理比女命・市杵島姫命・多岐都姫命)がある。牛津町の鎮守として崇められてい

正満寺本堂

牛津町と芦刈町

乙宮神社

る。社伝によると、1165（永万元）年、源為朝の創建という。

　JR牛津駅から約50m北の国道207号線を東に約100m行くと、道路北側に小城市役所牛津庁舎がある。その東隣に西宮社（祭神蛭子〈恵比須〉命）がある。小城鍋島家の祈願所で、一の鳥居は1676（延宝4）年小城藩2代藩主鍋島直能が寄進した。西宮社より牛津小学校通りを北へ約10分歩くと国道34号線佐賀バイパスに出る。小城地区消防署南交差点を右折してバイパスを東へ約1km行くと、国道北側に生立ケ里遺跡がある。弥生・古墳・平安時代の遺構が確認された。出土した木製品33点は、県の重要文化財に指定されている。

　牛津駅のすぐ北を走る旧長崎街道（現、県道284号線）を西へ50mほど行くと、牛津江川に架かる新橋があり、そこから西に続く町並みを牛津新町という。新町は小城藩初代藩主鍋島元茂が、寛永年間（1624〜44）に造成した舟運に従事する舸子の町である。新町の南を流れる牛津江川の南岸に小城藩の米蔵があり、大坂廻米などはその北側にある藩の船着場から積み出されていた。新町の質屋野田家には「野田家日記」が残されており、江戸時代中期から幕末にかけての、牛津宿や長崎街道の様子を伝える史料として、貴重なものである。

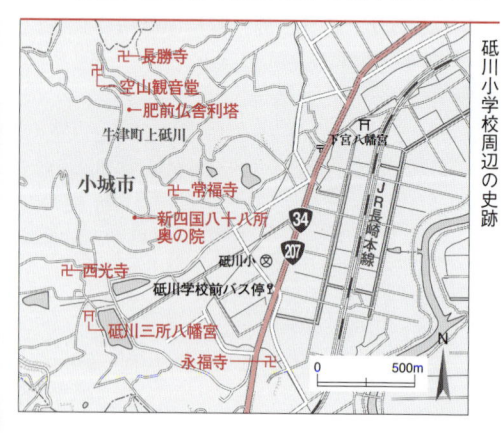

　新町の北約750m、晴気川東の大戸ケ里集落に久昌山円長寺（臨済宗）がある。

砥川小学校周辺の史跡

この寺の9世木穏値(祖慶)和尚は，寺の東約400mを流れる牛津江川に，寛政年間(1789〜1801)に私費を投じて円長寺井樋を設けた。この井樋は，旱魃に悩む大戸ヶ里・満江・江津ヶ里の3集落に灌漑用水をもたらした。

常福寺 ㉒
0952-66-0517
〈M▶P. 76, 102〉小城市牛津町上砥川3696 P
JR長崎本線牛津駅🚌鹿島(祐徳神社前)・武雄温泉(下西山)行
砥川小学校前🚶15分

薬師如来像と帝釈天像は平安時代のヒノキの一木造

　牛津新町より旧長崎街道(現，県道284号線)を西へ行き，砥川大橋を渡ると砥川の町並みがある。町並みを通りすぎ，国道34・207号線との合流地が砥川新宿である。ここから県道284号線を多久方面(北)に歩いて，約5分で両新集落に着く。ここから西側の巨福山(空山)に約20分ほどのぼると，山頂部に肥前仏舎利塔が立っている。高さ38m・直径40mの塔である。ここからの眺望は素晴らしい。巨福山(空山)への登山道の右手には，巨福山長勝寺(臨済宗)や空山観音堂がある。長勝寺は弘安年間(1278〜88)に蘭渓道隆が錫をとどめた所(居住した地)と伝えられている。小松内大臣平重盛の建立と伝えられる観音堂前の33体の石仏は，元禄年間(1688〜1704)に砥川石工の名工平川与四右衛門と平川徳右衛門らの制作によるものである。

　国道34・207号線に戻り，武雄方面に向かうと，約900mで砥川小学校前交差点に着く。同校の西側を山手にのぼると谷集落である。この一帯は藩政期に砥川石工とよばれる石工が多く住んだ所で，熊野権現(いまは小さな祠のみ。祭神後藤晴明)の参道の布袋像など，路傍で観音・布袋などの石造物が多くみられる。

　谷集落の北西奥の山手に，広巌山常福寺(臨済宗)がある。元来は真言宗で，平安時代の創建と伝えられている。江戸時代初期に僧古月印が再興し，臨済宗に改めたという。本尊木造薬師如来坐像と木造帝釈

木造薬師如来坐像(常福寺蔵)

牛津町と芦刈町

天立像(ともに国重文)の2体が,収蔵仏殿に安置されている。

　薬師如来坐像と帝釈天立像は,2体とも平安時代中期の制作と考えられ,ヒノキの一木造である。帝釈天立像は脇侍と思われる。境内には石造の仏像・地蔵などが多数ある。山門の石門には,清から来日した黄檗僧即非の書を陰刻している。

　常福寺から南西約200mの山上にのぼると,弘法大師をまつる新四国八十八所の奥の院がある。この新四国霊場は,文政年間(1818〜30)の創設といわれている。

　谷集落の西方が内砥川集落で,西の山手に宝徳山西光寺(臨済宗)がある。寺伝によると,1314(正和3)年下砥川の永福寺開山覚海禅師の師であるという石庵明大和尚の開山という。和尚は同年に没している。境内には,「永禄四(1561)年」銘のあるものなど3基の六地蔵がある。集落の南部に,砥川三所八幡宮(祭神足仲彦尊・誉田別尊,気長足姫尊)の上宮である内砥川八幡神社がある。中宮は下砥川,下宮は上砥川の宿古賀にある。上宮の創建は14世紀前半で,千葉胤貞の勧請と伝え,鎌倉鶴岡八幡宮から分霊したものという。参道と境内の3つの鳥居は,いずれも肥前鳥居である。

　砥川小学校前から国道34・207号線をさらに武雄方面に300mほど行き,三差路を左手に行った下砥川の寺町集落に,吸江山永福寺(臨済宗)がある。寺伝によると,14世紀後半,聞悟禅師の開山という。境内には「天文二十二(1553)年」銘の六地蔵や,「享保二十一(1736)年」銘の平川与四右衛門作の地蔵菩薩がある。

芦刈城跡 ㉓　〈M▶P.77, 100〉小城市芦刈町芦溝字中溝 🅿
0952-66-0981(永林寺)　佐賀駅バスセンター🚌武雄・福富行十丁畷 🚶15分

千葉氏の家臣鴨打氏の館跡

　乙女井樋より国道34号線を佐賀方面へ約1km行くと,十丁畷バス停がある。そこから南へ15分ほど歩くと,中溝集落がある。集落東の田圃の中に錦鏡山宝泉寺(臨済宗)がある。本尊は薬師如来,開山は済川慶晋で,鴨打胤忠が永禄年間(1558〜70)に建立したという。境内に,鴨打氏一族の墓が並んでいる。

　鴨打氏は松浦党に所属し,元来は松浦郡に居住していたが,小城の千葉氏の招きで16世紀初頭に芦刈に移った。宝泉寺の四周は堀をめぐらしている。中溝集落には,鴨打胤忠が1536(天文5)年に勧請

石工平川与四右衛門

コラム

砥川出身の石工師の棟梁で、作品は優美

　江戸時代中期の元禄～宝暦年間(1688～1764)、肥前の石工たちは自分の作業場をもち、弟子を養成し、要請があれば出稼ぎに出る業務形態を採りつつあった。田舎の半職人扱いであった石工に、藩吏は「石工師」の称号や苗字・姓を許可した。

　平川与四右衛門は、多久領内上砥川の谷集落に生まれた。技の進歩とともに石工の師匠・組頭・棟梁となっていった。谷集落の公民館北の観音堂にある石造千手観音坐像は、1708(宝永5)年制作の名作で、「石工師平川与四右衛門信昭」の銘がある。公民館のすぐ東の熊野権現前の布袋像は、1691(元禄4)年の銘がある。ほかに砥川地区には、空山観音前の観音2体、永福寺本堂前の観音像などが与四右衛門の作である。与四右衛門制作在銘の石彫は、鹿島市能古見浅浦下の墓地にある地蔵尊立像、塩田町五町田吉浦の光桂寺の仁王尊像、伊万里市伊万里津の戸渡島神社の石祠など、県北西部および南部に広く分布している。与四右衛門在銘の作品が1687(貞享4)年から1754(宝暦4)年の70年弱の長期にわたって確認されているので、3代か4代にわたる制作と考えられる。

布袋石造坐像(熊野権現)

石造千手観音坐像(観音堂)

したと伝えられる乙宮神社(祭神田心姫命・市杵島姫命・湍津姫命)がある。乙宮神社の南隣に1658(万治元)年に渓雲和尚が創建した道昌山永林寺(曹洞宗)があり、永林寺・乙宮神社一帯が鴨打氏の館跡で、通称芦刈城跡(別称鴨打城跡)といわれている。周囲

乙宮神社(左)・永林寺(右)

牛津町と芦刈町

の環濠を利用した館があったとみられ、宝泉寺の地が出城と考えられる。また一方、宝泉寺の場所が本城で永林寺と乙宮神社の地が出城という説もある。鴨打胤忠は1570(元亀元)年の大友宗麟の肥前侵攻であった今山合戦では、芦刈出身の武将徳島盛秀らとともに鍋島直茂方について活躍した。江戸時代に入ると、鴨打氏は小城鍋島家の家臣となり、小城へ移住した。鴨打氏は西隣の小路に拠る徳島氏との抗争もあったが、16世紀後半には龍造寺・鍋島氏の配下として徳島氏とともに活躍している。

天満神社 ㉔ 〈M▶P.77, 100〉小城市芦刈町芦溝字小路 P
佐賀駅バスセンター🚌武雄・福富行十丁畷🚶15分

芦刈地域の成立当初に創建された惣社

中溝集落西側の小路集落の東北部に、天満神社(祭神菅原道真・中将殿・吉祥女)がある。13世紀前半に、太宰府天満宮の分霊を勧請したと伝えられている。中世は千葉氏の尊崇が篤く、のち鴨打・徳島・持永・神代の各氏の崇敬を受けた。鳥居は肥前鳥居の様式で、1628(寛永5)年に神代常氏によって寄進されている。門は四脚門で、天井梁などの彫刻は町内屈指の文化財である。天満宮は、藩政期には小城郡の平吉・南・五百町3郷(現、三日月町南部・牛津町・芦刈町)の惣社として崇められた。当社の創建と芦刈地区の北・中部域の開発とは同時期とみられる。

天満宮の約100m東に、仏日山永明寺(臨済宗)がある。元亀年間(1570〜73)に創建され斎谷椿の開山という。参道の六地蔵をみて境内に入ると、左側に横尾紫洋先生碑がある。1926(大正15)年10月、芦刈村長南里琢一らが建立したものである。横尾紫洋は江戸時代中期の勤王の志士で、関白九条尚実に侍講として仕え、中務大輔の官職を受けている。佐賀藩8代藩主鍋島治茂の帰藩命令に従わな

天満神社

コラム

芦刈干拓

江戸時代より本格化した干拓　潮から守った松土居

　芦刈町一帯は，江戸時代には平吉郷と呼称されていた。この地方は有明海の干満による自然陸化運動で，戦国時代には小規模な干拓造成が行われていたものと考えられる。道免・永田・戸崎などの集落は，戦国時代末期の潮土居線に立地した堤塘(防)集落から発達したものである。

　江戸時代に入って本格的な干拓造成が行われた。東方の三丁井樋から南方に大湾曲して住ノ江に至る大堤塘は松土居とよばれ，寛永年間(1624～44)成富茂安によって造成されたものといわれる。松土居は近年の圃場整備事業で農地となったり，道路として利用するために上部が削り取られているが，基檀部分は残っている。

　幕末の鍋島家藩日記によると，松土居内に祇園角・弁財角・稲角の3カ所の古い干拓地があり，その外には大黒搦・宝永搦・蛭子搦・東西子ノ日搦・南北竜神搦・中島搦・東西布袋搦，住ノ江搦・南里・授産社搦などが記載されている。とくに授産社搦(通称社搦)は，1865(慶応元)年小城藩主鍋島直虎の築立によるもので，面積は56町余り(約56ha)である。農業用水は，芦刈水道の水も利用された。1868(明治元)年以降，小城藩下級士族が経営に着手したために，授産社搦の名称となった。

ったため捕縛され，永明寺に幽閉された。1784(天明4)年に斬首に処され，51歳であった。誕生地が神代氏治下の佐賀郡尼寺(現，佐賀市大和町)であったので，同氏の別領地芦刈で処刑されたものと考えられる。横尾紫洋の墓は本堂の裏手にある。俗謡に「高い山から谷底みれば，瓜や茄子の花ざかり」というのがあるが，これは紫洋の作といわれ，佐賀藩出身の古賀精里が幕命に応じて任官したことを冷笑したものとか，時事を風刺したものといわれている。

　永明寺の西南約500mの農村公園一帯(芦刈町中溝集落西南端)には，神代氏の館があった。神代氏は山内(現，佐賀市三瀬村)の三瀬城より，16世紀末に同地に領地替え

横尾紫洋の墓(永明寺)

牛津町と芦刈町　107

になった。さらに、17世紀前半に佐賀郡金立(現、佐賀市金立町)に再び領地替えになった。ただ、藩政時代も旧芦刈村・浜中ケ里村は神代氏の領地で、そのほかの芦刈地区は小城藩領であった。農村公園の北に鶴麗山福田寺(曹洞宗)がある。本尊は木造地蔵菩薩で、小路を拠点としていた徳島氏や神代氏の菩提寺であり、徳島氏の歴代の墓石が並んでいる。

　農村公園の北東約300mの所に、中世の小路遺跡がある。この一帯は陣の森(蝮森、珍の山とも)と称され、千葉氏の家臣で、15世紀後半頃、最初に芦刈を根拠地とした豪族徳島氏の館跡と伝えられている。1811(文化8)年の『平吉郷絵図』によると、堀に囲まれた長方形の小丘の館屋敷が描かれている。現在は、畑地として3反(約30a)程度が残っているにすぎないが、実際はこの畑地を中心に約4町8反(約4.8ha)が館跡と伝えられている。小路遺跡からは、建物跡・井戸・柵などが発見された。遺物としては、中国の宋・明代や朝鮮の高麗・李朝の陶磁器、国産の瓦器・陶器、宋銭も出土した。館が存在したおもな年代は15・16世紀であるが、鎌倉時代に遡ると考えられる館跡であり、芦刈の開発を知るうえで貴重な遺跡である。

　小路集落の西の舎人集落を過ぎ、国道444号線を越えて西へ行くと浜中集落につく。浜中の東入口の田圃の中に、つき山観音とよばれる小丘がある。この地も陣の森と称され、この地が徳島氏の館跡との説もある。丘上には、年代不詳の六地蔵2基や観世音菩薩などの石造物が並んでいる。小丘の東方には、徳島堀と称される堀もある。徳島氏も鴨打氏同様、江戸時代に入ると、小城鍋島家に仕え、小城に移住している。

つき山観音(浜中)

③ 多久

中世は多久氏が、戦国期末には龍造寺氏が入部。江戸時代には親類同格の多久家が支配。儒学が興隆し、孔子廟を創建。

専称寺㉕
0952-75-2440

〈M▶P.76, 110〉多久市多久町2158 P
JR唐津線多久駅(多久発着所バス停)🚌多久市ふれあいバス循環線西回り、またはJR唐津線中多久駅🚌多久市ふれあいバス東多久岸川線西回り市立病院🚶1分

少弐氏父子の墓がある
多久第一の巨刹

市立病院北側の県道武雄多久線を挟んで、多久川との間に光明山専称寺(浄土宗)がある。本尊は木造阿弥陀如来坐像で、寺伝によると807(大同2)年行基の創建という。参道の右手に納骨堂がみえ、その奥に中世の九州北部で活躍した豪族少弐政資・資元父子の卵塔の墓がある。

1497(明応6)年、少弐政資は周防の大内義興に攻められ、梶峰城主多久宗時に身を寄せていたが、大内氏を恐れた宗時にすすめられて専称寺に入り、「花ぞ散る思へば風の科ならず　時至りぬる春の夕暮」との辞世の歌を残して自刃した。

1536(天文5)年、その子資元は大内義隆に攻められ、専称寺に入って自刃した。そのほか、前多久氏のものと思われる墓碑がいくつかある。

専称寺の西側、現在の東町一帯は藩政時代に高札場や、宿駅・宿場があり、伝馬もおかれていた。また東町には千本格子など、明治時代初期の面影を残す風格ある切妻造の2棟が並ぶ副島本家がある。

少弐政資(左)・資元父子の墓(専称寺)

西渓公園㉖
0952-74-2395(寒鴬亭)

〈M▶P.76, 110〉多久市多久町1975-1 P
JR唐津線多久駅(多久発着所バス停)🚌多久市ふれあいバス循環線西回り西渓公園入口🚶2分

専称寺を出て、市立病院西の西渓中学校そばを南へ8分ほど山手

多久　109

西渓公園と梶峰城山

寒鶯亭（西渓公園内）

炭鉱事業で財をなした高取伊好が地元に恩返し

に行くと、西渓公園に出る。西渓公園は女山多久家（家老職）の屋敷跡で、1923（大正12）年、高取伊好が私財を投じて公園化したものである。伊好は屋敷跡とともに図書館と寒鶯亭（国登録）も旧多久村に寄付した。

西渓とは伊好の号。伊好は多久氏の儒臣鶴田斌の子で、同晧の弟として多久町西の原で出生した。9歳で高取大吉の養子となる。

幼時、東原庠舎に学び、慶應義塾を経て工部省所管の工学寮で採炭学を修めた。長崎の高島炭鉱技師長や相知炭鉱・杵島炭鉱の経営に乗り出し、1918（大正7）年に高取鉱業をおこした。

寒鶯亭は西渓公園内の東側にある。同亭は、1924（大正13）年に建築された木造の公会所として利用された。

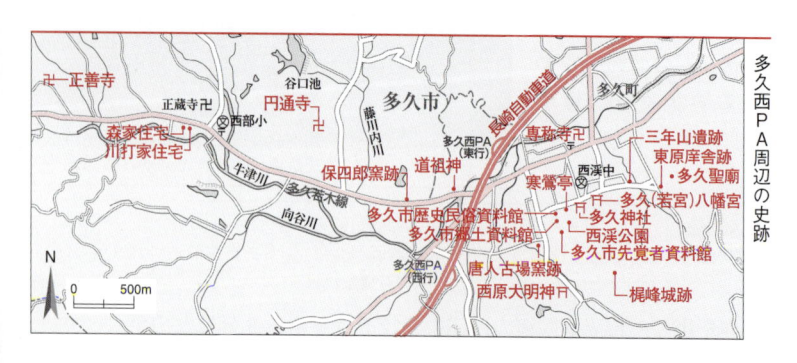

多久西PA周辺の史跡

多久市郷土資料館 ㉗
0952-75-8002

〈M ▶ P.76, 110〉 多久市多久町1975 P
JR唐津線多久駅(多久発着所バス停) 多久市
ふれあいバス循環線西回り西渓公園入口 7分

丹邱の里、多久の資料・文化財の収蔵館

　西渓公園内の西側に多久市郷土資料館がある。その南隣には多久市先覚者資料館が併設されている。資料館には丹邱邑誌、御屋形日記、御構内小路絵図など、多久家資料や3400点の後藤家文書(多久家資料及び後藤家文書、県重文)などが所蔵されている。また市内遺跡出土の石器・土器、邑学東原庠舎の規則や教科書、先覚者の遺品、多久聖廟の資料、漢籍の廟山文庫などが展示されている。「天正五(1577)年」の銘がある、筑紫箏の始祖諸田賢順愛用の立葵蒔絵螺鈿箏一張(県重文)がある。北隣に併設されている多久市歴史民俗資料館には、明治・大正・昭和時代初期まで炭鉱で使用された道具類を紹介している。屋外には、市内の石造物が展示されている。歴史民俗資料館の西側には、高取伊好が寄贈した旧多久村立図書館の2階建ての赤レンガ書庫が静かなたたずまいをみせている。

　藩政期には西渓公園から北の多久川を挟む一帯を郭内(御構内)と称し、多久家役所・邑邸、家臣の屋敷や町屋などがあった。多久八幡宮の参道を中心に、東を東の原、西を西の原と称していた。

　公園の南東隅に、石造の亀を台座にした石碑が立っている。これは大宝聖林の碑で、佐賀城下の大財村に白山町の町人頭武富咸亮(廉斎)が、1694(元禄7)年に建設した聖堂の記念碑で、1953(昭和28)年にこの地に移したものである。

　西渓公園の南東の梶峰山(別名城山、207m)に、梶峰城跡がある。伝承によると、1193(建久4)年に源頼朝から多久荘(現、多久市中・東部)の地頭職に補任された津久井(多久)宗直が築いた城といわれ、典型的な中世の山城跡である。山頂に築かれたこ

多久市先覚者資料館・郷土資料館・歴史民俗資料館(左より)

多久　111

の城は、本城を中心として雄城(丘城)と雌城(館)の3城からなっている。戦国時代末期、多久氏は龍造寺隆信に敗れ、城には隆信の弟長信が入り、多久氏の名跡を継ぎ、後多久氏といわれている。江戸時代に入り、多久氏は現在の西渓公園北部一帯の地(御構内)に館をつくって居住し、梶峰城は荒廃した。

また、西渓公園を西に約200m、南へ曲って約300m行くと尾越である。尾越墓地に隣接して唐人古場窯跡(肥前陶器窯跡、国史跡)がある。慶長の役(1597年)に出陣した龍造寺(多久)安順(長信の子)が、朝鮮より連れ帰った陶工の1人、李参平が最初に窯を開いた場所と伝えられている。窯の遺構は崩壊しているが、一部残存部に関しては焼成室間の段差がないなど、より朝鮮的な窯構造であった。窯の壁片の溶解状況から判断して、試焼きされたのはごく短期間であったと推定される。

李参平(金ヶ江三兵衛)は、続けて邑内の道祖元の保四郎山、女山峠東麓の山口の高麗谷でも陶器を焼くことを試みたと伝えられている。その後、有田(現、西松浦郡有田町)に行き、磁土を発見して磁器を焼いたという。唐人古場窯跡より南の山手に約500m行くと、林姫哀話を伝える西原大明神(祭神は多久7代目邑主多久茂堯の長女養心院、通称林姫)がある。

多久(若宮)八幡宮 ㉘
0952-75-3015

〈M▶P. 76, 110〉 多久市多久町1758-5 [P]
JR唐津線多久駅(多久発着所バス停) 武雄・西多久方面行本多久 5分

鎌倉時代初期に多久宗直が勧請した多久の総鎮守

多久市立病院バス停西より南方の山手に向かい、約7分歩くと西渓公園の東隣にある多久神社(旧称梶峰神社)に出る。多久氏の宗廟として1844(弘化元)年に多久11代邑主多久茂族によって創建されたもので、龍造寺家兼(水ケ江龍造寺、号剛忠)・長信、多久安順・茂文・茂族ら、邑主の多久家ゆかりの人物を祭神としてまつっている。境内の多久茂族の碑は、三条実美の文、中林梧竹の書である。茂族は多久邑最後の領主で、戊辰戦争(1868〜69年)では佐賀藩兵を率いて会津城攻略に参加し、政府軍参謀をつとめた。

多久神社境内の南隅にある石錘状の石碑は、多久町出身で刑法制定では専任をつとめた法学者鶴田皓(斗南。高取伊好の実兄)の記

多久(若宮)八幡宮とスギの大木念碑である。

　多久神社の東隣には多久(若宮)八幡宮(祭神仁徳天皇・応神天皇・神功皇后・比売大神)がある。社伝によれば，鎌倉幕府の御家人津久井(多久)宗直が源頼朝から多久を拝領したので1193(建久4)年に勧請したと伝えられ，鎌倉時代の武士の八幡信仰を物語るものである。

　戦国時代には少弐氏が崇敬した。のち後多久氏の祖である龍造寺長信が，1572(元亀3)年に神殿を再興した。棟材銘によると，神殿は以後3度修理を加えられているが，1627(寛永4)年の改修を基本としている。多久氏の篤い崇敬を受けた。

　神殿(県重文)は流造，とくに外陣と内陣の境にある欄間の蟇股や，牡丹・鳳凰・雲形などの透彫りは，極彩色の優美なものである。江戸時代初期の木造建築の遺構として注目され，多久の三所宗廟の1つである。境内には多久宗直が勧請時に鶴岡八幡宮(現，神奈川県鎌倉市)の大イチョウに擬して植栽したと伝えられる三本杉がある。例祭の10月19日には御神幸があり，浮立が奉納される。

東原庠舎跡 ㉙
0952-75-5112(東原庠舎内「孔子の里」)

〈M▶P.76, 110〉 多久市多久町1843-3 🅿
JR唐津線多久駅(多久発着所バス停)🚌武雄・西多久方面行本多久 🚶10分

儒学が盛んな多久の学問所は士・農・商も入学

　多久八幡宮から山裾に沿って東へ多久聖廟に向かうと，その中間の道路北に先土器時代の遺跡である三年山遺跡がある。調査の結果，多数のポイント(尖頭器・槍先)やフレイク(剝片石器)，コア(石核)などが発見された。この地方に分布するサヌカイトでできていて，出土品は佐賀県立博物館や多久市郷土資料館に保管されている。

　山麓をさらに東へ5分ほど行くと，江戸時代多久領の邑校(郷校)東原庠舎跡がある。多久4代領主多久茂文が，1699(元禄12)年に設立した。舎内には孔子や四哲の銅像を安置していた。別称を鶴山書院(多久御学問所)といい，儒学者河波自安を教授とした。武士とと

多久

東原庠舎跡記念碑

もに，農民・町人が入学を許可されたことは注目される。儒学者草場佩川，電気工学者志田林三郎らは同舎の出身である。

佩川は多くの漢詩を創作するとともに，書画にも独自の境地を開き，佐賀藩校弘道館の教授をつとめた。その子船山も儒者として名声を得た。

東原庠舎は1991(平成3)年に再建され，学校などのクラブ活動の研修場として利用されている。

多久聖廟 ㉚
0952-75-6220(多久聖廟案内詰所)
〈M▶P.76, 110〉多久市多久町1642 P
JR唐津線多久駅(多久発着所バス停) 武雄・西多久方面行本多久 15分

儒学の里に孔子廟 祭典の釈菜は不断なく続く

東原庠舎跡を北東の山手に少しのぼると，多久聖廟(国重文・国史跡)に着く。多久聖廟は，多久領4代邑主多久茂文の創建である。茂文は儒学への関心が強く，孔子廟造営を思い立ったが，江戸幕府や佐賀藩の許可を容易に得られなかった。江戸湯島の聖堂(現，東京都文京区)，佐賀鬼丸の聖堂設立後に許可され，1705(宝永2)年起工，3年後に完成した。落成後は恭安殿とよばれ，現在の聖廟がこれにあたる。

廟の高さ13.3m，長さ17.5m，奥行22.8m。屋根は入母屋造，瓦葺きであったが，1907(明治40)年の改修工事で銅板葺きになった。1990(平成2)年完了の修理で旧来の瓦葺きとなる。堂の内外

多久聖廟

には麟鳳亀竜・草木魚虫などの種々の彫刻があり，柱木には朱漆を塗って中国風の趣を出している。格天井には，多久に住み，元禄～享保年間(1688〜1736)にかけて狩野派の筆法を学び活躍した御厨夏園が「飛龍図」を描いている。建物の正面奥に，板張りの高床に孔子像を安置する八角厨子の聖龕がある。孔子像の左右には，顔子・曽子・子思子・孟子の四哲像をおいた。建築以来，春秋2回の祭典である釈菜(県民俗)は絶えることなく続けられ，現在は4月18日と10月第4日曜日に実施されている。

多久は聖廟を中心に儒学が盛んであったが，漢詩をつくる人も多く，文化・文政年間(1804〜30)には，多久の地を中国風に丹邱の里との美称を用いていた。

円通寺 ㉛

0952-74-3364

〈M▶P. 76, 110〉 多久市西多久町板屋7047-1 Ｐ
JR唐津線多久駅(多久発着所バス停) 多久市ふれあいバス西多久線円通寺前 10分

龍造寺長信の再興で，7代邑主以後は多久家の菩提寺

多久市立病院前から県道武雄多久線を西に約900m向かうと，長崎自動車道と交差する手前に三差路がある。右は西多久・武雄北部を通り伊万里に至る道，左は馬神峠を越えて北方・武雄市へ至る道である。右手の牛津川に架かる道祖元橋を渡ると，道祖元集落があり，道祖神がまつられている。石の屋形をした大きな祠の中に，同形の小石祠が入っていて，「享保六(1721)年二月道祖神」の刻銘がみえる。1702(元禄15)年の「御構内小路絵図」は，すでに同場所の「道祖神」を記しているので，享保年間(1716〜36)以前の祭祀と考えられる。石祠は，子授けの神として多くの参拝者を集めている。

道祖神の約200m西方に保四郎窯跡(県史跡)がある。保四郎は有田焼の祖李参平の弟子といわれ，参平が多久から有田皿山に移住した後，この道祖元に窯を設けたといわれている。また，

多久邑主7〜11代の墓(円通寺)

この窯は李参平自身が開いたとの説もある。

　道祖元から約500m西に進み、藤川内に出て北に曲がり、約350mの左手に大応山円通寺(曹洞宗)がある。本尊は木造観世音菩薩。寺伝によれば、建久年間(1190〜99)に、多久宗直によって創建されたと伝えられている。1597(慶長2)年に龍造寺長信により再興され、多久邑主7代多久茂堯以後、多久家の菩提寺となった。本堂西側の山中に茂堯・茂孝・茂郷・茂澄・茂族の墓碑がある。なお、長信と初代邑主安順から6代茂明は慶誾寺(現、佐賀市本庄町鹿子)に葬られている。1863(文久3)年の火災のため諸堂を焼失したが、本堂・庫裏は再建された。「慶長九(1604)年」銘の龍造寺長信逆修供養塔や、「慶長十一(1606)年」銘の逆修六地蔵がある。円通寺の門前には、1687(貞享4)年建立の藤川内の観音講の石祠がある。

　藤川内より県道多久若木線の西に隣接して、宿集落がある。藩政期には、女山には佐賀から伊万里に通じる伊万里往還が横断しており、女山宿が設けられていた。宿集落には、「多久市ふるさと情報館・幡船の里」がある。ここに川打家住宅(国重文)と森家住宅がある。川打家住宅は、18世紀初頭の竈造の民家である。佐賀県には屋根の形が「かまど」に似た独特の民家があるが、その典型としては最古のものである。本来は、現在地よりも約600m東方にあったが、保存のため現在地に移築された。川打家住宅の隣には、森家住宅がある。森家住宅も同じ竈造の民家で、18世紀なかばの建築で、19世紀なかばに改築されたものと推測される。

川打家住宅(左)・森家住宅(右)

さらに県道多久若木線を西へ1.5kmほど行った女山峠麓の谷集落には、道の北側に慈雲山正善寺(曹洞宗)の石柱がある。小径を少しのぼると山の中腹に鐘楼がみえ正善寺に至る。古くは真言宗と

西原大明神と林姫哀話

コラム

大明神さんの祭神は邑主茂堯の愛姫

7代目邑主多久茂堯の息女林姫は、父からもっとも愛された姫であったが、父が江戸勤めで不在中、上級家臣の息子と恋をし懐妊した。知らせを受けた茂堯は、家来の使者に短刀に朝鮮人参を巻きつけて渡した。これには「胎児のみを処分して、あとは養生せよ」という意味があった。しかし、家来にこの気持ちが伝わらず、林姫を南多久の花祭の西山処刑場で斬った(宮の浦の小松地蔵で自害したとの説もある)。姫の相手も姫の菩提寺円通寺(藤川内)で割腹してしまった。江戸から茂堯が戻り、家来たちは邑主の真意に気づき、かかわった5人が責任を感じて切腹した。

以来、多久家には凶事が続き、8代茂孝は病弱、9代茂鄰・10代茂澄はともに本藩主の命で蟄居させられている。諫早領主夫人との不義によって職を解かれ、梅園別荘に隠居した茂澄が、多久出身の日蓮宗の日護上人を丹波国実相院から呼び寄せ祈禱してもらった。祈禱の最中に林姫の霊があらわれ、「遺骸を西の原梅ケ渓に納め、堂宇を建てよ。これで多久家は安泰となり、婦女子の安産もかなう」と託宣した。これを聞いた茂澄は1837(天保8)年に供養のため**西原大明神社**を勧請した。いまでも安産守護の神として参拝者が多い。

林姫墓碑(円通寺)

も天台宗とも伝えられるが、寛永年間(1624〜44)に円通寺末寺として再興された。開基は多久順純で、女山多久家の菩提寺である。開山は円通寺9世了叔和尚という。元禄年間(1688〜1704)に、御厨夏園が描いた「仏涅槃図」と女山多久家の出身で島原・天草一揆戦死者供養碑がある。

妙覚寺 ㉜
0952-76-4823

〈M▶P.76〉 多久市南多久町下多久5698 **P**
JR唐津線 東多久駅🚗10分

東多久駅より県道小城多久線を横切って南西の桐野山に車で10分ほどで、中腹に桐野山**妙覚寺**(天台宗)がある。本尊は木造不動明王立像。732(天平4)年に、行基が聖武天皇の勅願寺として創建

多久 117

諫早塚（妙覚寺）

行基が聖武天皇の勅願で創建、肥前の延暦寺との異名

したという。たびたび火災に遭い、現在の観音堂・本堂・庫裏は1933（昭和8）年に再建されたものである。「肥前の延暦寺」と称される古刹である。弘法大師筆という両界曼荼羅図（県重文、県立博物館寄託）がある。

参道には、寛延年間（1748〜51）の諫早騒動（諫早一揆）で処刑された諫早領の家老や農民代表など26人を追善した供養塔があり、諫早塚とよばれている。また、石造の灯籠、六地蔵、観世音像、五重塔、供養塔群がある。

妙覚寺東方約500mの丘陵地に、大小の五輪塔群がある。「丹邱邑誌」によると、そのうち地元の人が皇塔と称しているものは、聖武・桓武・平城の3天皇を奉祀するために、妙覚寺が建てたものという。

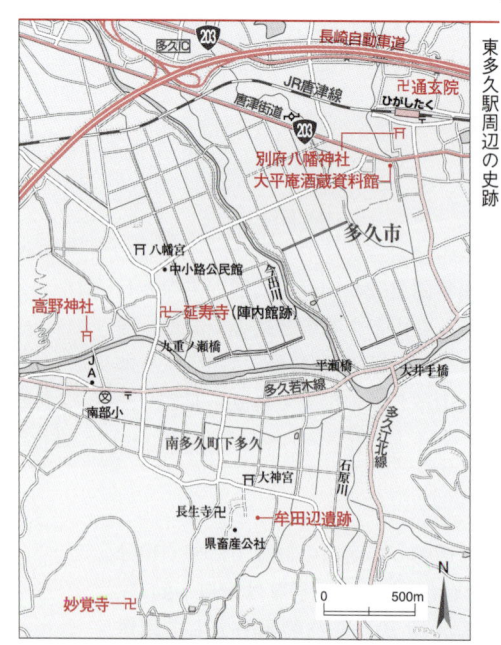

東多久駅周辺の史跡

妙覚寺の東北の約800mの牟田辺丘陵一帯は、弥生時代の甕棺墓が出土した牟田辺遺跡（牟田辺遺跡甕棺墓出土遺物が県重文）がある。1965（昭和40）年以降3次の発掘調査の結果、住居跡69、掘立柱建物跡5、甕棺墓229、土壙墓30、貯蔵穴30、大溝など

岸川万五郎節

コラム
芸

牛馬用の飼料を刈るときの仕事唄

岸川節(万五郎節)は、多久市岸川地区でうたわれた民謡である。この唄は、牛や馬に食べさせるカイバ(飼料)をかるときの山唄で、おもに澱粉質の多い葛葉をとった。岸川集落は天山(1046m)の中腹にある山村で、いまから500〜600年前、働き者の万五郎という人によって開拓されたという。唄の文句は「岸川万五郎さんな お腰にゃ とんこつ(煙草入れ)さげてよ 足のといこのふしゃ(くるぶしは)アカだらけよ。おとったんな(お父さんは)年寄りじゃけん めご(籠)いのうちゃ出やんなよ おと(お前)の可愛いしゃーで めごいなうよ」などと、万五郎の熱心な仕事振りに感心したものである。唄の特徴はゆったりとした伸びやかな調子のなかに、素朴な健康さと一抹の哀調をおびた、すぐれた民謡である。

が確認された。

国道203号線を東多久町別府より県道多久若木線に入って、約2km行くと、多久川北の西の谷集落に、高野神社(祭神丹生都比売命・多久宗直)がある。社伝によると、建久年間(1190〜99)に多久宗直が紀州の丹生都比売神社の分霊を勧請したものという。1574(天正2)年、龍造寺長信が再建し、邑中の3廟の1つにした。一の鳥居は初代邑主多久安順が1623(元和9)年に、二の鳥居は3代邑主多久茂矩が1666(寛文6)年に寄進している。「天文二十二(1553)年」銘の六地蔵や「正保三(1646)年」銘の庚申塔が残存している。

高野神社東隣の庄集落の小高い丘に、陣内館跡がある。建久年間、多久宗直が摂津から多久に下向し、最初に居を構えた館といわれる。その館跡は、安国山延寿寺(臨済宗)の境内となっている。本尊は木造観世音菩薩。寺伝によると、開山は古月で、建久年間に多久宗直の創建と伝える。境内の墓地に五輪塔が5基あるが、多久宗直一族の供養塔とされ

高野神社

ている。多久宗直の菩提所は，当時，下多久の平瀬(現，南多久町)にあった専称寺であった。鎌倉時代初期に，宗直が上多久の梶峰山に城を築いたとき，専称寺も現在地に移ったと伝えられている。その後，宗直らの墓碑も移された。

別府八幡神社 ㉝ 〈M ▶ P.76〉 多久市東多久町別府

JR唐津線東多久駅 徒 2分

多久邑の三所宗廟の1つで，商業交易地別府の鎮守

別府は，「宇佐宮神領大鏡」(国重文，大分県宇佐市宇佐神宮管理)の康和4(1102)年の「大江匡房寄進状」に「高来別府」とあり，平安時代末期，東多久町別府一帯が宇佐神宮の社領として荘園化していたことがわかる。近世初期には唐津往還の宿駅として成立・発展した宿場町である。別府は別府町と別府村に分けて，おのおのの1村としている。別府町には市が開かれ，多久領内の台所として商業交易地として栄えた。当時の市は，月6度開かれる六斎市であった。商家は1726(享保11)年に84軒を数え，1823(文政6)年には95軒にふえている。商家は，東は釘貫門(現，別府1区公民館前)より，西は小野尻(別府)川までの往還の南北に並んでいた。

大平庵酒蔵資料館

島原・天草一揆の戦死者追善碑(通玄院)

JR東多久駅南西側に別府八幡神社(祭神応神天皇・神功皇后・武内宿禰)がある。1881(明治14)年，東多久町羽佐間の四反田より現在地

旧三菱古賀山炭鉱の竪坑櫓(東多久町古賀山)

に遷座された。元来は，1528(大永8)年に龍造寺家兼(剛忠)が宇佐神宮の分霊をまつったものといわれ，のち後多久氏の祖龍造寺長信は多久(若宮)八幡宮・高野神社とともに，三所宗廟として崇敬したという。一の鳥居は，多久邑主3代多久茂矩が寄進している。

東多久駅から約170m南の国道203号線の十字路を唐津方面に約180m歩くと，道路南に大平庵酒蔵資料館がある。館長の木下家は藩政期には小城郡別府郷の大庄屋で，のち造酒屋を営んだ。資料館はもとの酒蔵に，肥前佐賀の酒造用具(国民俗)を集め，伝統的な酒造りが一目でわかるように展示されている。

東多久駅の約150m北西に，慈雲山通玄院(臨済宗)がある。本尊は木造十一面観世音菩薩で，開基は多久2代邑主多久茂辰，開山は瑞巌和尚で，寛永年間(1624～44)に創建されたものである。島原・天草一揆に際し，佐賀鍋島藩兵の一隊として多久邑の兵も討伐軍に参加して，99人の戦死者を出した。その氏名を陰刻した大供養追善石碑を建て，瓦葺き屋根で覆っていたが，現在は露出となっている。

東多久駅前の国道203号線を東へ約700m行くと，古賀山地区である。1968(昭和43)年に閉山した旧三菱鉱業古賀山炭鉱の竪坑の櫓が残っている。高さ約25mのコンクリート製で，大正時代初期の建設で，多久市に残る数少ない炭鉱遺跡である。さらに東へ約1km行った小城市に隣接する古賀1区の船津地区には，藩政期に多久邑の年貢米を収納し，船積みする蔵があった。いまは牛津川の河川改修で流路が変更され，田圃中の鳥居の所一帯が古賀津の跡である。

小侍関所跡 ㉞　〈M▶P.76〉多久市北多久町小侍字番所
JR唐津線多久駅🚗5分

JR唐津線中多久駅を下車し，北西へ約600m行った市役所の東部付近は多久原である。国道203号線と旧国道の分岐点一帯の多久原の峠付近は，唐津往還の多久原宿があった。1582(天正10)年前後の

ものと考えられる「龍造寺政家書状」によると，日用雑器を売買する月3度の定期市が開かれていた。多久原宿は古賀宿(現，東多久町別府)と長尾宿(現，南多久町長尾)とともに，多久領内の3宿場の1つである。1852(嘉永5)年の「多久原宿絵図」では，商家40戸が並んでいる。

多久原には，寿福山昌福寺(浄土真宗)がある。本尊は木造阿弥陀如来立像で，宗庵和尚の開山という。長福寺と号していた1705(宝永2)年，小侍から多久原に移転し，1719(享保4)年に昌福寺に改めた。

多久原峠西の原巻(腹巻)坂の北の山林に，「少弐さん」とよばれる小祠がある。現在は，脚気を治す神として信心を集めている。小祠は，大宰府の少弐氏末裔の墓と伝えられている。

原巻坂より唐津往還を西へ約3kmほど行くと，江戸時代に佐賀藩と唐津藩との藩境におかれていた小侍関所の跡がある。

1637(寛永14)年に発生した島原・天草一揆後，藩境守備のために佐賀藩が関所を設け，多久邑で勤番した。「多久家文書」の「小侍村・唐津境絵図」には，唐津領厳木村(現，唐津市厳木町)の笹原番所と対峙して小侍関所が記されており，番士10軒の家も描かれている。

1838(天保9)年に発生した松浦幕領一揆(天領一揆・厳木一揆)では，厳木の農民が小侍関所に窮状を訴え多久領への逃散を企てるが，佐賀藩10代藩主鍋島直正の命で捕縛せず唐津領へ追い戻している。現在は，「関所跡」の石碑が立っている。

小侍関所跡石碑

小城と多久

Kishima Fujitsu

杵島と藤津

武雄温泉楼門

祐徳稲荷神社

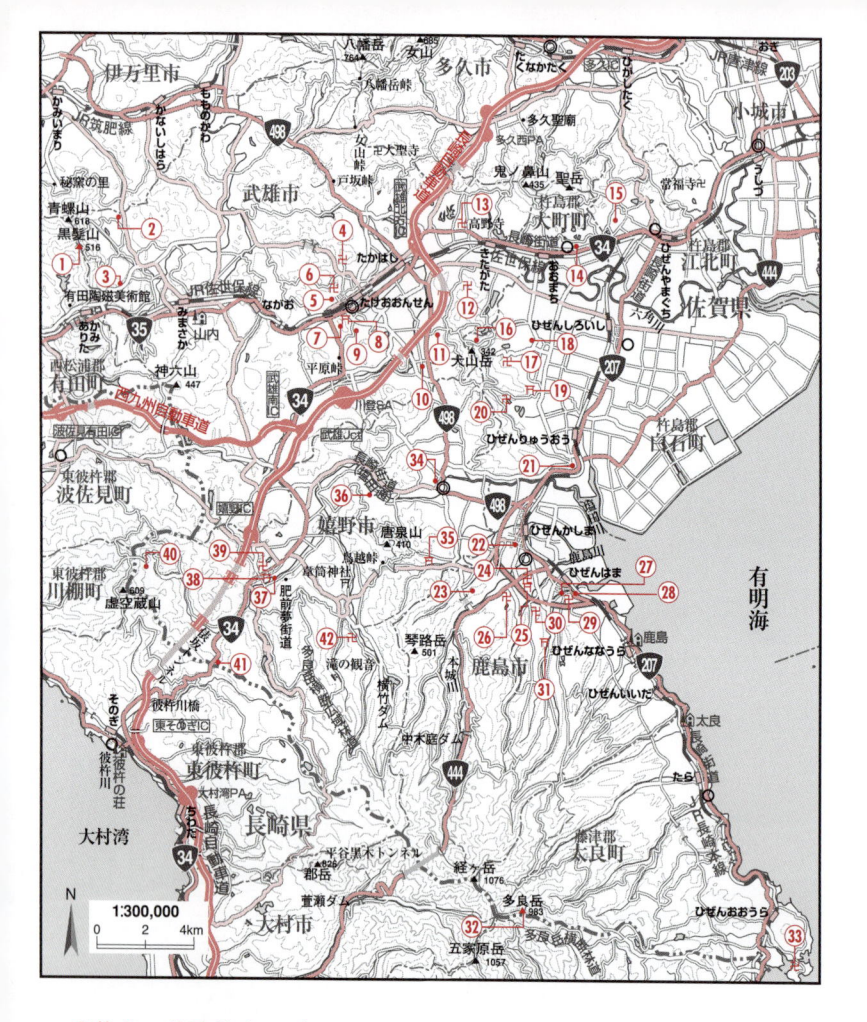

◎杵島・藤津散歩モデルコース

武雄温泉とその周辺めぐりコース　　JR佐世保線武雄温泉駅_20_ 円応寺_5_ 広福寺_1_ 武雄温泉_5_ 御船山楽園_5_ 武雄神社_5_ 如蘭塾_5_ 武雄市図書館・歴史資料館_5_ 玉島古墳_2_ おつぼ山神籠石_15_ JR武雄温泉駅

杵島山めぐりコース　　JR長崎本線肥前白石駅_10_ 歌垣公園_3_ 安福寺_ 須古城跡_7_ 稲佐神社_5_ 福泉禅寺_5_ 龍王崎古墳群_15_ JR長崎本線肥前竜王駅

鹿島めぐりコース　　JR長崎本線肥前鹿島駅_20_ 鹿島城跡_10_ 誕生院_3_ 鬼塚_3_

①黒髪山	⑪おつぼ山神籠石	㉒鹿島城跡	㉜多良岳と多良岳神社
②筒江窯跡	⑫歓喜寺	㉓在尾城跡	
③杉森家住宅	⑬高野寺	㉔誕生院	㉝竹崎観世音寺
④円応寺	⑭土井家住宅	㉕琴路神社	㉞西岡家住宅
⑤武雄温泉	⑮小田宿の馬頭観音	㉖蓮厳院	㉟八天神社
⑥廣福護国禅寺	⑯杵島歌垣(歌垣公園)	㉗鹿島市浜中町八本木宿の町並み	㊱池田家住宅
⑦旧武雄邑主鍋島氏別邸庭園(御船山楽園)			㊲嬉野温泉
	⑰安福寺	㉘鹿島市浜庄津町・浜金屋町の町並み	㊳豊玉姫神社
	⑱須古城跡		㊴瑞光寺
⑧武雄神社	⑲稲佐神社	㉙泰智寺	㊵大茶樹
⑨如蘭塾	⑳福泉禅寺	㉚普明寺	㊶俵坂番所跡
⑩玉島古墳	㉑龍王崎古墳群	㉛祐徳稲荷神社	㊷永寿寺

琴路神社 _10_ 蓮厳院 _5_ 普明寺 _2_ 祐徳稲荷神社 _15_ JR肥前鹿島駅

塩田めぐりコース　　JR佐世保線武雄温泉駅 _25_ 志田焼の里博物館 _5_ 塩田津伝統的建造物群保存地区(西岡家住宅，杉光家住宅，本応寺) _5_ 常在寺 _10_ 光桂寺 _3_ JR長崎本線肥前鹿島駅

嬉野めぐりコース　　JR長崎本線肥前鹿島駅 _20_ 永寿寺 _10_ 瑞光寺 _5_ 豊玉姫神社 _1_ 嬉野温泉通り _10_ 大茶樹 _10_ 俵坂番所跡 _50_ JR肥前鹿島駅

武雄から江北へ

1

「平成の大合併」で県西部の中核の役割をはたす武雄。同市山内から杵島郡江北方面へ、魅力ある歴史をたどる。

黒髪山 ❶

〈M▶P.124, 128〉 武雄市山内町宮野、西松浦郡有田町
JR佐世保線三間坂駅🚗5分

巨岩が聳えたちかつての修験者の霊山

JR三間坂駅から県道26号線を伊万里方面に車で5分ほどの所にある黒髪山（516m）は、古くからの山岳信仰の山である。平安時代初期の大同年間（806〜810）に弘法大師（空海）が、この山頂付近に大智院（真言宗）を創建し、学問成就の礼として自分の爪で不動尊を刻んだことに始まるとされる。

鎌倉時代になると、黒髪大権現として、修験道の行場となり、多くの修験者（山伏）が集まった。そして、江戸時代になると黒髪講として信者を集めて行くことになる。その後、明治時代になると、神仏分離令（1868年）によって、黒髪神社（祭神伊弉冉尊・速玉男命・事解男命）と大智院に分離し、現在、大智院は車で1時間たらずの長崎県佐世保市に移っている。黒髪神社は上宮（創建約2000年前）と下宮（創建715〈霊亀元〉年）があり、今日も篤い信仰を受けている。

また、黒髪山周辺は県立自然公園に指定され、カネコシダ自生地（国天然）となっている。

黒髪神社下宮

筒江窯跡 ❷

〈M▶P.124, 128〉 武雄市山内町宮野筒江
JR佐世保線三間坂駅🚗5分、またはJR佐世保線三間坂駅🚌伊万里行赤田🚶15分

のどかな田園風景の中にひっそりと残る窯跡

黒髪山の東麓に位置する筒江古窯群の1つである筒江窯跡（県史跡）は、JR三間坂駅から県道26号線を伊万里方面に車で5分ほど向かった筒江地区にある。

黒髪山の大蛇退治

コラム 伝

八人力の強弓の名手 源為朝と大蛇の戦い

　平安時代末期、有田郷白川池（現、有田ダム）に棲んでいた大蛇が、黒髪山を駆けまわり、暴れるようになった。天童岩（黒髪山山頂）を7周り半巻くほどの大きさで、村人たちを苦しめるため、朝廷は8人力の弓の名手である鎮西八郎為朝（源為朝）に大蛇退治を命じた。為朝は、高瀬の里（現、武雄市西川登町神六）にいた万寿姫を人身御供として、大蛇の棲む白川池の畔に立たせた。そして、その姿をみて大蛇があらわれ、万寿姫を飲み込もうとしたときに、為朝の放った矢が大蛇を射抜いた。大蛇は、竜門峡の谷底に落ちていき、ちょうどそこに居合わせた座頭がとどめを刺したといわれている。

　黒髪山周辺には、大蛇がいなくなって住みやすくなったことに由来する住吉村（現、武雄市山内町）や、大蛇の鱗が重くて馬が悲鳴を上げたことに由来する駒鳴峠（現、伊万里市）など、大蛇にまつわる地名が多数残されており、興味深い。

　江戸時代の正保年間（1644〜48）に、文禄・慶長の役（1592〜98年）のときに連れてこられ、のち帰化した朝鮮陶工たちの手により設けられたものとされる。

　農作物などが植えられ、一見したら段々畑にみえる窯跡は、全長約60m・幅約10mと推定される大規模な階段式の登り窯である。『葉隠』にある「武雄皿山」と推定され、17世紀後半から1882（明治15）年頃まで操業した。おもに後期には青磁の碗や皿を焼成したとされる。

　通焔孔とみられる穴が30以上も連なった焼成室の壁が露出しており、往時を偲ぶことができる。また、窯跡の上位後方部には1708（宝永5）年の石祠や庚申塔、1865（慶応元）年銘の再興記念の石碑がある。

筒江窯跡

武雄から江北へ

武雄市山内町周辺の史跡

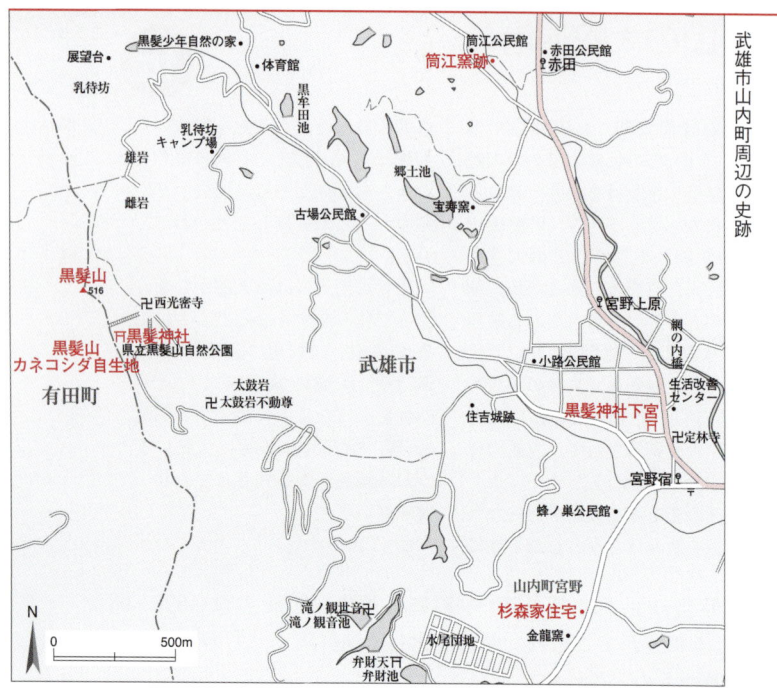

杉森家住宅 ❸

〈M ▶ P. 124, 128〉武雄市山内町宮野345
JR佐世保線三間坂駅 🚶 5分

診療所と製薬所の建物
洋風デザインが特徴

　JR三間坂駅から県道26号線を北西に行き，山内西小学校の前を通って宮野 宿 三差路から左へ，県道257号線を約500m進んだ右手に杉森家住宅（主屋・二階門，国登録）がある。杉森家は江戸時代から代々医者をつとめていた家で，明治時代になると丸薬の製造も行った。

　主屋は1891（明治24）年に現在の姿となり，旧診療所と旧製薬所の建物からなっている。診療所部分の正面玄関は，ア

杉森家住宅

128　杵島と藤津

ーチ状の破風板をつけたポーチを構えるなど洋風の意匠となっており，診察室（1階），病室（2階）でなっている。製薬所部分は，木造2階建て切妻造平入り・桟瓦葺きとなっている。もともと1階部分が診療所とつながっていたが，増改築で2階も接続したと考えられている。

二階門は，木造切妻平入り・桟瓦葺きで，通路上部の天井の高さは，乗馬した状態での通り抜けを意図したもので，伝統的な二階門とは異なる趣がある。

円応寺 ❹

〈M▶P. 124, 131〉武雄市武雄町富岡10513
0954-22-2336　JR佐世保線武雄温泉駅🚶12分

ユニークなアーチ形と鳥居形の2つの石門

JR武雄温泉駅から県道24号線を約300m西へ進み，小楠交差点を左折して県道53号線を北東の武内方面に約1km向かった柏岳の南麓に円応寺（曹洞宗）がある。1519（永正16）年に武雄領主後藤純明の発願で開山された，十一面観音を本尊とする寺院で，その後，文禄年間（1592～96）に現在地に移され，武雄鍋島家の菩提寺として今日に至っている。

境内にある半鐘は1664（寛文4）年に鋳造され，高さ51.5cm・口径30cmで県内金工史のなかでも珍しいものである。

寺院に至る参道の敷石と鳥居型石門・アーチ型石門は独特で珍しい。敷石は，文化年間（1804～18）に敷設されたと伝えられる。鳥居型石門は，塩田（現，嬉野市）の石工が塩田産の安山岩でつくったもので，向かって右側の柱には「寛政十（1798）年」の銘が刻まれている。また，アーチ型石門に掲げられている「西海禅林」の文字は，当時15～16歳であった第28代武雄領主鍋島茂義の筆によるものであり，門の裏側には「文化十四（1817）年」の銘がある。

円応寺

武雄温泉 ❺
たけおおんせん
0954-23-2001
〈M▶P. 124, 131〉 武雄市武雄町武雄7425　P
JR佐世保線武雄温泉駅🚶13分

宮本武蔵も入った温泉
楼門は武雄温泉のシンボル

　1200年以上も前から知られた古湯である武雄温泉は，駅の北西の温泉通りの突き当りに位置する。明治時代初期までは塚崎温泉とよばれていたが，1895(明治28)年の鉄道開通にともなう駅設置時に現在の武雄温泉に改称された。

　『肥前国風土記』に「杵島郡の西部に温泉があるが，非常に岩が険しく行く人は少ない」といった内容の記述があり，当時，訪れる人はまれであったらしい。

　しかし近世になり，豊臣秀吉が文禄・慶長の役(1592〜98年)の際に入湯。将兵に対して，地元の住民に迷惑をかけてはならない旨を記した書状が残されている。また，伊達政宗・宮本武蔵・伊能忠敬・シーボルトらが入湯した記録もあり，広く親しまれる湯として現在に至っている。

　武雄温泉楼門は，東京駅の設計者として知られる辰野金吾の設計とされ，1915(大正4)年に完成した。釘を1本も使っていない天平式楼門で，武雄温泉のシンボルとなっている。扁額の「蓬萊泉」は明治時代に書聖とうたわれた中林梧竹の筆である。また，武雄温泉新館(武雄温泉新館及び楼門として，国重文)も辰野金吾の設計とされ，楼門とともに設計・建築されたものである。老朽化のため閉鎖されていたが，2003(平成15)年3月に修復されて，当時の姿がよみがえり，館内には資料などが展示されている。

武雄温泉新館

廣福護国禅寺 ❻
こうふくごこくぜんじ
0954-22-2649
〈M▶P. 124, 131〉 武雄市武雄町富岡7438
JR佐世保線武雄温泉駅🚶15分

　廣福護国禅寺(臨済宗)は，武雄温泉の北隣にあり，1242(仁治3)

武雄温泉駅周辺の史跡

年に領主後藤直明の発願により、円爾弁円(聖一国師)が開祖となって創建されたと伝えられる。

仏殿に木造四天王立像(国重文)がある。鎌倉時代の作で、寄木造の

木造四天王立像は国重文
運慶作との伝承も

木造釈迦如来像(中央)と木造四天王立像(廣福護国禅寺)

武雄から江北へ

技法でつくられ、漆が塗られ、玉眼が嵌め込まれている。寺伝によると、運慶の作といわれているが定かではない。頭身は4体とも140cmで極彩色、ほぼ完全に保存されており、この時代の忿怒像としては九州でももっともすぐれた彫刻の1つとされる。また、四天王の中央には木造釈迦如来坐像(県重文)が鎮座している。

旧武雄邑主鍋島氏別邸庭園(御船山楽園) ❼
0954-23-3131(御船山楽園ホテル)

〈M ▶ P. 124, 131〉武雄市武雄町武雄4100 P
JR佐世保線武雄温泉駅🚗5分

御船山を背景とした池泉回遊式庭園

　JR武雄温泉駅から県道53号線を西へ約1.2km進み、下西山交差点を直進して国道34号線を約900mほど進むと、左手に旧武雄邑主鍋島氏別邸庭園(御船山楽園、国登録記念物)がある。武雄鍋島家の第28代領主鍋島茂義が、京都から狩野派の絵師を招いて約3年かけて1845(弘化2)年に完成させた。池泉回遊式庭園を基礎としていると考えられ、武雄温泉楼門とともに武雄市のシンボルとされる御船山(210m)の断崖絶壁と、麓にある池の景観をいかした日本庭園である。御船山の名前は、神功皇后が新羅からの帰りに「御船」をつないだという伝承に由来する。

　ツツジ・アジサイ・モミジ・フジなどの花が四季折々にみることができる。また、奈良時代に行基が彫ったという伝承がある釈迦三尊や五百羅漢が洞窟に安置されている。

旧武雄邑主鍋島氏別邸庭園(御船山楽園)

武雄神社 ❽
0954-22-2976

〈M ▶ P. 124, 131〉武雄市武雄町武雄5335
JR佐世保線武雄温泉駅🚶15分、またはJR佐世保線武雄温泉駅🚌武雄保養センター行武雄高校前🚶3分

　JR武雄温泉駅から県道330号線を西に約450m進み、武雄温泉入口交差点を左折。約300m進んだ武雄高校前交差点を直進して、400

武雄の荒踊

コラム / 芸

武雄領主後藤氏が戦いで勝利そこで生まれた即興の舞い

武雄の荒踊(国民俗)は、島原(現、長崎県)の戦国大名有馬氏が侵攻してきた1530(享禄3)年、当時、武雄領主の後藤氏がこれを迎え撃ってみごとに撃退した。その勝利の際に、後藤氏の家臣が即興で踊ったのが始まりとされる、勇壮な舞いである。

宇土手(現、東川登町袴野)・高瀬(現、西川登町神六)・中野(現、朝日町)の3地区それぞれの踊りには各所に違いがみられ、見比べるのもおもしろい。毎年9月下旬各地区で開催されている。

高瀬の荒踊は国の「記録作成等の措置を講ずべき無形の民俗文化財」に選択されている。

平安時代の文書は国重文 奥に樹齢3000年の大楠

mほど進むと、右手に735(天平7)年創建と伝えられる武雄神社(祭神 武内宿禰・神功皇后・武雄心命・仲哀天皇・応神天皇)がある。この神社はかつて広大な社領を有しており、社殿も御船山の北麓にあった。この社領を守るため、神官も武装し大きな勢力を誇ったが、後藤氏が武雄に勢力を伸ばすとその支配下となり、16世紀に塚崎城を築くために現在地に移ったとされる。

また、平安・鎌倉・室町時代に書かれた武雄神社文書(国重文、現在は佐賀県立図書館に収蔵)が約218通残されており、そのなかでも951(天暦5)年2月の「武雄神社四至実検状」は県内に現存する最古の古文書とされる。

第1・3鳥居は、肥前鳥居でバナナに似たユニークな形をしている。また、第2鳥居は、明神鳥居と肥前鳥居の折衷形態となっている。

毎年10月22・23日の例祭において流鏑馬が奉納されている。また、神社の西方へ200mほど進んだ所には、武雄の大楠(樹齢3000年、樹高30m・幹回り20m)があり、その存在感を示している。

武雄神社

武雄から江北へ　133

如蘭塾 ⑨

0954-22-2256
(清香奨学会)

〈M▶P. 124, 131〉武雄市武雄町武雄4322（清香奨学会）
JR佐世保線武雄温泉駅🚗5分，またはJR佐世保線武雄温泉駅🚶20分，またはJR佐世保線武雄温泉駅🚌武雄・三間坂線三間坂駅行御船が丘小🚶20分

旧満州から女子留学生を迎えた塾舎、寄宿舎、迎賓館が現存

　JR武雄温泉駅から佐世保方面へ進み，温泉入口から左折し，武雄高校前を直進する。競輪場北交差点を右折して，武雄競輪場に向かって右沿いに進んだ所に如蘭塾がある。

　1942(昭和17)年，第二次世界大戦の最中に鹿島市出身の野中忠太の尽力により日満育英会が発足し，塾舎及び寄宿舎・迎賓館（いずれも国登録）・運動場・プールなどの施設が整った如蘭塾（設計遠藤新）が誕生した。日本と満州（現，中国東北部）の友好の礎を築くことを目的としたもので，満州の子女を1943年に初めて留学生として迎えた。戦後の1952年からは清香奨学会として，あらたな育英事業を展開している。迎賓館には，満州国皇帝溥儀の弟である溥傑の書による如蘭塾扁額など，貴重な品々が残されている。入館は無料だが，事前に電話連絡が必要。

如蘭塾扁額（溥傑書）

玉島古墳 ⑩

〈M▶P. 124, 131〉武雄市橘町大日字玉島
JR佐世保線武雄温泉駅🚗10分

周囲を水田に囲まれた佐賀県内で最大規模の円墳

　如蘭塾から競輪場北交差点を右折，県道330号線を3.5kmほど塩田方面に向かった嬉野市塩田町との境目付近の左手に玉島古墳（県史跡）がある。直径約45m，墳丘の高さは約9mを誇る佐賀県内でも最大の円墳である。石室は，羨道が未発達な点が特徴で，竪穴式石室から横穴式石室への過渡期のものとみられ，竪穴系横口式石室とよばれる。築造時期は5世紀末頃と考えられている。

　また，これ以外にも矢ノ浦古墳（県史跡，武雄市武雄町永島）・潮見古墳（県史跡，武雄市橘町永島字潮見）など，近辺にも多数の古墳

武雄市図書館・歴史資料館

コラム

図書館と歴史資料館 幕末の武雄がわかる

武雄市図書館・歴史資料館は、武雄神社と道路を挟んで向かい側の駐車場奥にある。図書館は2013（平成25）年より全国で初めて民間企業による運営を始め、カフェを設けるなどの斬新な取り組みで全国的に脚光を浴びている。また、歴史資料館には、高島秋帆が1835（天保6）年に日本で最初に鋳造したとされる臼砲（モルチール砲）など幕末の武雄に関する資料が展示されてあり、近代における武雄鍋島家の活躍を垣間見ることができる。

モルチール砲（武雄鍋島家資料　武雄市蔵）

がみられる。

おつぼ山神籠石 ⓫

〈M▶P.124, 131〉武雄市橘町大日字小野原
JR佐世保線武雄温泉駅🚌鹿島・塩田方面行楢崎🚶20分

朝鮮式の山城と推定 多くの謎に包まれた国史跡

杵島山の西麓に派生した標高約65mの小さな丘に築かれている、総延長1870mの列石が おつぼ山神籠石（国史跡）である。1300年前の朝鮮式山城の影響を受けて築造されたと考えられており、高さ70cmの方形に切り揃えられた列石が形をとどめ、その数は1300個以上と推定されている。これは土塁の基礎と考えられており、その前面に約3m間隔で柵列の柱があったとされる。ほかにも門跡が2カ所、水門2カ所が確認されている。

築造の時期については、関連する遺物が発見されていないため不明だが、西日本のほかの神籠石から7世紀の須恵器が出土しており、7世紀築造の説が有力視されている。

おつぼ山神籠石第一水門跡

武雄から江北へ

歓喜寺 ⑫
0954-36-2682　〈M▶ P. 124, 131〉武雄市北方町芦原3003
JR佐世保線北方駅🚗6分，またはJR佐世保線大町駅🚌杉の岳線
医王寺🚶10分

医王寺山中腹にある曹洞宗寺院
本尊は銅造薬師如来立像

　JR北方駅から武雄方面へ向かい，追分交差点から左折し，鳥居の横を直進してそこから堤に沿って進むと杵島山山系の北端にあたる医王寺山中腹に，歓喜寺(曹洞宗)がある。本尊である銅造薬師如来立像(県重文)は高さ54.5cmで，背面に「承安二(1172)年十月日」の銘がある。銅板を槌で叩いて成形し，鋲留めにして制作されている。

　寺の伝承によると，平清盛の長子である重盛の創建である千軒(遷化・千華)寺の焼失後に，焼け残ったこの薬師如来を本尊として現在の寺院が建立されたと伝えられている。像は，なで肩で柔らかく，童顔で柔和な感じ，衣紋などは平安時代末期の特徴がみられる。拝観する際には，事前の連絡が必要。

高野寺 ⑬
0954-36-3616　〈M▶ P. 124, 131〉武雄市北方町志久3249　P
JR佐世保線北方駅🚗5分，またはJR佐世保線武雄温泉駅🚗15分，
またはJR佐世保線武雄温泉駅🚌佐賀行北方支所前🚶3分

空海によって開かれた伝承
別名「シャクナゲ寺」

　JR北方駅から国道34号線を武雄方面へ進み，武雄市役所北方支所前から右折した山の麓に，空海の開山とされる高野寺(真言宗)がある。「いかなる罪人も高野寺の境内に走り候えば，その罪も免じる」と鎌倉時代の古文書の伝承には残されている。

　別名「シャクナゲ寺」とよばれるとおり，寺院の境内には約1000本のシャクナゲがあり，春にはみごとな花を咲かせる。なかには樹齢300年を数えるものもあり，毎年4月初旬～5月初旬にシャクナゲ祭りが開催される。

土井家住宅 ⑭
　　　　　　　〈M▶ P. 124, 137〉杵島郡大町町大町1045
JR佐世保線大町駅🚶30分，またはJR佐世保線大町駅🚗7分

文化～天保年間の建築物
旧長崎街道沿いに立つ国重文

　JR大町駅から国道34号線を佐賀方面に約1.2km進み，大町小学校前から左折した旧長崎街道沿いに，土井家住宅(国重文)がある。江戸時代の文化～天保年間(1804～44)の建築と推定されているが，特定はできていない。

　もともとは町屋の造酒屋で，その後，明治時代になって農家にか

大町町・江北町の史跡

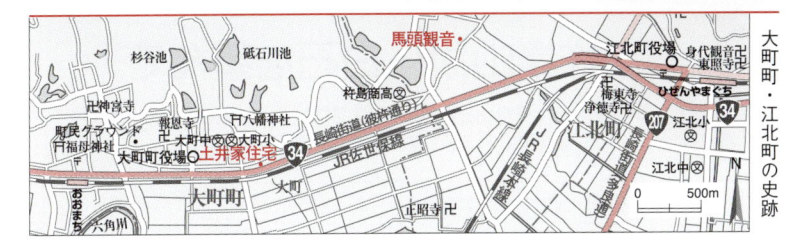

わり，手が加えられた。家屋全体の半分が土間という珍しい造りの大型家屋となっている。平瓦と丸瓦を交互に葺いた本瓦葺きという当時の手法が残されており，地方の民家としての資料的価値が高い。個人所有のため外観のみの見学になる（問い合わせは大町町教育委員会生涯学習係，電話0952-82-3177）。

土井家住宅

小田宿の馬頭観音 ⑮

〈M▶P.124, 137〉杵島郡江北町上小田観音下　JR長崎本線・佐世保線肥前山口駅🚗5分

長崎街道の塩田、武雄の分岐点　行基の伝承が残る観音堂

小田宿は，長崎街道の塩田へ向かうルートと武雄へのルートの分岐点にあたり，また多久への脇街道，さらには多良街道の分岐点にあたる旧宿場町として栄えた。

中心部にある，1998（平成10）年に再建された馬頭観音堂は，奈良時代にこの地を訪れた行基が，大クスに馬頭観音を彫ったという伝承に由来する。1614（慶長19）年に，朽ちた堂を佐賀藩祖鍋島直茂が修復したといわれる。馬頭観音は，悪霊払いと貴重な輸送手段である馬の無病息災を願って信仰を集めた。

江戸時代になると，1826（文政9）年に，シーボルトが立ち寄ったといわれている。シーボルトが通ったときは，鳥居もあったといわれ，神仏混淆であったと思われる。しかし，1851（嘉永4）年に火災で馬頭観音像も観音堂も焼失してしまった。

この付近は，今日でも宿のたたずまいをみせている。

武雄から江北へ

② 杵島山から白石を望んで

杵島山とその山麓に点在する史跡の数々。白石平野を望みつつ，自然あふれる景色のなかを鹿島方面に進む。

杵島歌垣（歌垣公園） ⓰
〈M▶P. 124, 139〉 杵島郡白石町 堤 3783-1 P
JR長崎本線肥前白石駅🚗10分

「求愛の場となった杵島歌垣 草取りかねて妹が手を取る」

　JR肥前白石駅から，西に位置する杵島山に向かった中腹の頂には，歌碑が建立され，歌垣公園として整備されている。そこには「あられふり　杵島が岳をさかしみと　草取りかねて　妹が手を取る」という『万葉集』の歌が，万葉集研究の権威である沢瀉久孝の筆で刻まれている。

　歌垣とは男女が歌を詠み，踊り合うなかで求愛の場となる習俗であり，杵島山では毎年春と秋に歌垣が行われていたとされ，筑波山・摂津山と並んで三大歌垣の１つに数えられる。

　『肥前国風土記』の杵島曲の前文に「杵島郡県の南二里，一孤山あり。坤より艮を指し三峰相連なる。是の名を杵島と日ふ。……郷閭の士女，酒を携えて登り望み，曲尽きて帰る」とある。

　公園内には７万本のツツジがあり，４月下旬には満開となり，訪れる人びとを楽しませている。また眺望もよく，白石平野と有明海を一望に見渡すことができる。

歌垣歌碑

安福寺 ⓱
0952-84-3033　〈M▶P. 124, 139〉 杵島郡白石町堤3144 P
JR長崎本線肥前白石駅🚗10分

「水堂さん」の愛称 出水法要の観音堂

　歌垣公園から東へ約１kmの所に，安福寺（天台宗）がある。水堂安福寺所蔵の1856（安政３）年に書かれた『当山霊水略縁起』によると，「平安時代，高倉天皇が重い病気にかかった際，夢のお告げに従って平 重盛がこの水を献上したら，たちまち回復された……」

白石町周辺の史跡

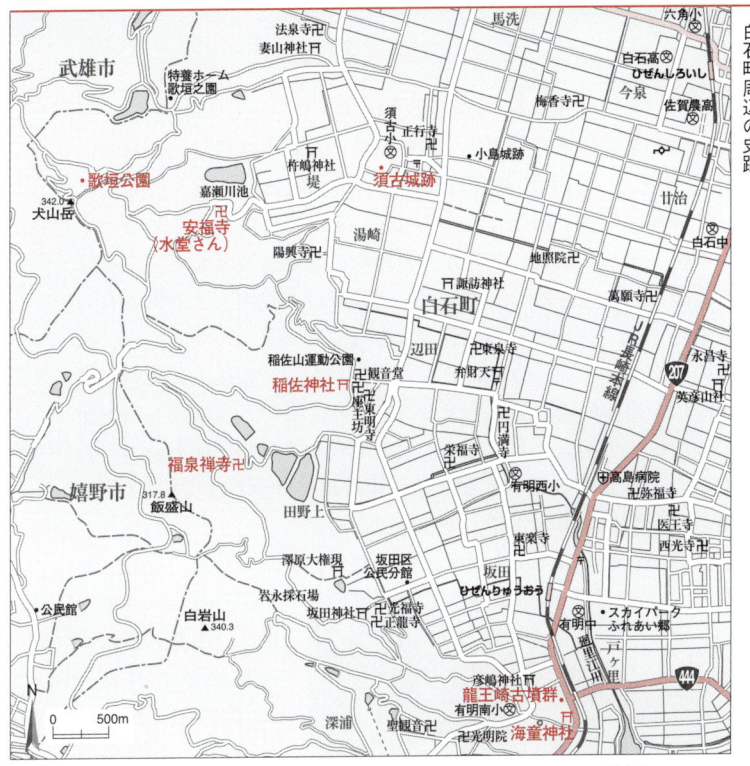

という伝承が霊水の起源とされている。その後、大規模な伽藍(がらん)を誇ったとされるが、戦国時代の争乱で焼失したといわれ、現在の霊水堂は、江戸時代の1781(天明元)年に須古邑主である鍋島茂倫(すこゆうしゅ　なべしましげのり)により再建されたと伝えられている。

観音堂では、毎年旧暦4月15日から7月15日にかけて出水(でみず)法要が行われることから水堂とよばれており、「水堂(みっと)さん」の愛称で親しまれている。

安福寺水堂

枠島山から白石を望んで　139

須古城跡 ⑱

〈M ▶ P. 124, 139〉杵島郡白石町堤1463
JR長崎本線肥前白石駅🚗8分

五州太守であった龍造寺隆信の隠居城跡

杵島山の東麓にある須古小学校の南西の丘に，須古城跡がある。別名高城ともよばれ，鎌倉時代に幕府の御家人，白石五郎通頼によって最初に築城されたと伝えられている。室町時代になると，小城を本拠とする千葉氏の部将平井経治がここを居城として，白石地方を支配した。平井氏は，島原（現，長崎県）の戦国大名である有馬氏と結んで龍造寺隆信と対立したが，1574（天正2）年，ついに約1万の兵を擁する龍造寺氏に敗れ，滅亡した。その後，1580年，龍造寺隆信が自身の隠居城としてここに移り，このときに西九州方面への領土拡大の拠点として城下が整備された。当時，最大級の平山城だったと推定されているが，その後は現在に至るまで約400年間放置され，全体を草木が覆った状態である。

2006（平成18）～07年にかけて実施された佐賀県の踏査により，藪が除去され，曲輪や虎口，また石積みなども確認された。城郭の中心部は，当時としてはきわめて珍しい総石垣造であったことがわかっている。

須古城跡

稲佐神社 ⑲
0954-65-2177

〈M ▶ P. 124, 139〉杵島郡白石町辺田2925 P
JR長崎本線肥前竜王駅🚗15分

山岳信仰と神仏習合の社 肥前鳥居は県内最古の銘

JR肥前竜王駅から約150m東の国道207号線を佐賀市方面へ約900m北上し，白石町廻里津交差点から左折し，県道214号線を杵島山の方へ2kmほど進んで行くと，稲佐神社（祭神 天神・女神・五十猛命・聖明王・阿佐太子）がある。

社伝によると，仏教経典を時の欽明天皇に伝えたとされる朝鮮半島の百済の聖明王が，推古天皇の時代に，聖明王の子である阿佐太

稲佐神社の肥前鳥居

子によってまつられたことが起源とされ、六国史の1つで、901(延喜元)年に編纂された『日本三代実録』にもその名が記されている。また、大同年間(806〜810)に空海が訪れて再興したという伝承をもつ。

山岳信仰と神仏習合が結びついた神社とされ、仏教とくに密教の影響を強く受けており、この参道には、真言宗の寺坊(座主坊・観智院・玉泉坊)や1585(天正13)年の県内最古の造立銘をもつ肥前鳥居が残されている。

江戸時代、干ばつの際には雨乞いが行われた。毎年10月19日の例祭では、鎌倉時代に同社を再興したときに奉納された起源をもつ流鏑馬神事が行われている。

福泉禅寺 ⑳

〈M ► P. 124, 139〉 杵島郡白石町田野上3287 P
0954-65-4162　　JR長崎本線肥前竜王駅🚶10分

和泉式部伝説が残る寺院　幽霊の掛け軸も

稲佐神社の参道から南西へ車で5分ほどの所に溜池があり、そのそばを通った山の麓に福泉禅寺(臨済宗)がある。

当初は真言宗の寺院だったが、鎌倉時代に聖一国師の高弟である鉄牛円心禅師が禅の修行道場として再興した。

この寺院に捨てられた娘が成長して、平安時代の代表的歌人、和泉式部になったという伝説があり、裏庭には鎌倉時代に建立された彼女の供養塔がある。また、江戸時代中期の京の絵師祇園井特の作とされる幽霊の絵が残されている。

福泉禅寺山門

杵島山から白石を望んで

龍王崎古墳群 ㉑　〈M▶P. 124, 139〉杵島郡白石町深浦6032　P（龍王崎古今の森公園）
JR長崎本線肥前竜王駅🚶15分，または🚗5分

約20基におよぶ円墳群
出土遺物も多数

　JR肥前竜王駅から約300m南の国道207号線を南の鹿島方面へ約500m進んだ所に位置する杵島山先端の丘陵部に海童神社があり，その境内から背後にかけて龍王崎古墳群（県史跡）が広がっている。約20基の直径14～17mの円墳で構成され，そのうち6基が調査・整備されている。いずれも5～6世紀頃の古墳とされ，内部は横穴式石室となっている。そのなかでも，とくに6号墳は石室入口の袖石に線彫で施された見事な家屋文様が残されている。

　出土遺物には，金銅製の矢筒金具・国産七獣鏡・金銅製鈴・勾玉など多数（龍王崎古墳群出土遺物として，県重文）がある。これらの遺物は，ここから北東へ500mほど行った所にある有明中学校の東に隣接している有明スカイパークふれあい郷自有館のロビーに一部が展示されており，みることができる。

　また，龍王崎古墳群の周辺は，龍王崎古今の森公園として整備されており，散策しやすくなっている。

龍王崎古墳1号墳石室

3 鹿島から太良へ

城下町を中心とした風光明媚な町，鹿島。史跡に加え，山野河海の恵みも豊か。有明海に沿って太良方面に向かう。

鹿島城跡 ㉒ 〈M▶P. 124, 146〉鹿島市高津原462
JR長崎本線肥前鹿島駅🚶20分

赤門は鹿島高校の正門
城跡一帯は桜の名所

　JR肥前鹿島駅から県道41号線を鹿島市街へ行き，新天町の交差点を左折し，またすぐに右折して進んで行くと駅から20分ほどで，朱塗りの鹿島城大手門がある。そこから南に広がる小丘陵一帯が鹿島城跡である。

　1609(慶長14)年，佐賀藩初代藩主鍋島勝茂の弟忠茂が，2万石を領したことで鹿島藩が成立した。2代正茂までは北鹿島田代の館を，3代直朝は塩田川と鹿島川に挟まれた田代に隣接する地に常広城(本丸跡は現在の北鹿島小学校)を築き，居館とした。しかし，たびたび洪水に見舞われたことから，1807(文化4)年，9代直彝のときに鹿島城が落成した。

　しかし明治時代になり，1874(明治7)年の佐賀戦争(佐賀の乱)に際して，新政府軍の進攻を恐れて，城に放火させ，おもな建築物はこのとき焼失した。現在は，県立鹿島高校の正門としている鹿島城赤門と大手門(ともに県重文)が残るのみである。

　本丸跡周辺は，歴代藩主をまつる松蔭神社の境内を中心に旭が丘公園として整備され，サクラの名所として市民に親しまれている。

鹿島城赤門(鹿島高校校門)

在尾城跡 ㉓ 〈M▶P. 124, 146〉鹿島市高津原
JR長崎本線肥前鹿島駅🚶30分，または🚗10分

　JR肥前鹿島駅から県道41号線を鹿島市街へ行き，新天町交差点から右折し西へ進み，鹿島バイパスを左折し1kmほど直進，蟻尾山公園交差点から右折した所に，鹿島市陸上競技場・野球場などが

鹿島から太良へ　143

在尾城跡

鹿島市街を一望できる戦国時代大村氏の居城跡

整備された蟻尾山公園がある。この蟻尾山(192m)を中心とした一帯が，在尾城跡である。戦国時代，藤津地方を勢力下においていた大村氏が，小城に勢力をもつ千葉氏への備えとして，1466(文正元)年に築いた山城である。1477(文明9)年に，大村家親が守っていたが，千葉氏により落城した。現在は山頂部の空堀や，1512(永正9)年に造立された弁財天の石殿を確認することができる。

誕生院 ㉔

0954-62-3402

〈M ▶ P. 124, 146〉鹿島市納富分2011　P
JR長崎本線肥前鹿島駅🚌祐徳神社行誕生院前🚶4分，または
JR長崎本線肥前鹿島駅🚕5分

不動明王は1200年前の作　西隣の鬼塚は県史跡

JR肥前鹿島駅から国道207号線を太良方面へ南に進み，泉通り三差路を右へ行き，末光交差点を右折してすぐの誕生院前交差点の左角にあるのが，誕生院(新義真言宗)である。

新義真言宗の開祖覚鑁上人(興教大師)が生まれたとされる寺院で，同宗の別格本山である。1405(応永12)年に根来山大伝法院の末寺として創建されたが，豊後(現，大分県)の戦国大名大友宗麟(義鎮)の手により炎上，廃絶した。その後，明治時代末期から復興が始まり，本堂は1923(大正12)年に落成し，現在に至っている。

本堂に安置されている不動明王像は約1200年前の制作と伝えられ，またその前に鎮座する興教大師像は，若い時期の像できわめて珍しい。そ

不動明王像(奥)と興教大師像(誕生院)

鬼塚

のほか、唐の時代の五鈷四天王鈴や絹本著色八字文殊菩薩騎獅図(ともに県重文、佐賀県立博物館収蔵)などがある。

また、誕生院の西隣には、鬼塚(県史跡)がある。直径約30m・高さ約5mの円墳で、内部は全長16.2m・高さ約3mの横穴式石室になっており、幅約2mの羨道もある。築造年代は7世紀と考えられている。

琴路神社 ㉕
0954-62-3867
〈M▶P.124, 146〉鹿島市納富分1939-1
JR長崎本線肥前鹿島駅 🚶5分

一の鳥居は肥前鳥居　例大祭では馬かけ神事

誕生院から西へ100mほど進んだ四つ角から左折し、突き当りを右折すると、琴路神社(祭神広国押武兼日命・吉野水分大神・倉稲魂大神)がある。鎌倉時代に中川上流にある能古見地区の三嶽神社から琴を流して、その琴が流れ着いた場所に社をつくったという言い伝えがあり、神社の由来ともなっている。このことから鎌倉時代、中川はこの神社付近を流れていたと考えられる。

琴路神社は、能古見・古枝地区の一部、および旧鹿島町の氏神としてまつられている。秋祭りは本来は12月17日だが、11月2・3日に行われる例大祭を秋祭りとよんでいる。例大祭では、神輿の後ろについた馬が、神輿より先に境内に入ろうとするのを神輿が阻止する掛け合いと、境内に入った馬が社殿のまわりを駆けまわる一連の行事、馬かけが行われる。

また、一の鳥居は、この地方を代表する肥前鳥居である。

琴路神社

鹿島から太良へ　　145

蓮厳院 ㉖ 〈M ▶ P. 124, 146〉 鹿島市山浦大殿分1476 P
0954-62-1375
JR長崎本線肥前鹿島駅🚌10分，またはJR長崎本線肥前鹿島駅（鹿島バスセンター）🚌山浦行筒口🚶1分

本堂の木造薬師如来坐像、木造阿弥陀如来坐像は国重文

　誕生院前の県道444号線を約600m西へ行き，能古見郵便局前交差点を右折して200mほど西進して県道309号線を左折し，200mほど進んだ右手にみえるのが蓮厳院(真言宗)である。小規模な寺院であるが，創建は奈良時代と伝えられる。平安時代末期には後白河法皇の勅願寺で大伽藍を誇った金剛勝院の一支院であったとされるが，戦国時代の争乱でほとんどが焼失した。

　本堂には木造薬師如来坐像1体と，木造阿弥陀如来坐像2体(いずれも国重文)が安置されている。中央の阿弥陀如来は像高約140cm，その両脇の阿弥陀如来・薬師如来は像高約85cmで，3体ともヒノキの寄木造で，平安時代末期の作と考えられている。

　また，蓮厳院から南へ約2.2kmの浄土山中腹に岩屋観音がある。浄土山は標高200mと低いが，巨岩が露出しており，静かな雰囲気がある。1109(天仁2)年，覚鑁上人が，岩屋山座

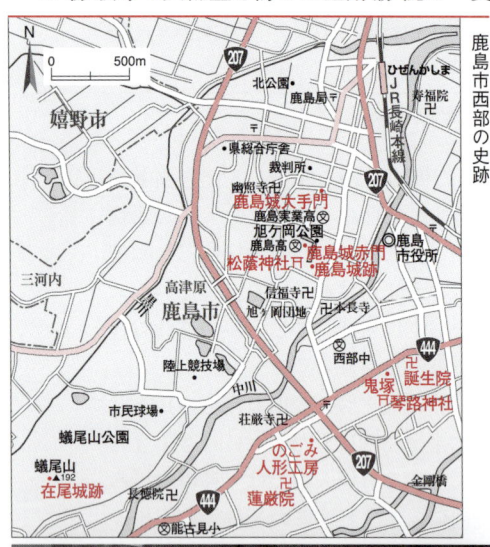

鹿島市西部の史跡

阿弥陀如来坐像(中央と左)・薬師如来坐像(蓮厳院)

木版摺更紗

コラム ｜ 産

鈴田照次、滋人親子の尽力　更紗の美しさが今日に復活

　更紗は、『広辞苑』によると「(花などの模様を)まきちらす」という意味のジャワの古語セラサが語源と考えられ、人物・鳥獣・花卉などをモチーフとしたさまざまな文様を手描き・木版・銅板などを用いて染色した布のことである。インドやジャワでつくられた更紗は、室町時代後期から江戸時代初期にかけて舶来したが、これを基に日本でつくられたものが、和更紗である。この技法は、手描きと、型紙の使用に大別されるが、木版摺更紗は、木版(版打ち)と型紙を併用する独特のものである。

　佐賀藩祖鍋島直茂が、文禄・慶長の役(1592〜98年)の際に朝鮮から連れ帰った九山道清によって創始されたのが、木版摺更紗と同じ技法の鍋島更紗である(佐賀県立博物館に所蔵されている「鍋島更紗見本」および「鍋島更紗秘伝書」は県の重要文化財に指定されている)。佐賀藩はこれを奨励・保護し、製品は藩主からの贈答用などに用いられたが、明治時代に入ると、途絶えてしまった。しかし、昭和40年代に染織家の鈴田照次が、研究を重ねて復元に成功し、1972(昭和47)年に鍋島更紗に基づく木版摺更紗を発表した。そして、後を継いだ鈴田滋人もさらに研究を重ねて、伝統的技法を基としながらも創意工夫を加えた独自の作風を確立し、2008(平成20)年に国重要無形文化財保持者(人間国宝)に指定された。

　誕生院前の県道444号線を西へ行き、能古島郵便局前交差点を直進し約50mで左折、100mほど進んだ理容店から右折すると左手にあるのごみ人形工房・染織資料館で、木版摺更紗について詳しく知ることができる(見学申し込みは、0954-63-4085)。

主坊など計12坊を造営したとされる。境内からは、銅製の経筒、滑石製外筒、紙本経文1巻がみつかっており、これらは祐徳博物館に収蔵されている。

鹿島市浜中町八本木宿 の町並み ㉗

〈M ▶ P. 124, 149〉鹿島市浜町字一本松ほか
JR長崎本線肥前浜駅 🚶 6分

　JR肥前浜駅から肥前浜駅前交差点を約150m直進し、突き当りから左手に広がるのが、鹿島市浜中町八本木宿伝統的建造物群保存地区(国選定重要伝統的建造物群保存地区)である。浜川の左岸に位置し、長崎街道の脇街道である多良街道が町の中央部を走っている。

浜中町八本木宿の町並み（左端が継場）

宿場町として栄えた町並みいまは酒蔵通りとして親しまれる

　鹿島藩が成立した1609（慶長14）年に、浜中町と八本木宿に宿駅が設けられ、宿場町として栄えた。江戸時代にたびたび大火に見舞われ、1828（文政11）年の大火を契機にそれ以降、居蔵造（外観が2階建て建築にみえる平屋建て構造）の町屋や酒蔵が建築されるようになり、現在は通称酒蔵通りとよばれている。

　1920年代（昭和時代）になると、真壁造（柱に壁がめり込んだ形の特徴がある）の町屋や、洋館も建築されるなど、独特の景観が形成された。

　この地区の代表的な建築物として、肥前浜宿継場、富久千代酒造、呉竹酒造、飯盛酒造、中島酒造場、旧中島政次家住宅（主屋・蔵など、いずれも国登録）がある。また肥前浜宿継場は、現在は観光案内・休憩所となっており、依頼すればボランティアの方に浜庄津町・浜金屋町も含めて案内してもらうことができる。

鹿島市浜庄津町・浜金屋町の町並み ㉘

〈M ▶ P. 124, 149〉鹿島市浜町字多々良川ほか
JR長崎本線肥前浜駅 🚶 10分

商人と職人による商工業の町並み茅葺きの家屋町並みが復元へ

　JR肥前浜駅から、国道207号線を太良方面へ500mほど進み、浜川を越えて左折して、すぐ右手が鹿島市浜庄津町浜金屋町伝統的建造物群保存地区（国選定重要伝統的建造物群保存地区）である。浜

浜庄津町・浜金屋町の町並み

鹿島市東部の史跡

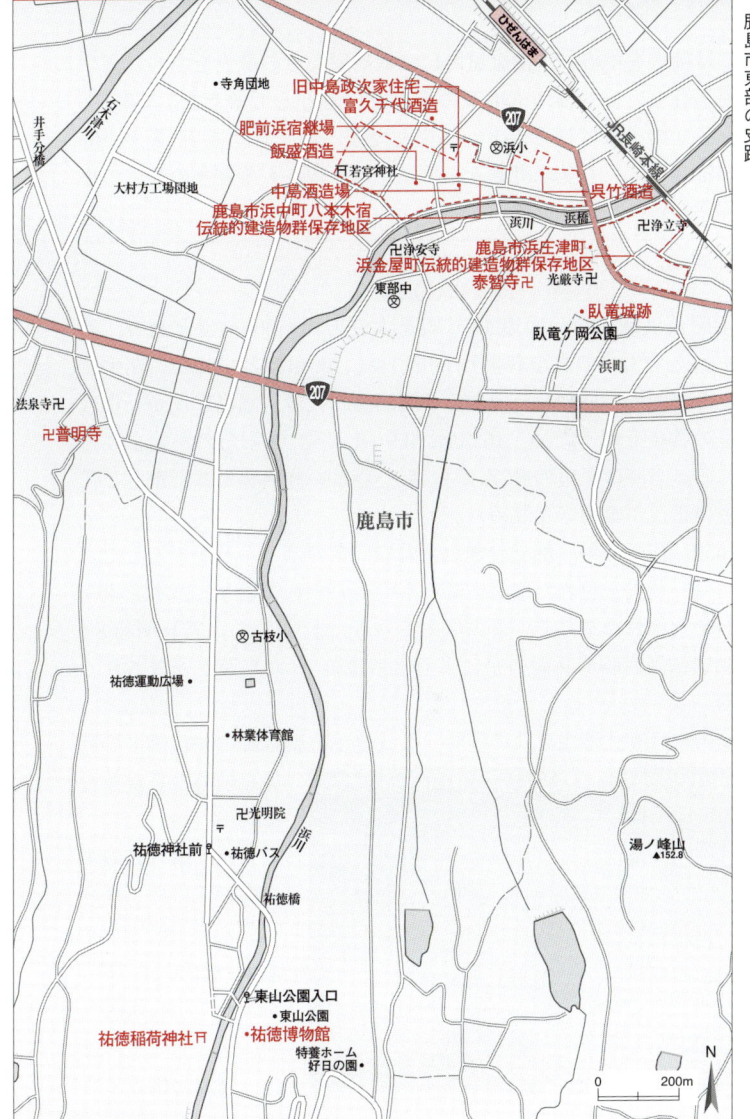

川河口の右岸に位置し，中世を起源とする港町である。多良街道が，浜川へ向かって町の中央部を通っている。

江戸時代には，多良街道の中継地かつ港町ということで，浜庄津

鹿島から太良へ

町には商人を中心に、浜金屋町には鍛冶屋などの職人を中心に人びとが居住し、鹿島藩でも有数の商工業の町として栄えた。1861(文久元)年の大火でほとんどが焼失したが、茅葺きと桟瓦葺きの町屋が混在して立ち並ぶ町並みが再建され、現在も茅葺きの家屋の復元作業が続けられている。

泰智寺 ㉙
0954-62-3922
〈M ▶ P. 124, 149〉鹿島市浜町甲4242
JR長崎本線肥前浜駅 🚶 12分

鹿島藩初代藩主鍋島忠茂の建立 すぐ南の丘に臥竜城跡

　JR肥前浜駅から、国道207号線を太良方面へ500mほど進み、浜川を越えてすぐの道を右折して川沿いに200mほど歩くと、左手にあるのが泰智寺(曹洞宗)である。鹿島藩初代藩主鍋島忠茂が、亡き正室の菩提を弔うため、1623(元和9)年に建立したのが始まりとされる。当時は正室の戒名から隆心寺という名称だったが、2代藩主の正茂が泰智寺と改めた。

　1650(慶安3)年、浜でおきた大火で、寺のほとんどが焼失した。楼門は、焼失を免れた創建当時のものといわれており、巨木を組み合わせた雄大な造りをいまに伝えている。本堂には、1771(明和8)年に京仏師西脇清兵衛の手による寄木造の十六羅漢が安置されている。

　境内には初代藩主忠茂の遺骨、3代藩主直朝以降の歴代藩主の遺髪を納めた墓が並んでいる。

　また、泰智寺のすぐ南の丘には、鎌倉時代に原長門守貞光が築いた臥竜城跡があり、現在臥竜ヶ岡公園として整備され、周囲を眺望できる。

泰智寺

普明寺 ㉚
0954-62-5972
〈M ▶ P. 124, 149〉鹿島市古枝久保山2377
JR長崎本線肥前浜駅 🚗 7分

　JR肥前浜駅から、国道207号線を300mほど佐賀方面へ行き、浜三

ツ角三差路から左折し約800m進み、大村方交差点を右折、またすぐに久保山北交差点を左折して進むと右手に普明寺(黄檗宗)がある。

　鹿島藩の菩提寺であり、裏の高台には歴代藩主の墓石が並んでいる。

　3代藩主鍋島直朝の長男直孝は、早くから出家してこの地に居を構え、1677(延宝5)年、黄檗宗の開祖隠元の高弟である即非について学んだ桂巌を招いて、この地を普明寺として開山した。

　伽藍配置は京都宇治の万福寺を模倣したものといわれる。楼門から回廊が左右に伸びて、本堂の前庭を囲んでおり、黄檗宗の伝統を現在に伝えている。

　また、銅造菩薩形坐像(県重文、佐賀県立博物館収蔵)は14世紀の高麗仏で、像高は約65cm、顔の表情など、高麗仏の特徴が随所にみられる。

鹿島藩の菩提寺である黄檗宗寺院宇治の万福寺がモデル

普明寺

祐徳稲荷神社 ㉛
0954-62-2151

〈M▶P.124, 149〉鹿島市古枝乙1855　P
JR長崎本線肥前鹿島駅🚌祐徳神社前行終点🚶3分

日本三大稲荷の1つ鎮西日光と称される景観

　建物の景観の美しさから、鎮西日光と称される祐徳稲荷神社(祭神倉稲魂大神・大宮売大神・猿田彦大神)は、京都の伏見稲荷・愛知の豊川稲荷とともに日本三大稲荷の1つに数えられ、年間300万人にのぼる参拝者数を誇っている。

　1687(貞享4)年に鹿島藩3代藩主鍋島直朝夫人万子の方が、京都の御所内にある稲荷大神を勧請し、入寺したことが最初とされる。万子の方を祐徳院殿とよぶことから、一般に祐徳院とよばれた。

　明治時代になり、神仏混淆が禁止されると、仏像や仏具はすべて普明寺(黄檗宗)に移し、以後、祐徳稲荷神社とよばれるようになった。境内社としては命婦社(県重文)・岩本社・岩崎社・若宮社・石壁神社からなっている。

　祐徳稲荷神社の神橋を渡った所に、祐徳博物館がある。1955(昭

鹿島から太良へ

命婦社

和30)年に神社の宝物および郷土を中心とした考古・歴史・美術品などを展示するため設立された。入館してすぐの展示室には、佐賀藩祖鍋島直茂を始め、歴代の鹿島鍋島家当主の甲冑が並んでおり、その光景は圧巻である。また、備州長船康光銘太刀、佐賀市上高木出土銅鉾、吉野ヶ里町の三津永田遺跡出土 流雲文縁獣帯鏡・素環頭大刀(いずれも県重文)など、県内各地からの貴重な文化財も展示されている。

多良岳と多良岳神社 ㉜

〈M▶P.124〉藤津郡太良町多良
JR長崎本線肥前鹿島駅(鹿島バスセンター、運行は平日・土曜日、午前7:00鹿島バスセンター発1本のみ) 🚌中山行終点(中山キャンプ場) 🚶60分、またはJR長崎本線多良駅 🚗20分(中山キャンプ場) 🚶60分

山岳信仰の中心多良岳 多良岳神社からの眺望は見事

佐賀と長崎の県境に位置する多良岳(996m)は、巨大な円錐形の休火山で、かつて山岳信仰の中心となった所である。山頂までの道程は、太良町の御手洗・風配・中山、鹿島市平谷、そして長崎県の湯江方面から通じている。太良町中山からのルートは、多良駅から多良小学校前の県道252号線を西へ約8km進んだ多良岳中腹の中山キャンプ場から、徒歩で約60分で山頂に着く。

その山頂にあるのが多良岳神社(祭神は大山祇命ほか)である。明治時代初期までは多良岳権現と称され、神仏習合の霊地であった。

多良岳神社下宮

面浮立

コラム 芸

県南西部に広く伝わる民俗芸能　鬼の面を被った勇壮な舞い

面浮立は，太鼓・笛などを囃子にあわせて踊る芸能のことで，鬼の面をかぶり，踊り手のかけうちが，法被姿で踊る芸能である。

面浮立の起源は諸説ある。戦国時代末，豊後（現，大分県）の大友氏が大軍で佐嘉城を襲撃して落城寸前のときに，鍋島直茂は約100人の精鋭にシャグマの毛がついた鬼面を被らせ，夜襲によって見事勝利した。この大勝利にそのままの姿で踊り明かしたのが，面浮立の起源の一説とされる。

面浮立は鹿島市七浦の母ヶ浦や音成の面浮立（ともに県民俗）が有名である。ほかにも武雄市袴野や太良町など佐賀県南西部に広くみられる。

また，下宮は有明海に面した太良町油津にある。

竹崎観世音寺 ㉝　〈M▶P.124〉藤津郡太良町大浦甲竹崎248　P
0954-68-2854　JR長崎本線肥前大浦駅🚶10分

竹崎島にある真言宗寺院　石造三重塔は県重文

JR肥前大浦駅から国道207号線を南へ約500m進んだ田古里交差点から左折。県道295号線を道なりに約2km進み，小さな橋を渡ると佐賀県最南端の有明海西岸に位置する火山性の竹崎島に至る。すぐの三差路から左に100mほど進むと，右手の住宅地の奥に竹崎観世音寺（真言宗）がある。奈良時代，行基による創建という伝承があり，京都仁和寺の末寺とされる。

境内には，鎌倉時代末期頃の作とされる石造三重塔（県重文）2基がほぼ完全な形で残っている。それぞれ基礎の格狭間の中に，一方には蓮華文様が，もう片方には孔雀文様が，それぞれ半肉彫されている。これら2基の近江様式とよばれる石塔は，九州でもきわめて珍しい。

また，毎年1月2・3日に，竹崎観世音寺修正会鬼祭（国民俗）が行われる。褌姿の青年たちが箱を奪い，鬼を封じ直すという精悍な祭りである。

石造三重塔（竹崎観世音寺）

鹿島から太良へ

④ 塩田から嬉野へ

長崎街道の宿場として歴史ある塩田。山あいの空気を感じながら，旧街道沿いを，茶と温泉の里，嬉野へいざなう。

西岡家住宅 ㉞
0954-66-9130
(嬉野市歴史民俗資料館)

〈M▶P. 124, 155〉嬉野市塩田町馬場下甲720
JR長崎本線肥前鹿島駅🚌武雄・嬉野方面行嬉野市役所本庁🚶2分

江戸時代の豪商の屋敷塩田宿のシンボル

　塩田は，JR長崎本線が敷設されるまでは，塩田川の舟運を利用した物資の集散地として栄えた。この当時を偲ばせるのが西岡家住宅(国重文)である。この地域の豪商であった西岡家の屋敷は，江戸時代末期の建築とされ，本格的な町屋の造りとなっており，現在も道路沿いで白壁を際立たせている。

　その隣には杉光家住宅(杉光陶器店主屋・一の蔵・二の蔵・三の蔵，国登録)がある。現在も店舗として利用されており，西岡家住宅見学の際は資料館に連絡が必要。この塩田宿の表通りと塩田川のある裏手を含めて，2005(平成17)年に嬉野市塩田津伝統的建造物群保存地区(国選定重要伝統的建造物群保存地区)に選定されている。

西岡家住宅

八天神社 ㉟
0954-66-4205

〈M▶P. 124〉嬉野市塩田町谷所乙766　🅿
JR長崎本線肥前鹿島駅🚌吉田経由嬉野温泉行八天神社前🚶2分

火除けの神をまつる社アーチ形石造眼鏡橋は県重文

　嬉野市役所前交差点から，鹿島方面へ国道498号線を約400m進んだ五町田の信号から右折。約2.5km先の突き当りの塩田分岐から右折。県道41号線を約900m進んだ右手にみえるのが八天神社(祭神火之迦具土神・武速須之命)で，古来から火除けの神として庶民に信仰された。

　神橋は，全長11.14m，幅3.69m，高さ4.65mのアーチ型の石造

志田焼の里博物館

コラム

志田焼の工場がそのまま博物館に

　JR佐世保線武雄温泉駅から祐徳バス祐徳神社行・鹿島(中川)行バス，またはJR長崎本線肥前鹿島駅から祐徳バス武雄温泉駅(甘久)行に乗り，西山バス停で下車して徒歩2分の所に高い2本の煙突が聳える志田焼の里博物館(嬉野市塩田町久間乙3073)がある。

　志田焼は，長崎街道を挟んで東山と西山の2つの窯に分かれていたが，この博物館は西山の志田焼を生産していた工場跡の建物を修復し，博物館として保存整備したものである。陶土工場や釉薬工場，鋳込成形工場など，21棟で構成されている。とくに，縦12m・横6.6m・高さ3.5mの大火鉢作成のために用いられた大窯は，国内でも最大級といわれ，その規模に驚かされる。当時の大規模な工場がそのまま見学できる点で，非常に珍しい施設となっている。

　開館時間9:00～17:00，休館日毎週水曜日・年末年始，入館料おとな300円・こども150円，電話0954-66-4640。

志田焼の里博物館

眼鏡橋(県重文)で，江戸時代末期に八天神社千二百年祭式大祭を記念し，地元の石工たちの手によって1854(嘉永7)年に完工したとされる。また，中宮参道坂口境内にある「元和二(1616)年」銘の鹿島藩初代藩主鍋島忠茂寄贈の鳥居は，初期の明神鳥居であり，笠石の左右は明神鳥居形式だが，3本継となっており，肥前鳥居からの変化する過程を知るうえで貴重である。

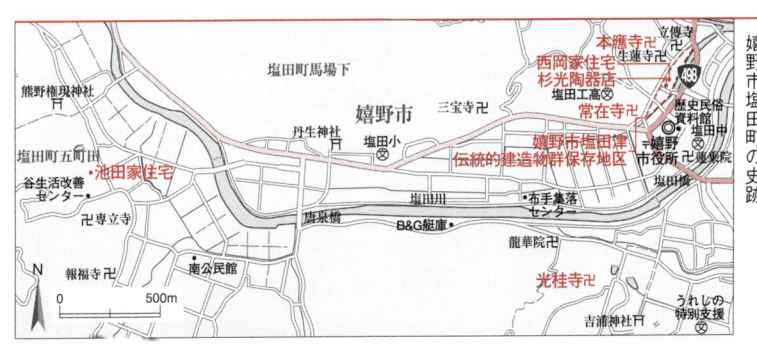

嬉野市塩田町の史跡

塩田から嬉野へ

塩田宿の石造仁王像

コラム

塩田の石工による力作の数々

塩田宿の付近にある寺院には石造仁王像が多数存在する。西岡家の北西に位置する本應寺(浄土宗)の山門の左右にある高さ1.87mの石造仁王像は、1749(寛延2)年の作とされるが、石工は不明である。

五町田吉浦の光桂寺(臨済宗)の山門にある高さ2.3mの石造仁王像は、砥川(現、小城市牛津町)出身の石工、平川与四衛門と陣内善次良の合作とされ、塩田の石造仁王像としてはもっとも古いものとされる。

また、塩田から鹿島方面を眼下に見下ろす高台にある常在寺(真言宗)の参道脇には、高さ2.4mの人目を惹く石造仁王像1対が立っている。1825(文政8)年作とされ、塩田石工の筒井幸右衛門ら5人の塩田石工による力作が塩田の町をみつめている。

石造仁王像(本應寺)

八天神社石造眼鏡橋

33丁(約3.5km)ある下宮から上宮までの道程の1丁ごとに丁石が立てられたが、現存するのは山頂境内の32・33丁の2本のみで、「寛永二十(1643)年」の銘がある。

池田家住宅 ㊱

士族の大地主の住宅 竃造の屋根

〈M ▶ P. 124, 155〉 嬉野市塩田町五町田乙4345
嬉野市役所前交差点 🚗 5分

嬉野市役所前交差点から嬉野方面へ県道28号線を約1.6km進み、丹生神社前の三差路を左折。道沿いに約1km進んだ左手に池田家住宅(国登録)がある。

156　杵島と藤津

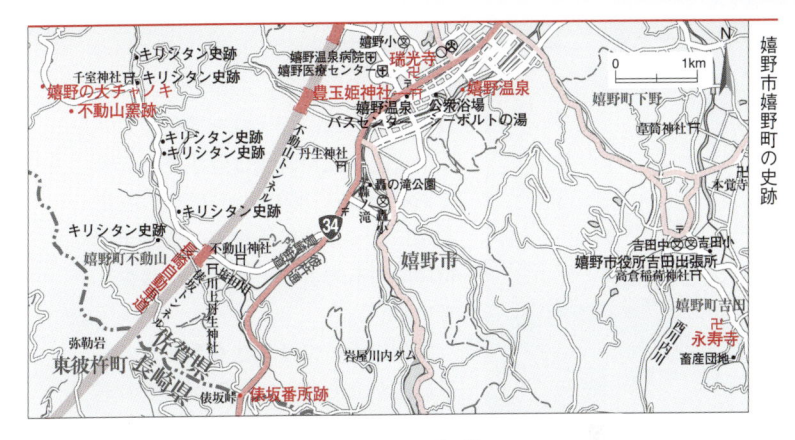

池田家は、この地域の名士であり、元士族の大地主であった。のちに教育者や村長をつとめるなど、地域の教育や行政で活躍している。

建物は、主屋と座蔵、石垣からなり、主屋は竈造（くどづくり）の屋根を有し、江戸時代末期から明治時代初期に建てられたと考えられている。座蔵は、1919（大正8）年に建築されており、南側を入母屋造（いりもやづくり）、北側を切妻造（きりづま）とする桟瓦葺（さんがわらぶ）きの2階建てになっている。

池田家住宅

嬉野温泉（うれしのおんせん） ㊲
0954-43-0137（嬉野温泉観光協会観光案内所）

〈M ▶ P. 124, 157〉嬉野市嬉野町温泉区
JR長崎本線肥前鹿島駅🚌嬉野温泉（湯の田）行・嬉野温泉バスセンター行終点🚶5分、またはJR佐世保線武雄温泉駅（南口）🚌嬉野線本線彼杵方面行嬉野温泉🚶すぐ

嬉野温泉バス停から国道34号線を南に渡れば、温泉通りである。嬉野温泉は、『肥前国風土記』に「東の辺に湯の泉ありて能く、人の病を癒す」と記載されており、古くから病気療養に用いられた温泉として知られる。江戸時代は、長崎街道の宿場の1つであり、オランダ東インド会社の医師として来日していたシーボルトは、著

塩田から嬉野へ

嬉野温泉西構口跡

書『江戸参府紀行』の中で、この泉質を詳細に調べた文章を掲載している。また、江戸時代は蓮池藩の所有であったが、1869(明治2)年の版籍奉還によって、宿場役人の管理から宿場町の有力者にその権限が移されている。

嬉野川沿いには現在も数多くの温泉旅館が立ち並んでいるが、その嬉野温泉のシンボルが、1924(大正13)年に設立された共同浴場(古湯温泉)であった。しかし老朽化が進み、1996(平成8)年閉鎖、2005年に解体された。しばらく空き地の状態であったが、塩田町との合体による新市誕生の主要事業の1つとして、2009年3月に再建が決まり、翌2010年4月に嬉野温泉公衆浴場「シーボルトの湯」としてオープン、再び嬉野温泉のシンボルとして市民に親しまれている。

また、温泉街の中には、「構口(町木戸)跡」の石碑が点在し、往時を偲ぶことができる。

豊玉姫神社 ㊳
0954-43-0680

〈M▶P. 124, 157〉嬉野市嬉野町下宿 乙2231-2
JR長崎本線肥前鹿島駅🚌嬉野温泉(湯の田)行・バスセンター行終点🚶5分、またはJR佐世保線武雄温泉駅(南口)🚌嬉野線本線彼杵方面行嬉野温泉🚶5分

白なまずが鎮座する社 肌の病に御利益

嬉野温泉バス停から国道34号線沿いに長崎県大村方面へ進んだ左手に、豊玉姫神社(祭神春日大神・住吉大神・豊玉姫大神)がある。天正年間(1573〜91)に諸社の神領没収や、戦火によって全焼しており、創建の年代などは不明だが、元和年間(1615〜23)に社殿が再建され、1641(寛永18)年より領主である鍋島氏の祈願所となり、江戸時代は、藤津西分嬉野庄の氏神として藩から保護され、現在に至ったと伝えられている。

ここが、ほかの神社と異なるのは、「なまずの社」があることである。ここには石造で、豊玉姫の使いとされる白なまずが安置され

コラム

嬉野茶

産

起源は室町時代に遡る 江戸時代に販路を拡大

　嬉野茶は,室町時代の1440(永享12)年に平戸(現,長崎県北部)に渡来した唐人が,皿屋谷で陶器をつくるかたわら,茶樹を植えた。その後,1504(永正元)年,明の紅令民が南京釜を当地に持ち込み,釜炒り茶の製法を伝えたのが,嬉野茶の歴史の始まりと考えられる。

　江戸時代に入り,吉村新兵衛の曽孫にあたるといわれる吉村森右衛門が出て,茶業に尽力し,「嬉野茶業中興の祖」と称された。また,その森右衛門の弟猶右衛門の孫とされる吉村藤十郎は,天保年間(1830〜43)に,佐賀・長崎,そして近隣の島々へ販路を拡大していったとされる。

　幕末の1853(嘉永6)年,長崎の商人である大浦慶が,オランダ商人テキストルを通じて,嬉野茶の見本をイギリス・アメリカ・アラビアの3カ国に送った。その後,1856(安政3)年,イギリス商人ウィリアム・オルトが長崎にきて,茶を大量に注文したため,大浦慶は不足した茶を彼杵・大村(現,長崎県),人吉(現,熊本県)など九州各地からかき集めて輸出したといわれる。こうして,日本の茶の本格的な輸出は,嬉野茶を見本として始められた。

ており,肌の病気に利益があるといわれている。

　また,毎年5月2日に献茶式,11月3日に献茶・献湯・献陶式が行われるなど,地域住民にも馴染み深い神社である。

豊玉姫神社のなまず

瑞光寺 ㊴
0954-42-0271

〈M▶P. 124, 157〉嬉野市嬉野町下宿乙1560　P
JR長崎本線肥前鹿島駅🚌嬉野温泉(湯の田)行・嬉野温泉バスセンター行終点🚶10分

江戸時代に本陣の役割も 厳かな景観の山門

　嬉野温泉バス停から200mほど長崎県大村方面へ進み,右折してしばらく歩くと瑞光寺(臨済宗)がある。応安年間(1368〜75)にこの地の領主嬉野氏の氏寺として創建された。鎌倉円覚寺・建長寺の

塩田から嬉野へ

瑞光寺山門

住職を歴任した五山僧である石室善玖が開山とされるが、『瑞光寺由緒記』によると、キリシタンが蜂起したため、石室善玖が鎮圧し開山となったと記されており、キリスト教伝来が16世紀とした場合に約200年の差が生じ、史実とは言いがたい。

本尊は、運慶作との伝承がある木造薬師如来像である。また、約3000坪にもおよぶ広い境内を有しており、江戸時代の1791（寛政3）年には、牛津の大火の影響で、宿所が不足したため、臨時で本陣にあてられたと伝えられている。

大茶樹 ❹

樹齢330年を数える嬉野茶のシンボル

〈M▶P. 124, 157〉嬉野市嬉野町不動山字白川乙2488

JR佐世保線武雄温泉駅(南口)🚌嬉野線本線彼杵方面行嬉野温泉乗換え牛の岳行大茶樹入口🚶すぐ、またはJR佐世保線武雄温泉駅(南口)🚌嬉野線本線彼杵方面行嬉野温泉🚗15分、またはJR長崎本線肥前鹿島駅(鹿島バスセンター)🚌嬉野温泉(湯の田)行嬉野温泉バスセンター🚶10分(JR九州バス嬉野温泉バス停)乗換え牛の岳行大茶樹入口🚶すぐ、またはJR長崎本線肥前鹿島駅🚗45分

嬉野温泉市街から長崎大村方面へ国道34号線を約2km行き、平野地区で右折し、6kmほど進んだ不動山皿屋谷の白川に、樹齢330年をゆうに超える大茶樹（嬉野の大チャノキ、国天然）がある。

この大樹は、江戸時代の慶安年間（1648〜52）に、肥前白石郷の吉村新兵衛がこの地に移住して、植えた茶樹のなかの

大茶樹

不動山の隠れキリシタン

コラム

 嬉野市の不動山地区には、隠れキリシタン迫害の伝承がいくつも伝えられている。
 『勝茂公年譜』には、「1634(寛永11)年に、大村四郎兵衛という侍が、家内に四郎右衛門というキリシタンをかくまったために、大村四郎兵衛とその家族5人が火刑に処され、逃げた四郎右衛門も捕まり、連行される途中で死亡した」という旨の文章がある。
 また、キリシタンが盛んであった名残りとして、垣内につないだ信者を切った刀を洗ったという由来がある「太刀洗川」や、追いつめられた信徒が子どもを捨てて焼いた所だといわれる「子捨谷(現在の幸助谷)」などの地名が残されており、キリシタンに対する弾圧の厳しさを垣間見ることができる。

「子捨谷史跡」の碑

江戸時代のキリシタン迫害を今に伝える地名の数々

1本といわれ、高さ4m、樹下総面積43㎡と雄大で、まさしく嬉野茶のシンボルとなっている。

俵坂番所跡 ㊶

〈M▶P. 124, 157〉嬉野市嬉野町不動山俵坂
JR長崎本線肥前鹿島駅🚗50分、またはJR佐世保線武雄温泉駅(南口)🚌嬉野温泉行終点乗換え彼杵行関所跡🚶15分

 嬉野温泉バス停から国道34号線を4.5kmほど長崎県大村方面に進んだ長崎県との境付近にある俵坂峠には、俵坂番所跡がある。俵坂は、地理的環境から、軍事的にみても要衝の地として、室町時代後期には番所が設けられていたと伝えられてい

俵坂番所跡

江戸時代の要衝の地 とくに幕末は役割拡大

塩田から嬉野へ　161

る。

　江戸時代に入ると，蓮池藩の管理下におかれ，外国人の取り締まりなどから番所の役割は大きくなった。やがて幕末になり，長崎に外国船が数多く入港するようになると，幕府の役人や諸大名，長崎警備の藩士らの通交が多くなり，番所の役割もますます大きくなった。そして1871（明治4）年の廃止により，その役割を終えた。現在は，当時の門柱を材料に記念碑が建てられており，その碑の横を昔のままに長崎街道が通っている。

永寿寺（えいじゅじ） ㊷　〈M▶P. 124, 157〉　嬉野市嬉野町吉田丙3486　P
0954-43-9616　JR長崎本線肥前鹿島駅🚗20分，またはJR佐世保線武雄温泉駅（南口）🚌嬉野温泉行嬉野営業所乗換え（祐徳バスセンター）大野行吉田公民館前🚶15分

二童子の間に憤怒の不動明王が座す

　塩田町谷所乙の八天神社から県道41号線を約4km進んだ信号を左折，吉田郵便局を約30m過ぎた先から，県道289号線の方に左折して約350m進み，嬉野市役所吉田出張所のある交差点から県道303号線を直進し，約800mほど進むと右の山手に**永寿寺**（曹洞宗）がある。1614（慶長19）年，上吉田地区一帯の邑主であった鍋島茂教の開基とされ，以後，鍋島茂教一族の菩提寺として今日に至っている。
　不動堂には，**木造不動明王及二童子像**（国重文）がある。中心の不動明王は，像高88.2cm，向かって右側の矜羯羅童子と左側の制多迦童子は像高104cm，不動明王に対し傾いた状態になっておもしろい。いずれもカヤの一木造で，平安時代後期の作とされ，廃寺となった永洗寺（旧両岩村）から移したものと考えられている。

木造不動明王坐像と二童子像（永寿寺）

162　杵島と藤津

やきものと松浦党のふるさと

Arita
Imari

焼き物をつくる町有田の窯元群

世界へ焼き物を売る町伊万里の大壺

①酒井田柿右衛門窯	資料館	⑰松浦党の宗廟山ノ寺遺跡	㉕茅ノ谷1号窯跡
②赤絵町と今泉今右衛門窯	⑩伊万里市歴史民俗資料館	⑱木須城と瀬戸塩田	㉖諏訪神社と馬の頭
③陶山神社	⑪伊万里神社	⑲龍宮神社ともっこ踊り	㉗大黒井堰
④有田異人館	⑫大川内山藩窯跡	⑳波多津と田嶋神社	㉘賢勝寺と淀姫神社
⑤天狗谷窯跡	⑬森永太一郎墓苑	㉑府招権現社	㉙大川野宿と日在城跡
⑥泉山磁石場	⑭宝積寺と明星桜	㉒富田神社	
⑦唐船城跡	⑮青幡神社と里小路	㉓白山神社と大野岳	
⑧伊万里駅	⑯小島古墳と飯盛山城跡	㉔午戻遺跡の後漢鏡	
⑨伊万里市陶器商家			

やきものと松浦党のふるさと

◎有田・伊万里散歩モデルコース

有田西部コース　　JR佐世保線・MR(松浦鉄道西九州線)有田駅_15_佐賀県立九州陶磁文化館_10_酒井田柿右衛門家_5_MR三代橋駅_10_MR大木駅_5_龍泉寺・大木神社_10_坂の下遺跡_15_MR大木駅_10_唐船城跡・山田神社_10_MR大木駅

有田東部コース　　JR佐世保線・MR(松浦鉄道西九州線)有田駅_15_佐賀県立九州陶磁文化館_15_八坂神社_10_今泉今右衛門家・古陶磁参考館・香蘭社陳列館_5_陶山神社_5_札の辻・有田異人館・有田陶磁美術館_10_トンバイ塀_10_有田弁財天社・大イチョウ_10_泉山磁石場_5_有田町歴史民俗資料館・有田焼参考館_15_JR佐世保線上有田駅

伊万里中心部コース　　JR筑肥線・MR(松浦鉄道西九州線)伊万里駅・伊万里鍋島ギャラリー_5_陶器商家資料館・海のシルクロード館_10_伊万里市歴史民俗資料館_15_伊万里神社・円通寺・城山公園_5_前田家住宅_10_大川内山鍋島藩窯跡,伊万里・有田焼伝統産業会館_20_JR・MR伊万里駅

伊万里西部コース　　JR筑肥線・MR(松浦鉄道西九州線)伊万里駅_15_森永太一郎墓苑_10_大石良知の墓_10_川東宿_20_大里八幡神社・藤山雷太生家_15_川西バス停_10_浦川内明星桜_15_白蛇山岩陰遺跡_10_浦川内バス停_5_MR東山代駅_2_MR里駅・青幡神社の大楠_6_MR久原駅_15_小島古墳公園_15_MR久原駅_5_MR浦ノ崎駅_5_佐代姫神社_5_MR浦ノ崎駅

伊万里東部コース　　JR筑肥線・MR(松浦鉄道西九州線)伊万里駅_3_JR筑肥線上伊万里駅_15_森永練乳工場跡_5_白野山王神社・地北八坂神社_10_JR筑肥線上伊万里駅_10_JR筑肥線桃川駅_10_桃川宿・諏訪神社_15_馬の頭水利施設_20_中野神右衛門供養塔_10_JR筑肥線桃川駅_4_JR筑肥線肥前長野駅_10_大黒井関_5_昭和バス長野公民館前_5_賢勝寺_10_淀姫神社_15_大川野宿_10_JR筑肥線大川野駅

伊万里北部コース　　伊万里駅バスセンター_15_府招上バス停_10_権現社_10_府招上バス停_3_富田神社前_5_富田神社_5_富田神社前_10_白山神社・新久田城跡_20_伊万里駅バスセンター_20_西肥バス早里バス停_5_塩竈神社_10_黒川神社前_10_龍宮神社・姥ケ城跡_10_黒川神社前_15_馬蛤潟_20_田嶋神社_20_馬蛤潟バス停

① 陶都有田を歩く

山あいの焼物の町有田。朝霧にレンガ造りの煙突が浮かぶ。美しい色模様の焼物を求めて春の陶器市が待ち遠しい。

酒井田柿右衛門窯 ❶
0955-43-2267

〈M ► P. 164, 167〉西松浦郡有田町南山丁352 ℙ
松浦鉄道(MR)西九州線三代橋駅🚶20分，または
JR佐世保線・MR西九州線有田駅🚌東西線柿右衛
門入口🚶15分(本数少ない)

世界でも著名な日本画的色絵磁器を焼く窯

有田駅から南へ10分ほど歩くと，県立九州陶磁文化館に着く。ここで，陶都有田を歩く予備知識を得たい。この文化館は1980(昭和55)年に設立され，おもに九州の歴史的・美術的・産業的にみて重要な陶磁器資料を収集・保存・展示している。そのなかには，鍋島藩窯の染付白鷺図三脚皿や伊万里焼の染付山水図輪花大鉢(ともに国重文)など優品も多い。個人のコレクションでは古伊万里の蒲原コレクションや古伊万里・柿右衛門を中心とする柴田コレクション(有田磁器〈柴田夫妻コレクション〉として国登録)が1万点以上寄贈されており，定期的に企画展が実施されている。

九州陶磁文化館を出て有田駅に戻り，駅前から佐世保方面行きのバスに乗って約10分で柿右衛門入口バス停に着く。その後，南下して徒歩10分ほどで酒井田柿右衛門家と窯場に着く。柿右衛門窯跡(国史跡)は，裏手の山に登り窯が2基発見された。柿右衛門家は葦葺きの平屋で窯場工房とともに落ち着いたたたずまいをみせている。これらの隣には，展示場と柿右衛門古陶磁参考館がある。

柿右衛門は色絵磁器の代表格で乳白色の生地(濁手)に赤・緑・青などの鮮やかな上絵付け，余白の美を重視することなどが特色である。また図柄は日本画的な花鳥風月が多い。17世紀には，長崎か

九州陶磁文化館

やきものと松浦党のふるさと

陶都有田の史跡

ら多数の柿右衛門様式の磁器がオランダを通じて輸出され、ヨーロッパの王侯貴族の宮殿を飾った。

　窯主であった14代柿右衛門(国重要無形文化財保持者)は、よく阿蘇や九重などに出かけ、山々で描いた野の草花のスケッチをもとにデザインし、柿右衛門様式に新しい境地を切り開いた。柿右衛門窯から少し戻った所に井上萬二(国重要無形文化財保持者)の窯もあり、白磁の第一人者として国内外で名声を博している。

酒井田柿右衛門家

赤絵町と今泉今右衛門窯 ❷
0955-42-3101(今右衛門窯)

〈M▶P. 164, 167〉西松浦郡有田町赤絵町2-1-15
JR佐世保線・MR西九州線有田駅🚶20分

秘法色鍋島の伝統を守り描き続ける窯

　有田駅から旧道を東へ10分ほど歩くと有田町役場の先に中の原地区があり、有田宿の本陣がある。ここは、幕末に貿易商として活躍した有田の豪商久富一族が商家の軒を並べた所である。さらに東へ5分ほど歩くと、赤絵町に入る。

　初代柿右衛門が創始した赤絵の技術は、佐賀藩によって秘法とされ、赤絵の絵付師は江戸時代赤絵町に居住させられた。その子孫の家が、現在まで残っているのが今泉今右衛門窯である。今泉今右衛門は藩窯御用の赤絵師として、その伝統を守って現在に至り、色鍋

陶都有田を歩く　　167

今泉今右衛門家

島の技術は国の重要無形文化財の指定を受けた。現窯主の14代今右衛門は色鍋島に使われていた「墨はじき」という白抜きの技法を駆使した作品を世に問い，国内外で名声を博している。

　今右衛門古陶磁美術館には，青磁陽刻唐花唐草文水指（県重文）ほか，数々の古陶磁資料が公開されている。また道路向かいには，14代今右衛門が会長の色鍋島今右衛門技術保存会の建物が立っている。今右衛門家の屋根瓦には赤い染みがついているものがあり，2階の絵描き座から絵の具を捨てたのだといわれている。この場合の絵の具とは岩絵の具であり，赤色はベンガラの粉末を乳鉢で何日もかけてすりつぶし，ガラス粉末とまぜてつくる。その調合と絵付けの秘法は，一子相伝であった。

陶山神社 ❸
0955-42-3310
〈M ▶ P. 164, 167〉西松浦郡有田町大樽2-5-1　🅿
JR佐世保線・MR西九州線有田駅🚕3分

陶都有田らしい磁器製鳥居

　今泉今右衛門窯から東へ5分ほど歩いて行くと，札の辻に着く。辻とは交差点のことで，陶山神社から白川方面へ北上する道と泉山から岩谷川内方面へ南下する道が現在も交差している。江戸時代から人通りが多かったようで，ここに高札を掲げる高札場があった。高札場のあった交差点なので，札の辻である。

　この札の辻の南側，JR佐世保線の線路の下をくぐって行くと，高台に陶山神社（祭神応神天皇）がある。有田の窯元など住民の崇敬が篤く，磁器製の鳥居（国登録）は稗古場地区より1888（明治21）年に寄進された。この鳥居は，白磁の素地の上に天然呉須で描いた唐草文様がじつに美しい。また磁器製狛犬は，赤絵町10代今右衛門より，磁器製大水瓶は中の原地区より，磁器製欄干は幸平地区より寄進というように，地区住民の献納が多いことに気づく。

　この神社を含めて周辺は公園となっており，神社の駐車場から高

168　やきものと松浦党のふるさと

陶山神社

低差65mほどの丘を5分ほどのぼって行くと陶祖李参平碑(とうそりさんぺいひ)の立つ斎場(さいじょう)に着く。ここで毎年5月4日に陶祖祭りが開かれ，韓国からの参列者もふえている。ここからは有田の町の中心部がよくみえ，数々の窯の煙突や工場群が有田らしい景観をかもし出している。また，神社の駐車場付近には芭蕉塚(ばしょうづか)や，明治時代初期に陶工養成学校を創設した江越礼太(ごしえれいた)，有田焼近代工業化の祖といわれ香蘭社(こうらんしゃ)・深川製磁(ふかがわ)を創業した深川栄左衛門(えいざえもん)，旧海軍連合艦隊司令長官で山本五十六(やまもといそろく)の後任であった有田出身の古賀峯一(こがみねいち)の顕彰碑などが立っている。

有田異人館(ありたいじんかん) ❹ 〈M▶P. 164, 167〉 西松浦郡有田町幸平1-2-6
JR佐世保線・MR西九州線有田駅 🚶25分

陶磁器輸出の際の外国商人の接待・宿泊施設

札の辻を北側へ折れてすぐ左手に，有田異人館(県重文)がある。この建物は，1876(明治9)年，幕末からの貿易商田代紋左衛門(たしろもんざえもん)の子助作(すけさく)が陶磁器輸出の際に外国商人の接待や宿泊をするための施設として建てられた。西洋風の建築様式を一部採用したところから，異人館とよばれるようになったと考えられる。田代家は幕末から長崎で活躍した代表的な貿易商人で，同じ有田の久富家と覇を競った。

異人館の向かいは，1894年に創業され，有田初の株式会社となる深川製磁の本店が立っている。2階は参考館で，創業以来の製品や古伊万里の名品を展示している(見学は要予約)。

異人館から札の辻に戻り東へ50mほど行くと，左に有田商工会議所がある。その入口には，トンバイ塀が続いている。トンバイとは，

有田異人館

陶都有田を歩く　169

登り窯を築くのに使った耐火レンガのことをいう。上有田地区を中心に民家の塀をトンバイ塀にしてある所も多い。

商工会議所敷地の一角に，町立の有田陶磁美術館がある。この美術館は，県内に先駆けて1954（昭和29）年博物館法登録第1号として開館した。外壁に明治時代の詩人蒲原有明の「有田皿山にて」の一節を記した陶板が嵌め込んである。なかの展示は陶磁器が中心で17世紀の初めから現代までの作品を展示している。なかでも名工副島勇七が郷里の泉山弁財天社に寄進したといわれる陶彫赤絵の狛犬（県重文）や陶器製作工程が緻密に描かれた染付有田職人尽し絵図大皿（県重文）が有名である。

札の辻を西側に少し戻ると，1875（明治8）年創業の香蘭社の古陶磁陳列館があり，創業時の製品や古伊万里・柿右衛門・色鍋島の作品が陳列してある。

天狗谷窯跡 ❺

〈M▶P. 164, 167〉西松浦郡有田町白川1-4　**P**
JR佐世保線上有田駅 🚶15分

陶祖李参平らが白磁を焼き始めた肥前磁器窯跡の1つ

札の辻から北へ300mほど歩くと，右側に有田皿山代官所の説明板がある。江戸時代に有田と伊万里の佐賀藩領は，有田皿山代官の管轄地域であり，代官は初代が『葉隠』の口述者である佐賀藩士山本常朝の父重澄であった。その後，1871（明治4）年まで41人の中級藩士が任命された。

有田皿山代官所の説明板からさらに100mほど歩くと，天狗谷窯跡右折の案内板があり，50mほど坂道をのぼると天狗谷窯跡に着く。この窯は陶祖李参平ゆかりの窯として有名で，磁器生産を本格化していく1630～60年代に操業していたものである。4基以上の登り窯と物原（陶片捨て場）が発掘された。

この窯は1616（元和2）年に李参平が白磁を焼き始めた窯

天狗谷窯跡

やきものと松浦党のふるさと

有田ごどうふ

コラム

有田の郷土料理
プリンのような食感

有田ごどうふ(呉豆腐)は,一般的な豆腐が豆乳ににがりを使って固めるのに対して,葛や澱粉をまぜ加熱して固める。食感は,もちもちしていてプリンのような感じを受ける。酢味噌や胡麻醬油などとよく合い,おいしい。有田町内各店で買うことができ,食べられる店も多い。

長崎市の唐寺に伝わる精進料理である普茶料理は,黄檗宗開祖隠元禅師から伝わった。その料理の中に,同じような製法の胡麻豆腐があり,そこから派生したものと伝えられる。

有田町での言い伝えでは,昭和時代初め頃,大豆を買いつけに長崎に行った商人が,中国人より製法を学んで持ち帰ったという。

有田ごどうふ

といわれている。彼は泉山で白磁鉱を発見した後,水と薪の便のよい天狗谷に登り窯を開いたという。1968(昭和43)年には,「花鳥風月天下泰平之世也」という染め付けをした磁器片が出土した。天狗谷窯跡は,山辺田窯跡・百間窯跡・不動山窯跡・原明窯跡・泉山磁石場とともに,肥前磁器窯跡として国の史跡に指定されている。

天狗谷窯跡を降りて札の辻から有田ダムへの道をさらに北上すると,200mほどで右手に墓地がある。その一角に,「史跡初代金ヶ江三兵衛(李参平)墓碑」という標柱が立っており,李参平の墓碑が建てられている。また,近くに江越礼太の墓碑もある。江越は1881(明治14)年に日本初の陶器工芸学校である勉脩学舎を創立した。戊辰戦争の東征大総督であった有栖川宮熾仁親王の筆になる「勉脩学舎」の扁額が,この学校の流れを汲む県立有田工業高校に所蔵されている。

李参平の墓地から徒歩で約15分北上すると,道の突き当りは有田ダムである。このダムは,1961(昭和36)年に完成した佐賀県初の多目的ダムであり,周辺は自然公園となっている。ダムは青色の湖水をたたえており,詩人の山本太郎による詩碑「秘色の湖」と郷土の彫刻家古賀忠雄による「乙女の像」が立っている。

陶都有田を歩く

また，この自然公園の一角にマイセンの森がある。ドイツのドレスデン市近郊にあるマイセンには，国立磁器工場が18世紀初めに建てられた。この頃にマイセンでは，柿右衛門様式の模写から磁器のデザインが始まったといわれ，その縁もあって1979(昭和54)年に有田町とマイセン市の間で姉妹都市の調印がなされた。それを記念して植樹を行い，マイセンの森と命名されたのである。この森を始め，有田ダム周辺の自然公園は町民の憩いの場となっている。

泉山磁石場 ❻

〈M▶P. 164, 167〉西松浦郡有田町泉山1-33　Ｐ
JR佐世保線上有田駅 🚶15分

1616年陶祖李参平の発見以来、陶土を供給してきた

　上有田駅から右手の坂をくだり，線路の高架下をくぐって北上すると，札の辻から東へ向かう旧道に出る。東へ向かって二又に分かれる道の左手の方を進んで300mほど歩くと左手に大イチョウの木がみえてくる。これが有田のイチョウ(国天然)である。根回り18m・樹高40m，樹齢は1000年以上という県内随一のイチョウの巨木で，全国でも珍しく，早くも1922(大正11)年には国の天然記念物に指定されている。この巨木は泉山弁財天神社の境内にあるが，江戸時代には佐賀藩により口屋番所がおかれ，岩谷川内の「下の番所」に対して「上の番所」とよばれていた。この番所は弁財天神社に入る道路脇に復元されている。番所に立てられていた1795(寛政7)年の制札によれば，泉山から他領への陶土の持ち出しや絵描き細工人の他領への技術売買などに目を光らせていたようである。

　この泉山から西へ岩谷川内までの旧国道の道筋は，国の有田町有田内山伝統的建造物群保存地区に選定されている。白漆喰の和風建築と近代以降の洋風建築が混在し，変化に富んだ景観をかもし出している。

　泉山弁財天神社から300mほど東へ歩くと肥前磁器窯跡と

有田のイチョウ

泉山磁石場

して国史跡に指定されている泉山磁石場に着く。陶土を採掘して山が削り取られている様子がよくわかる。

　この磁石場を陶祖李参平が1616(元和2)年に発見し、以来、陶土を供給してきた。近くに泉山磁石場の山の神をまつる石場(いしば)神社があり、この周辺は白磁ヶ丘公園になっている。磁石場の東隣に有田町歴史民俗資料館東館と有田焼参考館があり、前者では有田焼の技術・道具・関係古文書などが展示され、後者では陶片などが歴史を追って展示してある。

唐船城跡(とうせんじょうあと) ❼　〈M ▶ P. 164〉西松浦郡有田町山谷牧(やまだにまき)
MR西九州線大木駅(おおぎ)🚶10分

中世松浦党の一族有田氏の居城跡

　大木駅を南側に降りて市道を北へ行くと、船形をした小山がみえてくる。これが唐船山(80m)で、ここを根拠地として山城(やまじろ)(唐船城)を築いたのが中世松浦(まつら)党の一族有田氏であった。1218(建保6)年の築城という説が有力である。現在、本丸跡や狼煙台(のろしだい)跡などが残っている。この城の鎮守(ちんじゅ)が、山田神社(祭神熊野権現(くまのごんげん))である。また、山の南側には有田大観音御堂(だいかんのんみどう)が龍泉寺(りゅうせんじ)によって建立(こんりゅう)されている。

　大木駅へ戻り、北側から国道202号線に出て南へ50mほど行くと、右手に龍泉寺がみえる。龍泉寺は真言宗(しんごん)の古刹(こさつ)であり、1532(天文元)年、唐船城主有田政(ちかし)が祈願所として建立したものである。陶祖李参平の名が過去帳に残っている。この寺院を中心として十八夜(じゅうはちや)という夏祭りが8月18日に行われ、けんか浮立(ふりゅう)や回転花火などをみに多くの見物客で賑わう。

　龍泉寺南隣の市道を100mほど西へ歩き、左折して100mまた右折して50mほど歩くと、右手に坂ノ下(さかのした)遺跡の案内板がある。この縄文時代の遺跡の特徴は、19基の貯蔵穴である。貯蔵穴には、アラカシなど大量の木の実が食糧として備蓄されていた。そのアラカシの実が発芽し、県立博物館の立木として現在育っている。

陶都有田を歩く　173

② 港町伊万里を歩く

焼物の積出港として栄えた伊万里。白壁土蔵の町を歩けば，江戸時代の焼物商人たちの活気のある声が聞こえそうだ。

伊万里駅 ❽

〈M▶P. 164, 177〉伊万里市新天町554
JR筑肥線・松浦鉄道(MR)西九州線伊万里駅 🚶 すぐ

焼物を焼く窯をイメージした駅舎町歩きの出発点

伊万里駅の駅ビルは，2002(平成14)年に完成した。JRと松浦鉄道それぞれ駅舎があり，両駅は2階通路でつながる。MR伊万里駅2階には伊万里・鍋島ギャラリーがある。ここには，伊万里市が所蔵する古伊万里・鍋島など318点のうち70点ほどを展示している。

伊万里駅は1898(明治31)年に伊万里鉄道(伊万里・有田間)の開業にともないスタートし，約110年の歴史を刻んでいる。JRの駅前広場には伊万里湾に棲む「生きた化石」カブトガニのモニュメントや詩壇の芥川賞であるH氏賞を受賞した詩人犬塚堯の「伊万里賛歌」の歌碑などが設置されており，興味深い。また駅前広場から北へ50mほど歩くと，国道204号線を横断した所から駅前通りが始まる。そこに1対の磁器を染めつけた元禄美人の人形が微笑んで，訪れる人の目をなごませてくれる。

伊万里駅

伊万里市陶器商家資料館 ❾
0955-22-7934

〈M▶P. 164, 177〉伊万里市伊万里町甲555-1
JR筑肥線・MR西九州線伊万里駅 🚶 5分

白壁土蔵の商家資料館と海のシルクロード館

伊万里駅の北口からまっすぐ伊万里駅前通りを160mほど歩いて行くと，左手に佐賀銀行伊万里支店がみえる。その手前を左折すると，60mほどで左に2棟の白壁土蔵の建物がみえる。手前の建物が伊万里市陶器商家資料館で，資料館は，1991(平成3)年に開館した。建物は旧犬塚家住宅といい，江戸時代後期の1825(文政8)年頃に建

やきものと松浦党のふるさと

伊万里まだら

コラム 芸

焼物の商談成立の祝い歌

　江戸時代には日本各地から伊万里津へ、焼物の買いつけに多くの陶器商人がやってきていた。彼らは国・地域別に割り当てられた伊万里津陶器商人宅へ下宿して、注文した焼物ができあがるまで長期に滞在した。伊万里市陶器商家資料館の2階には、このような他国商人を滞在させた座敷が残されている。佐賀藩は伊万里に遊里をおくことを認めなかったので、彼らの接待のため、伊万里の商人は和歌・俳諧・書画鑑賞の会などを催した。また、伊万里商人の子女は琴・三味線・舞踊などで旅の他国商人の心を慰めたといわれている。

　伊万里まだらは、江戸時代から伊万里に伝わる民謡である。他国商人と伊万里商人との間で商談の成立した手締めの席や、注文品を引き渡した後の宴席などで歌われた祝い歌という。旧伊万里町(市街)では、近年まで婚礼や建家などの祝いの席で歌い継がれてきた。正式には祝謡三番をし、神酒をまわした後に1人が歌い始め、すぐに手拍子で一座あげての合唱になる。その歌詞の一部を以下に掲げる。

伊万里まだら(伝承者　伊万里まだら保存会)
一　鶯の鶯の今度初めて伊勢参宮、伊勢より広き町なれど、一夜の宿屋を借りかねて、浜の小松の二の枝に、柴かきよせて巣をくんで、十二の卵を産みそろえ、十二いっしょに目をひらき、親もろともにたつときは、黄金の銚子を取りいだし、白銀の盃を、飲めや大黒、歌えや恵比須、中の酌とりゃ福の神、ションガイナー、ションガイナーをとめずとずらずっとやらしゃんせ

二　(略)

三　盃の盃の台のまわりに松植えて、一の枝には金がなる、二度と栄えしその枝に、白銀黄金の米がなる、三度栄えしその枝に、亀がはやして鶴が舞う、何とうよと立ち寄り聞けばお家ご繁昌と舞あそぶ、ションガイナー、ションガイナーをとめずとずらずっとやらしゃんせ

(「伊万里市陶器商家資料館だより」№2より一部引用。)

てられた妻入2階建ての陶器商家の建物である。

　犬塚家は1764(明和元)年頃の創業と伝え、伊万里津屈指の陶器商として丸駒の商号で大坂や江戸に盛んに陶磁器を積み出していた。1852(嘉永5)年、当主犬塚駒吉は佐賀藩の江戸陶器蔵元(藩の陶磁器販売責任者)に任じられている。

　陶器商家資料館の西隣の建物は、海のシルクロード館であり、

港町伊万里を歩く

伊万里市陶器商家資料館・
海のシルクロード館

2002年に開館した。老朽化した江戸時代以来の白壁土蔵の商家建築を市民や企業の寄付金で整備し，現在は市の商工会議所が管理・運営している。1階は陶磁器販売・ろくろ体験コーナー（要予約），2階は古伊万里ギャラリーとして江戸時代前期の古陶磁，陶器商人の使用物や千石船(せんごくぶね)の模型などが展示されている。

伊万里市歴史民俗資料館(いまりしれきしみんぞくしりょうかん) ⑩
0955-22-7107

〈M ▶ P. 164, 177〉伊万里市松島町(まつしまちょう)73-1
JR筑肥線・MR西九州線伊万里駅 🚶 15分

伊万里の歴史散歩をするにはまず立ち寄りたい所

陶器商家資料館から駅前通りに戻り左折すると，すぐ左側に佐賀銀行伊万里支店がある。ここは，1882（明治15）年，県内初の近代的銀行である伊万里銀行の立っていた場所である。この銀行の設置者は，松尾彦兵衛(まつおひこべえ)ら伊万里津の豪商たちである。現在，佐賀銀行の東壁には万里音(まりおん)という大時計が設置され，伊万里津の様子を時刻とともに知らせている。

佐賀銀行を左にみながら北へ向かうと，渡る橋が相生橋(あいおい)である。江戸時代に，この橋の袂(たもと)から小舟で沖合の船に焼物を運送しており，セラミックロードの出発点ともいえよう。

伊万里市歴史民俗資料館

相生橋を渡った西側は船屋町(ふなやまち)といい，江戸時代は御船屋といって佐賀藩主の船や藩の軍船を停泊させる場であった。現在，伊万里の朝市がここで行われている。

相生橋を渡って北に400mほど歩くと，

やきものと松浦党のふるさと

右手に伊万里市民会館があり，その北側に伊万里市歴史民俗資料館がある。伊万里の史跡や文化財の案内や展示を行っており，伊万里の歴史散歩をするにはまず立ち寄りたい所である。

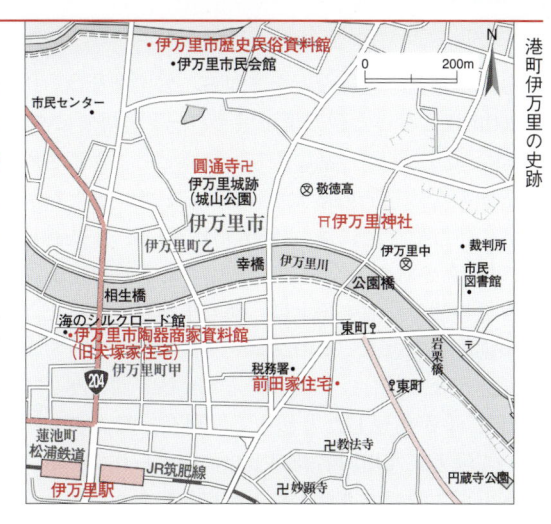

伊万里神社 ⑪
（いまりじんじゃ）
0955-23-2093

〈M ► P. 164, 177〉 伊万里市立花町83
JR筑肥線・MR西九州線伊万里駅🚶15分

　佐賀銀行の道路向かいから本町(ほんまち)に入り，東へ380mほど行き，四つ角を左折すると 幸(さいわい)橋がみえてくる。その橋を渡って右手にみえる 竜(りゅう)宮(ぐう)門(もん)の建物が伊万里神社であり，左手奥が圓通寺(えんつうじ)である。

　伊万里神社(祭神 橘 諸兄(たちばなのもろえ)・伊弉諾尊(いざなぎのみこと)・伊弉冉尊(いざなみのみこと)・天忍穂耳命(あめのおしほみみのみこと))は，現地にあった香橘(こうきつ)神社に1959(昭和34)年戸渡嶋(ととしま)神社，1962年岩栗(いわくり)神社を合祀(ごうし)したものである。香橘神社は，社伝によれば垂仁(すいにん)天皇が不老長寿の霊菓を探し持ち帰るよう田道間守(たじまのもり)に命じた。そして，非 時 香 菓(ときじくのかぐのこのみ)つまり 橘(たちばな)を持ち帰った田道間守は，最初に着岸した岩栗山(現在の社地)にそれを植えた。770(宝亀(ほうき)元)年に，橘嶋田麻呂(しまだまろ)がこの地にきて橘氏との縁から祖父の橘諸兄を祭神としてまつり，橘ノ宮としたのが始まりである。戸渡嶋神社は，もと佐賀銀行伊万里支店の道路向かいにあったが，伊万里津の守護神で

伊万里神社

ある海の神綿津見神などをまつる。岩栗神社は、伊万里神社から南へ200mほど行った伊万里玉屋デパートの場所にあった。740(天平12)年、藤原広嗣の乱に際し、副将として派遣された紀飯麻呂が戦勝祈願のため祖先の彦太忍信命をまつったのが始まりである。さらに伊万里神社には、1955(昭和30)年、中嶋神社が兵庫県豊岡市から勧請された。全国でも珍しい菓子の神をまつっている。この伊万里神社の社地の頂上に、伊万里出身で製菓王といわれた森永製菓の創設者森永太一郎のブロンズ像(朝倉文夫作)がある。

圓通寺(臨済宗)は、14世紀末の至徳年間(1384〜87)に伊万里城主伊万里貞が創建したと伝える。現在、臨済宗南禅寺派の修行道場として栄え、九州四名刹の1つに数えられている。歴代住職では、ホトトギス派の俳人森永杉洞が有名であり、彼は高浜虚子に師事して伊万里ホトトギス会を結成した。またこの寺院は、廃藩置県直後の1871(明治4)年、伊万里県が設置されたときの県庁仮庁舎になった。幕末、三舟として有名な山岡鉄舟が、伊万里県権令としてこの寺院に派遣されている。

圓通寺の裏手の山が伊万里城跡で、城主の伊万里氏は中世松浦党の一族である。ここからは、伊万里の市街が一望できる。また、山の頂上は小公園になっており、昭和時代初期の衆議院議長川原茂輔(伊万里市大川内町出身)の銅像がある。

圓通寺を南下して幸橋の手前を左折し、伊万里神社沿いに東へ100mほど行くと公園橋がある。その橋を南下して100mほど行くと、県道240号線に出るが、県道の道路向かいに大きな藁葺き屋根の建物がみえる。この建物が前田家住宅(国登録)である。前田家は屋号を櫛屋といい、寛永年間(1624〜44)から1871年の廃藩置県まで佐賀藩伊万里郷の大庄屋をつとめてきた豪農である。『葉隠』で有名な山本常朝の母親は、この家の出身である。この建物は、18世紀前半に建てられた県内最大級の民家建築である。佐賀藩主は伊万里にきたときは常宿にしていたので、この建物の座敷の中に上段の間がある。平戸藩主も参勤交代の際に宿泊している。座敷の扁額の中には、この家の庭園を愛でる古賀精里(寛政の三博士の1人)の書も掲げられている。個人宅のため、自由には入れない。

大川内山藩窯跡 ⑫

〈M ▶ P.164〉伊万里市大川内町丙大川内山
JR筑肥線・MR西九州線伊万里駅🚌大川内山行終点
🚶すぐ

> 朝廷や将軍・大名家への贈答品「鍋島」を焼いた

　前田家住宅の南側の細道を東へ100mほど行くと，県道26号線へ出る。県道を渡ると東町バス停があり，大川内山行きのバスで大川内山へは約10分である。バス停から西へ約50m行くと，大川内山藩窯跡（大川内鍋島窯跡，国史跡）に着く。

　大川内山は，周囲を腰岳や青螺山などで囲まれた谷間の集落であり，付近の山からは青磁鉱を産出する。山水画のような奇岩に囲まれた狭い谷間の区域に，現在，34の窯元が軒を連ねている。

　1675（延宝3）年，佐賀藩御用窯が有田より大川内山に移され，以後，1871（明治4）年まで存続した。藩窯では，朝廷や将軍家あるいは諸大名などへ献上する高品位な磁器が焼かれ，「鍋島」とよばれた。「鍋島」には色絵・染付・青磁があり，それぞれ世界の至宝といわれるような高品質を誇っている。

　大川内山は鍋島藩窯公園となっており，山の入口の関所や陶工の庭と石臼，御細工場と陶工の家，登り窯など，復元された施設が各所に点在するので散策が楽しい。

　関所を左折し，山へ向かって陶工橋を渡って右に折れ，山手に少しのぼると，左手に陶工無縁塔がある。これは，1938（昭和13）年に篤志家の手によってつくられた880基の無縁墓標を集めた供養塔である。高麗人を始め，江戸時代の陶工の名前が墓標に刻まれ，陶工たちによって江戸時代に「鍋島」が焼かれたものと思われる。大川内山入口の関所をくぐり，藩窯橋を渡ると右手に伊万里鍋島焼会館がある。ここには34の窯元の販売品が展示されている。

大川内山藩窯跡

港町伊万里を歩く

③ 松浦党の里を歩く

伊万里の西部地区は「山代」とよばれ、中世松浦党の遺跡が多い。遺跡をめぐって「兵どもが夢の跡」を偲びたい。

森永太一郎墓苑 ⓑ　〈M ▶ P. 164, 181〉伊万里市二里町大里
JR筑肥線・松浦鉄道(MR)西九州線伊万里駅 🚶15分

製菓王が眠る墓苑

　JR伊万里駅とMR伊万里駅の間の貫通道路を南下し、国道202号伊万里バイパスを西に500mほど歩くと、左手に国見台運動公園、右手に伊万里ガスのガスタンクがみえてくる。そこを通り過ぎて三差路を右手に曲がると、すぐに森永太一郎墓苑がある。森永太一郎は、エンゼルマークで知られる森永製菓株式会社の創始者であり、製菓王とよばれた。幼少時に実家の陶器商が没落し、渡米後、製菓法を学んで東京赤坂に1899(明治32)年、わずか2坪の工場を建て、マシュマロやキャラメルを製造したが、製造販売を軌道に乗せるまでには数々の苦労を味わった。

　JR筑肥線上伊万里駅を北口で降り、西北へ10分ほど歩くと、国道204号線唐津方面の交差点の所に森永公園があり、エンゼルのモニュメントが迎えてくれる。ここには、かつて森永の練乳工場が立っていた。

　松浦鉄道の有田方面行きの列車に伊万里駅から乗り、つぎの駅が川東である。駅を降りて踏切を渡り、左の道は江戸時代以来の旧道だが、東に100mほど行くと、左の龍神宮の手前に階段があり、そこをのぼると大石良知の墓という看板がある。忠臣蔵で有名な大石内蔵助の遺児で、山鹿流軍学を修めに平戸(現、長崎県)へ向かう途中、病を得て伊万里の旧家にかくまわれたという。死ぬまぎわに身の上を明かされた旧家の主の子孫が、幕末、佐賀の儒学者で有名

大里八幡宮

180　やきものと松浦党のふるさと

伊万里市西部の史跡

な草場佩川に墓碑銘を書かせたものが残っている。儒学者の墓碑のように，亀の甲羅のうえに墓碑が立てられた珍しいものである。

　川東駅の出口から西へ国道204号線を歩き，川東の商店街を過ぎて川東橋を渡り，さらにまっすぐ100mほど行くと，伊万里農林高等学校がある。その敷地沿いの道を南西へ200mほど行くと，大里八幡宮（祭神天照大神ほか）がある。南北朝時代に，南朝方の菊池武重が宮司としてこの地に身を潜めていたという伝承があり，境内の池は木口（菊池）ノ池という。

　この神社では，毎年12月初旬に「取り追い（鳥追い）祭り」があり，攻め手は大きなたいまつを守り手のいる場所にたたきつけ，833個の御供さん（強飯）の入ったテボを奪い合う勇壮な祭りである。菊池氏が，松浦党を南朝につけるために行った夜襲の訓練からきているといわれている。また境内には，近くに実家があり，戦前の実業家で製糖王といわれ，日本商工会議所会頭もつとめた藤山雷太の銅像

松浦党の里を歩く　181

がある。

宝積寺と明星桜 ⑭

〈M ▶ P. 164, 181〉伊万里市 東山代町 脇野
MR西九州線東山代駅 🚶 20分

MR東山代駅を降りると，目の前が国道204号線である。この周辺は長浜といい，江戸時代は伊万里湾対岸の瀬戸塩田とともに，佐賀藩唯一の塩田があった。17世紀前半に，佐賀藩は技術者を福岡藩から招き，大規模な塩田を長浜と瀬戸に造成している。

東山代駅前から国道204号線を北上し，500mほど行って脇野川を渡ると左折し，脇野川沿いに1kmほど行くと岩戸山宝積寺（真言宗）に着く。宝積寺は，松浦党の一族である山代氏の菩提寺である。

宝積寺の門前の道を東北へ300mほど歩き，突き当たりの三差路を左折して100mほど行くと右手に観音堂が立っており，境内に明星桜（県天然）の大木がある。サクラの花弁が夜空に瞬く宵の明星によく似ているので名づけられたという。このサクラは，久安年間（1145～51）に松浦党２代党祖の源 直の家臣である浦内淡路守が，京都壬生から持参し植えたという。樹齢800年を越える巨木である。

この明星桜の前の市道を300mほど山手にのぼると，左手に「白蛇山岩陰遺跡左へ」という看板があり，そこを50mほど降りると白蛇山岩陰遺跡（県史跡）に着く。ここは，旧石器時代末期（約１万2000年前）から縄文時代晩期（約2500年前）の岩陰遺跡で，中世には修験道の修行場であったという。夏場は森の中でひんやりとして心地よい。

東山代駅から国道204号線を北東へ200mほど歩き，長浜工業団地入口の交差点を右折して200mほど行くとSUMCO伊万里事業所，さらに南へ下り日本陶器伊万里事業所の前を過

白蛇山岩陰遺跡

やきものと松浦党のふるさと

ぎて東へ200m行くと、有田川河口の西岸に出る。ここから川沿いを北上し400mほど歩くと、畑の中に小さい円墳があらわれる。これが夏崎古墳で、出土した遺物の中には庇付冑や短甲もあり、出土遺物は県の重要文化財に指定され、伊万里市歴史民俗資料館に所蔵されている。古墳は、石室の形態などから、5世紀後半から6世紀初頭のものと考えられている。

青幡神社と里小路 ⑮　〈M ▶ P. 164, 181〉伊万里市東山代町里
MR西九州線里駅 🚶 5分

松浦党の総氏神青幡神社に奉納する脇野の大念仏

　MR里駅を降りて出入口を右方向に行くとすぐ交差点があり、北方向に参道を200mほど直進すると青幡神社に着く。並行して国道204号線もあり、そちらを歩いて北上してもよい。

　青幡神社(祭神武甕槌命・経津主命)は、先述した松浦党2代党祖源直が、久安年間(1145～51)に松浦党の本拠地として立てた政庁里館の鬼門を守る鎮守として創建したという。境内には神木とされてきた楠の巨木(県天然)が鎮座し、四方に枝葉を伸ばしている。古老の話では根はすぐ東側にある国道204号線の下を通り越し、50mは四方に伸びているとのことである。松浦党の総氏神として崇められ、今でも山代脇野地区や久原地区の氏子たちによって、雨乞いの念仏踊りがこの神社に奉納されている。このうち脇野の大念仏は、県の重要無形民俗文化財に指定されている。

　中世には松浦党の山代氏がこの社をまつってきたが、1587(天正15)年に龍造寺氏に降伏してこの地を去ってからは、田尻氏が小城藩重臣として赴任し、この神社をまつってきた。境内拝殿前の鳥居は肥前鳥居という特異なもので、1625(寛永2)年の建立である。

　神社から里駅方向に戻って駅手前の交差点を右折し、西側の道を100mほど行くと、道の両側に小笹の生け垣が200mほど続き、武家

青幡神社

屋敷の趣を感じる。

　ここは，近世には田尻氏の家臣の居住区域であった。里小路の小笹生垣といい，1998(平成10)年には「新佐賀百景」に選ばれている。

小島古墳と飯盛山城跡 ⓰　〈M▶P. 164, 181〉伊万里市山代町久原
　　　　　　　　　　　　　　MR西九州線久原駅🚶15分

　MR里駅から平戸方面へ1つ先の駅が楠久駅である。駅の出入口から北へ300mほど歩くと国道204号線との交差点になり，さらに直進して100mほど行くと楠久港へ出る。このあたりは楠久津といわれ，近世佐賀藩と小城藩の御船屋(軍港)があった。佐賀藩主専用の御召船がおかれ，1861(文久元)年には10代藩主鍋島直正は楠久港から藩有の蒸気船軍艦電流丸で出港し，大坂へ向かっている(『伊万里市史』)。

　楠久駅から平戸方面へ2つ先の駅が久原駅である。駅前の国道204号線沿いを250mほど北上すると右手に久原大踏切があり，線路を渡ると400mほど北東に，今は陸続きだが小島があり，小島古墳公園となっている。小島古墳(県史跡)は，沖合400mの島に築かれた前方後円墳で，横穴式石室をもち，6世紀中頃のこの地域の有力者が築造させたと思われる。円筒埴輪や須恵器などが出土している。

　久原駅の出入口から西南の方をみると，山代富士といわれる城山(345m)がみえる。この山は中世山代氏の居城であり，飯盛山城といわれた。山代氏は中世松浦党の有力氏族であり，元寇の際には当主が戦死し，その子が執権北条時宗から恩賞として肥前国神埼の荘園の地頭に任命されている(山代文書)。

　久原駅から平戸方面へ2つ先の駅が浦ノ崎駅である。この駅から西800mほどで長崎県境であり，この駅が開業した1930(昭和5)年に植

山代の支配者が眠る小島古墳と山代氏の居城飯盛山城

小島古墳

えられた50本のサクラの花が満開のときは、サクラのトンネルが100m以上にわたってでき、じつに美しい。県内外からの花見客や写真家で賑わう。

浦ノ崎駅から南へ100mほど行くと、社会保険浦之崎病院がある。この病院の中庭に背の低い鳥居があり、奥に佐代姫塚がある。松浦佐代姫伝説については、第6章のコラムに掲げてある通りだが、この地域では佐代姫が大陸に船出した大伴狭手彦を慕うあまり、船に乗り沖へ漕ぎ出したが嵐で遭難し、この地の漁師に発見されたがすでに息絶えていたので、村人は塚をつくり手厚く葬ったという話になっている。

松浦党の宗廟 山ノ寺遺跡 ⓱

〈M ▶ P. 164, 181〉伊万里市東山代町川内野字山ノ寺
JR筑肥線・MR西九州線伊万里駅🚗60分

兵どもが夢の跡、松浦党の宗廟総持寺と大規模な館跡

浦之崎病院から北西へ100mほど行くと、浦崎郵便局がある。その前の道が県道316号線である。路線バスがなく、タクシーでその県道を30分くらい山道を走ると山ノ寺遺跡に着く。または伊万里駅からタクシーに乗り、国道204号線の楠久津交差点を左折して県道5号線を東山代町大久保へ向かい、1万本のツツジと伊万里湾の眺望では随一の玄海国定公園竹の古場公園を通り、滝川内川内野を通り、都市農村交流施設である「夢工房たきの」の先300mを右折すると県道316号線になり、1kmほど行くと山ノ寺遺跡に着く。

ここは、松浦党2代党祖源直が、久安年間(1145～51)に、父の初代源久の霊をまつり、一族の宗廟とするために開いた総持寺(山ノ寺)と、山祇神社を中心とする松浦党の本拠地ともいうべき中世の大規模な武士の館跡である。1981(昭和56)・82年の発掘調査の結果では、14～16世紀の遺物がほとんどで、平安時代までは遡れないようだ。中国や東南アジアの陶磁器片が出土し、中世松浦党水軍あるいは倭寇の活躍を偲ぶことができる。

松浦党の里を歩く

④ 唐津焼きの里を歩く

伊万里の北部・東部地区は，近世唐津藩領であった所が多く，茶陶器として尊ばれる唐津焼きの里として知られてきた。

木須城と瀬戸塩田 ⑱

〈M▶P. 164, 181〉伊万里市木須町・瀬戸町
JR筑肥線・松浦鉄道(MR)西九州線伊万里駅🚌木場・福島港方面行木須崎・早里🚶10分

松浦党の一族木須氏の居城、周辺は佐賀藩の塩田

　JR・MR伊万里駅からバスで伊万里湾東岸沿いに国道204号線を行くと，10分ほどで木須崎バス停に着き，降りて200mほど南にくだり右折するとカブトガニの館，さらにカブトガニの産卵地多々良海岸に出る。前者はカブトガニの展示施設であり，2009(平成21)年に地元のNPOである牧島のカブトガニとホタルを育てる会が設置した。カブトガニは古生代に栄えた三葉虫と共通の祖先から分かれ，毎年7月中旬から8月上旬に多々良海岸などにつがいで産卵にくる。このカブトガニをこの地域では「はちがめ」とよんでいる。

　多々良海岸から木須崎バス停に戻り，国道204号線を100mほど先に行くと木須川に出る。その東岸沿いを800mほど歩くと木起神社がある。その間の木須川西岸より北側の水田一帯は宮ノ前北遺跡といい，縄文時代の貝塚と土壙墓などが，1994(平成6)・95年度の発掘調査で出土した。土壙墓からは壮年女性の人骨が屈葬の状態で発見されている。また鯨骨でできた土器製作用の回転台も出土し，焼き物の里らしい縄文時代の遺物である。近くの木起神社の縁起には神功皇后伝説があり，神社のかたわらにはユス(イスノキ)の大木がある。ユスの樹皮の灰をユス灰といい，鉄分が少ないため最良の焼き物の釉薬となり，江戸時代から盛んに使われていた。木起神社の東を流れる木須川の東岸にある3つの小山は，中世の山城木須城跡であり，松浦党の一族木須氏の居城であった。

　木須崎のバス停の2つ先が早里のバス停である。このバス停から少し戻り，国道沿い北側の階段をのぼると塩竈神社(祭神経津主神ほか)があり，塩田廃止の碑(1915年建立)が立っている。また早里バス停の1つ手前が本瀬戸バス停だが，そこから東南東をみると，牧島小学校の西隣に志賀神社(祭神綿津見神)がある。その由緒は，佐賀藩の依頼により，福岡藩姪浜の製塩技術者が慶長から元和年

間(1596〜1624)に4人,瀬戸と東山代の長浜に招かれ移住している。その際に,長浜の住吉神社を勧請したという。このようにこの地域は長浜とともに佐賀藩唯一の塩田が造成されていた。

龍宮神社ともっこ踊り ⑲

〈M ► P. 164, 181〉伊万里市黒川町小黒川
JR筑肥線・MR西九州線伊万里駅🚌木場・福島港方面黒川神社前🚶15分

横土井という堤防の難工事を偲び,奉納される民俗芸能

瀬戸バス停より福島方面へ5つ先が,黒川神社前バス停である。下車後,信号を左折し,立川の河口の方へ降りて行くと,河口の両岸を結び東西に延びる町並みがあり,横土井という。慶長年間(1596〜1615)に唐津藩主で虹ノ松原をつくらせた寺沢志摩守広高が,黒川新田を開発するため河口を堤防で締め切らせたものである。

この横土井の北側の高台には龍宮神社があり,毎年8月14日には氏子たちによってもっこ踊りが奉納される。内容は,堤防工事の人柱となって殉じた人の慰霊や干拓工事に従事した人びとの苦労を偲ぶものになっている。龍宮神社のある塩屋地区には姥ケ城跡があり,中世松浦党の雄岸岳城主波多三河守の重臣黒川左源太夫の居城といわれている。

波多津と田嶋神社 ⑳

〈M ► P. 164〉伊万里市波多津町畑津
JR筑肥線・MR西九州線伊万里駅🚌木場・福島港方面馬蛤潟🚶20分

波多氏の外港波多津にあって,海の神をまつる

黒川神社前バス停よりバスに乗り,福島方面へ5つ目のバス停が青嶺中学校前で,これより先が波多津町となるが,さらに2つ先の馬蛤潟バス停で降り,右折して県道35号線を東へ行き,波多津小学校を過ぎて400mほど行くと,左手に田嶋神社(祭神宗像三女神)がある。岸岳城主波多氏の祈願所として尊ばれ,

田嶋神社社殿

唐津焼きの里を歩く

1334(建武元)年に再建されている。本殿は，市内唯一の国重要文化財(建築)である。ただし覆屋に覆われていて内部をみることはできない。

波多津町だけで，田嶋神社がこの神社以外に3社ある。波多津は古来より八田津あるいは畑津などと称されてきたが，中世松浦党の雄波多三河守が長く支配してきたことから，1899(明治32)年に村名を波多津とし，現在は町名として存続している。

府招権現社 ㉑

〈M▶P. 164, 189〉伊万里市南波多町府招
JR筑肥線・MR西九州線伊万里駅🚌唐津方面行府招上🚶10分

奉納される府招浮立は十数番の華やかな舞浮立

JR・MR伊万里駅から唐津方面へのバスに乗り，府招上のバス停で降りて国道202号線を横断し，南東へ300mほど歩くと権現社(愛宕神社)に着く。この神社では，毎年10月の第2日曜日に秋の大祭が行われる。この日の午後から十数番の府招浮立(県民俗)が，笛や鉦，さらにモリーシャといわれる太鼓の伴奏で舞い踊られ奉納される。この浮立は神社までの「道行」と境内や舞台での「本浮立」に大別でき，「道行」では豪華な化粧回しに，赤や桃色の単衣，そして青の手脚絆に黄色のたすき，白の鉢巻きを身にまとった20人ほどの女児や少女たちが銭太鼓を鳴らして舞い歩き，じつに華やかである。「本浮立」では「三番」「新吉原」「恵比寿大黒」など，十数番の舞浮立が地区の老若男女によって演じられ，見る者を飽きさせない。江戸時代末期の文化・文政年間(1804〜30)にはこのように行われており，33番の演目がこの地区に伝承されている。県内で有数の豪華な舞浮立である。

この神社から300mほど南へ道沿いに歩くと椎ノ峯集落に入る。ここには江戸時代初期に藩主の命

府招権現社

やきものと松浦党のふるさと

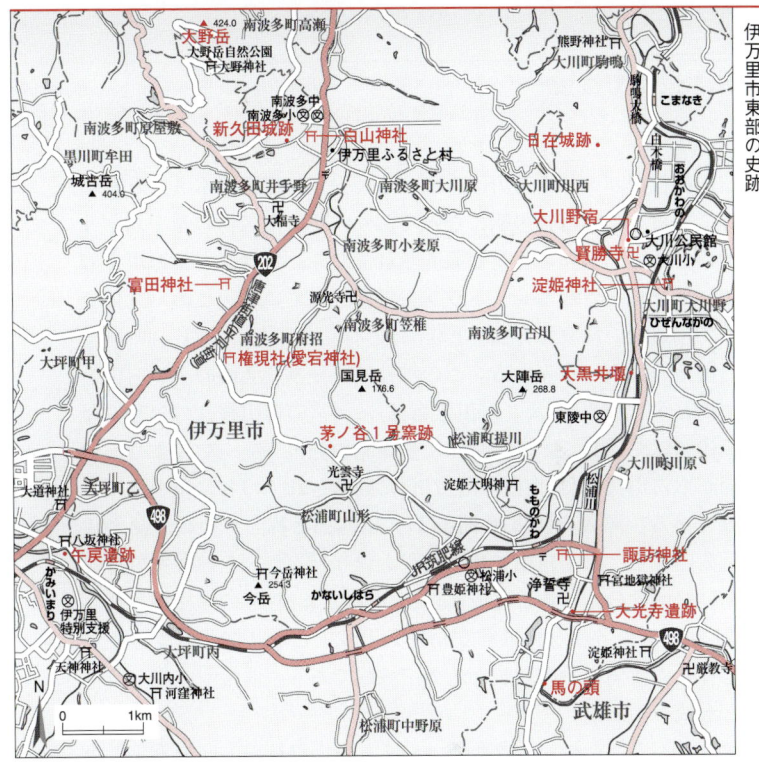

で献上唐津の焼かれた窯跡があり，現在もその伝統を受け継いだ唐津焼が焼かれている。

富田神社㉒ 〈M▶P.164, 189〉伊万里市南波多町府招
(とみたじんじゃ) JR筑肥線・MR西九州線伊万里駅🚌唐津方面行富田神社前🚶
5分

　JR・MR伊万里駅から唐津方面へのバスで，府招上バス停のつぎが富田神社前である。ここで降りて国道を50mほど戻り，市道を西へ200mほど歩くと鳥居がみえてくる。石段を少しあがれば富田神社（祭神冨田才治命）の拝殿に着く。
　　　　　 (さいじのみこと)

　冨田才治はコラム「虹の松原一揆」にあるように，一揆側の指導者として唐津藩当局から処刑されるが，彼の乳母が府招の出身で，幼少時に住んでいたということから，1827（文政10）年に菩提寺の
　　　　　　　　　　　　　　　　　　　　　　　　　　　(ぼだいじ)
正念寺（現，唐津市浜玉町）より分霊し，建立された。
(しょうねんじ)　　(はまたままち)

白山神社と大野岳 ㉓

〈M ▶ P. 164, 189〉伊万里市南波多町井手野
JR筑肥線・MR西九州線伊万里駅🚌唐津方面行伊万里ふるさと村🚶5分

松浦党の一族新久田氏がまつる神社の向こうに見える防人の山

　富田神社前バス停から唐津方面へ2つ先が，伊万里ふるさと村バス停である。ここは道の駅になっており，伊万里名物の梨やぶどうを始めとして，数々の物産が販売されており，ブランド伊万里牛のステーキを食べさせるレストランも設置されている。このバス停で降りて国道沿いに唐津方面へ150mほど行くと，左手に白山神社（祭神白山比売大神）がみえる。この神社は，日本三名山の1つ白山を神体山とする加賀国（現，石川県南部）一ノ宮の白山神社の分社になる。由緒は，1041（長久2）年に松浦党の党祖源久によって加賀国から古川村（現，南波多町古川）に勧請され，のちに現在地に移されている。源久の四男源聞は新久田四郎と称し，その子孫が代代新久田城主として白山神社の祭祀も執り行った。その後室町時代末期に松浦党の雄である北波多（現，唐津市北波多）の岸岳城主波多三河守の家臣井手（野）飛騨守が新久田城主となり祭祀も受け継いだ。神社の西側裏手の丘陵が新久田城跡であり，曲輪や土塁・空堀などが残っている。

　伊万里ふるさと村から北西側，つまり白山神社の方向をみると小富士のような山がみえる。これが大野岳（424m）である。『肥前国風土記』には烽が20ヵ所と記載されているが，大野岳にあったという記載はない。けれども当地の言い伝えによれば，古代大野岳の麓の大野集落には25人の防人が住み，自活しながら頂上の烽場に詰めて祖国防衛にあたっていたという。その防人をしのび，伊万里ふるさと村には「防人けえらん」という餅菓子が販売されている。漉

白山神社

し餡を餅でクレープのように包んだもので日もちはしないが、おいしくみやげ物に最適である。

午戻遺跡の後漢鏡 ㉔

〈M ▶ P. 164, 189〉伊万里市大坪町字午戻
JR筑肥線上伊万里駅 🚶 5分

縄文後期から中世に至る複合遺跡 弥生時代の石棺墓から青銅鏡出土

　JR上伊万里駅の駅舎を出て100mほど北へ歩くと、伊万里川に架かる上伊万里橋に着く。橋の手前を右折して川沿いを200mほど歩くと南側に水田が広がるが、ここが午戻遺跡である。

　この遺跡は縄文時代後期から中世に至る複合遺跡で、とくに弥生時代の遺跡から石棺墓13基、甕棺墓14基が出土した。そして石棺墓の1つから長宜子孫銘連弧文鏡という1世紀後半から2世紀にかけての後漢の青銅鏡が出土し、2002(平成14)年に鉄小刀などの遺物とともに県重要文化財に指定された。遺物は、伊万里市歴史民俗資料館に所蔵されている。

茅ノ谷1号窯跡 ㉕

〈M ▶ P. 164, 189〉伊万里市松浦町山形字藤川内
JR筑肥線金石原駅 🚶 40分

全長52mもの連房式登り窯跡で古唐津の一大生産地

　JR金石原駅で降りて、1.5kmほど北側の山を松浦梨選果場を目当てにのぼって行くと藤川内集落に入る。その集落の北西側の谷に茅ノ谷1号窯跡(県史跡)がある。全長52mもの連房式登り窯の跡であり、16世紀末から17世紀初頭に操業されて、多種多様の古唐津が焼かれていたことが出土品からわかる。

　藤川内以外にも南隣の提川、金石原地区など古唐津の窯跡が多数発見されており、西隣の南波多、北隣の大川地区とともに近世は古唐津の一大生産地であったといえる。

諏訪神社と馬の頭 ㉖

〈M ▶ P. 164, 189〉伊万里市松浦町桃川
JR筑肥線桃川駅歩 🚶 10分／25分

災いを断つ「しめ縄切り」の神事、高い土地に水を引く灌漑用堰

　JR桃川駅で降り、南側の国道498号線を左折し、東へ200mほど歩くと下分の信号交差点があり、そこを右折すると50mほどで右手に諏訪神社(祭神武御名方神)がある。この神社の神事に「しめ縄切り(へその緒切り)」というものがある。これは毎年10月22日(伊万里くんちの宵祭り)に桃川4地区の当番地区がつくった直径20cmのしめ縄を氏子代表が神社に奉納して、この日の夕方お祓いをしたあとに神社の東南1kmにある武雄市若木町と伊万里市松浦町の境

唐津焼きの里を歩く

界である鹿路峠に氏子代表が歩いて運び，武雄市方面からくる最初の人につぶれた鎌で切ってもらう。切る前と切る途中に御神酒を飲ませ，切った後は大盃で13杯半の御神酒を飲ませるので切る人は大変である。この神事は祭神の武御名方神が生誕のときに，この地区の氏子の先祖が神こより（かわらけ）でへその緒を切ったという説話にちなんでいる。また伊万里郷と武雄郷の境界で災いを断ち，神を迎えお祭りに入る意味があるともいう。

諏訪神社のある通りは，江戸時代は桃川宿とよばれ，街村となっている。そこを通って南に川沿いを500mほど歩くと浄誓寺（浄土真宗）がある。その南側を松浦バイパスが東西に通っているが，そのあたりに大光寺遺跡があり，旧石器時代の石器が2万4000点以上も出土した。バイパスの下の県道を川沿いに500mほど南に歩くと左手に「馬の頭」の説明板があり，そのそばの市道を80mほど東に松浦川の方へ歩くと川を横切って堰がある。そこが「馬の頭」である。川の西岸上原地区は川より土地が高く，灌漑が困難であったが，江戸時代初期の1611（慶長16）年に治水の神様と後世称えられる佐賀藩士成富茂安が設計して松浦川の川底を通るサイフォンを設置した。湾曲する松浦川の上流の水を水路で下流の右岸に導き，木管をつないだものを川底に埋設して，水が川底に勢いよく落ちてその勢いで左岸の水路に水を噴出させた。その木管のサイフォンが馬の頭に似ていたことから「馬の頭」と名がついた。今でもコンクリートのサイフォンが上原地区70haの水田の灌漑を可能にしている。地区住民は毎年1回成富茂安を顕彰する祭りを行っている。

馬の頭

大黒井堰 ㉗ 〈M▶P. 164, 189〉伊万里市大川町川西
JR筑肥線肥前長野駅🚶10分

唐津藩が僧侶田代可休に命じてつくらせた幅70mもの井堰

JR肥前長野駅で下車して駅前の県道38号線を600mほど南へ歩くと，左手に田代可休の慰霊碑がある。そこからすぐ西側に消防用の倉庫があり，その横から松浦川の東岸に降りて行ける。飛び石を歩き対岸に出ると，そこから大黒井堰がみえる。

大黒井堰

1595（文禄4）年，領主の寺沢志摩守広高が地元の僧侶田代可休に命じて，松浦川左岸の灌漑のため，幅70mもの川を堰き止める井堰を築造させた。石積みの堰は何度も工事の途中で流されたが，可休の提案で中之島を造成し，川を分水するなどの工夫で，40年後の1633（寛永10）年にようやく完成した。だが功労者の可休は領主に対し僭越との理由で斬首となる。住民らは慰霊碑を建ててまつった。現在でも川西地区の水田はこの井堰からの取水で灌漑ができている。

賢勝寺と淀姫神社 ㉘ 〈M▶P. 164, 189〉伊万里市大川町大川野
JR筑肥線肥前長野駅🚶20分

幕領一揆の首謀者を供養する大寄講の寺と，芭蕉塚で有名な神社

JR肥前長野駅前から県道38号線を北へ約800m歩くと右手に賢勝寺（浄土真宗）がみえてくる。この寺院は，大寄講（天領講）で有名である。この寺院を含め，唐津市相知町や厳木町など，旧天領の17の浄土真宗寺院が，毎月持ち回りで東・西本願寺派の別なく法座を開くものである。天保改革の主導者で有名な水野忠邦は唐津藩主であったが，老中への出世をめざし，1818（文政元）年に大川野村ほか44カ村を上知して浜松（現，静岡県）藩主となった。大寄講の由来は，1838（天保9）年におこった松浦幕領一揆で首謀者として牢死した川西村の儀左衛門らの供養のために始まったようである。

唐津焼きの里を歩く

淀姫神社

　賢勝寺の前の市道を南東へ進み，途中で筑肥線の高架下をくぐり700mほど歩くと左手に淀姫神社（祭神与止日女命）がみえてくる。元郷社で河上三社大明神と称していた。1041（長久2）年に松浦党祖源久が獅鬼を退治してこの神社の境内に埋めたという埋牛塚が現在もある。1475（文明7）年に領主源治によって宝殿が再興されるなど，松浦党の崇敬も厚かったようである。1836（天保7）年に建てられた芭蕉塚や文化・文政年間（1804～30）の俳諧連歌の額もある。

大川野宿と日在城跡 ㉙

〈M▶P. 164, 189〉伊万里市大川町大川野
JR筑肥線大川野駅 🚶15分

伊能忠敬『測量日記』にみえる宿場町と波多氏一族鶴田氏の居城

　JR大川野駅を出て南へ少し歩くと県道238号線に出る。そこを右折して400mほど歩くと右手に大川公民館がある。ここに，長崎の聖人といわれた永井隆博士の色紙がある。名産大川梨の絵と「大川の　野山は見ねど　梨の実の　甘きに想う　ゆたかなる里」という短歌が記されている。これは1950（昭和25）年大川中学校3年生の生徒たちが長崎に修学旅行に行った際に，如己堂に暮らす病身の永井博士を訪ね，名産の大川梨を贈った。そのお礼の手紙と色紙が大川公民館に残されているのである。

　大川公民館を出て50m西へ行けば三差路となり，南北に大川野宿が延びている。江戸時代後期，伊能忠敬の『測量日記』には人家55軒，高札場や一の茶屋など藩主の休憩・宿泊施設，さらには問屋場などが記され，本格的な宿場町であったことがわかる。

　大川野宿から北西の方をみると標高210mの城山があり，日在城が築城されていた。城主は鶴田氏で松浦党の雄である波多氏の一族である。

唐津と玄海

Karatsu Genkai

虹の松原

名護屋城跡

①旧唐津銀行本店	⑨谷口古墳	⑱久里双水古墳	㉖名護屋城跡
②唐津城	⑩大村神社	⑲医王寺	㉗旧中尾家住宅
③旧高取家住宅	⑪殿原寺	⑳岸岳城跡	㉘加部島の田島神社
④唐津神社	⑫横田下古墳	㉑鵜殿石仏群	㉙小川島
⑤近松寺	⑬鏡山	㉒獅子城跡	㉚加唐島と松島
⑥菜畑遺跡・末廬館	⑭恵日寺	㉓室園神社の肥前鳥	㉛馬渡島
⑦御茶盌窯跡	⑮鏡神社	居	㉜切木のボタン
⑧旧三菱合資会社唐	⑯葉山尻支石墓群	㉔秀島鼓渓頌徳碑	㉝増田神社
津支店本館	⑰虹の松原	㉕天山神社	㉞東光寺

唐津と玄海

◎唐津市内散歩モデルコース

旧唐津城下コース　　JR筑肥線・唐津線唐津駅_5_高徳寺_2_旧唐津銀行本店_2_三ノ丸辰巳櫓_2_耐恒寮跡_1_曽禰達蔵邸跡_3_時の太鼓・奥村五百子像_5_唐津城登り口_4_唐津城・天守閣_4_唐津城登り口_9_旧高取家住宅_2_埋門ノ館_2_西の門館_2_曳山展示場・唐津神社_5_肥後堀_6_辰野金吾生家跡_4_近松寺_2_浄泰寺_6_JR唐津駅

菜畑遺跡・末盧館コース　　JR筑肥線・唐津線唐津駅_8_桜の馬場遺跡_8_菜畑遺跡・末盧国_8_JR唐津駅

浜玉町の古墳と神社コース　　JR筑肥線浜崎駅_5_谷口古墳_2_大村神社_2_玉島神社・万葉垂綸石公園_2_殿原寺_3_冨田才治碑_7_横田下古墳_3_JR浜崎駅

鏡山周遊コース　　JR筑肥線虹ノ松原駅_1_虹の松原_1_JR虹ノ松原駅_1_鏡山入口_40_鏡山展望台_40_鏡山入口_4_島田塚古墳_4_恵日寺_4_鏡神社_18_葉山尻支石墓_37_大手口バスセンター_5_JR筑肥線・唐津線唐津駅

名護屋城コース　　JR筑肥線・唐津線唐津駅_5_大手口バスセンター_30_旧中尾家住宅_10_龍昌院_8_名護屋城・名護屋城博物館_8_山里丸・広沢寺_8_波戸岬_50_大手口バスセンター_5_JR唐津駅

唐津線コース　　JR筑肥線・唐津線山本駅_1_久里双水古墳_1_JR山本駅_5_JR唐津線本牟田部駅_20_医王寺_20_JR本牟田部駅_5_JR唐津線相知駅_7_鵜殿石仏群_7_JR相知駅_5_JR唐津線厳木駅_5_(乗合タクシー)獅子城_5_鶴田神社_40_室園神社_2_秀島鼓渓頌徳碑_15_天山神社_15_秀島鼓渓頌徳碑_3_JR厳木駅

玄海〜肥前コース　　JR筑肥線・唐津線唐津駅_5_大手口バスセンター_28_東光寺_14_杵島炭鉱大鶴鉱業所第2坑口_3_にあんちゃんの里・鶴の岩屋_14_増田神社_8_アコウ自生北限地帯_30_切木ボタン_21_大手口バスセンター_5_JR唐津駅

唐津城下 ①

近世以降，寺沢・大久保・松平・土井・水野・小笠原の各氏が居城とした城下町。11月は唐津くんちで賑わう。

旧 唐津銀行本店 ❶
0955-70-1717
〈M ▶ P. 196, 199〉唐津市本町1513-15
JR筑肥線・唐津線唐津駅 🚶 7分

当時の目抜き通りに面した辰野式の銀行

　JR唐津駅北口右側の駐車場前を北に進むと，京町アーケードがある。アーケード内の最初の角を右折して100mほど行くと，右側に高徳寺(浄土真宗)がある。愛国婦人会創始者奥村五百子の生まれた所である。彼女は兄円心や父了寛とともに尊王攘夷運動に奔走し，20歳のとき男装して長州(現，山口県)との連絡係をつとめたほどの男勝りの女性であった。明治時代になってからは北清事変に従軍し，戦場の悲惨さの体験から，傷病兵看護・遺族保護を目的とした愛国婦人会を設立した。

　高徳寺を過ぎ，つぎの路地を左折して北進すると，つぎの角に赤レンガ造りの西洋建築物がみえる。1912(明治45)年に建設された旧唐津銀行本店である。この建物は1885(明治18)年，大石町に唐津銀行を創業していた頭取大島小太郎が，現在地に本店を移転する際，唐津藩校時代の同級生辰野金吾に依頼し，東京駅建設中の辰野が弟子田中実に設計を任せ，監修したものである。地下1階・地上2階建てで，外壁には当時最新の建築材であったレンガが使用されている。赤いレンガを白い御影石の縁取りで強調し，屋上部にドームや尖塔が載るのが辰野式の特徴である。

旧唐津銀行本店

　この本店が誕生した頃の唐津は，佐賀県内の豊富な石炭資源の積出港としておおいに栄えていた。竣工当時は唐津市の目抜き通りに面した建物であった。しかし，1953(昭和28)年に国道204号線が北

唐津と玄海

側に開通してからは交通量が減り，裏通りのようになってしまった。この建物は，合併によって，佐賀銀行唐津支店として，1955年から1997(平成9)年3月まで利用された。のち，唐津市に寄贈された。唐津市は創建当時の姿に復元し，2011年3月から一般公開している。

唐津城 ❷
0955-72-5697

〈M ▶ P.196〉唐津市東城内8-1 P
JR筑肥線・唐津線唐津駅 🚶 25分，または 🚌 唐津市内循環(東コース)唐津城入口 🚶 4分

流れを移した松浦川　昭和時代にできた天守閣

　旧唐津銀行本店の横を北に約50m行き，国道204号線を右折すると，徒歩約2分で三ノ丸辰巳櫓に着く。唐津城三ノ丸の辰巳(南東)を防御するために築かれた櫓であり，1871(明治4)年の廃藩置県で破却されていたが，1992(平成4)年に復元された。

　ここから北の方角に天守閣がみえる。この場所から東に，大きく松浦川河口が広がっていたことが，江戸時代の絵図に描かれている。

　この絵図からは，先ほど訪れた旧唐津銀行本店は三ノ丸の南側の堀(柳堀)を埋め立てた場所に建設されていることがわかる。

　三ノ丸辰巳櫓から国道204号線をもときた方角(西)へ行き，大名

唐津城下　199

小路交差点で国道を横断して大名小路に入り、約100m進むと、歩道の端に藩の英学校であった耐恒寮跡(当初)の標識がある。この耐恒寮は1870(明治3)年に新設されたものであり、辰野金吾や曽禰達蔵らが英語教師高橋是清から教えを受けた場所である。

耐恒寮跡を通り過ぎて約1分歩くと、道路の向かい側のデパート駐車場角に曽禰達蔵邸跡の標識がある。

さらに大名小路を北上すると、約3分で県道279号線との城内二の門交差点に出る。横断歩道を渡った正面に1991(平成3)年に新設された時の太鼓がある。時の太鼓は江戸時代には唐津神社の東隣に位置していたものである。この交差点の緑地帯には奥村五百子の銅像もある。この交差点のすぐ東側には二ノ丸と三ノ丸とを分ける堀である二ノ門堀がある。この二ノ門堀は薩摩堀ともよばれ、唐津城築城以前の松浦川の流路を利用したものである。

この交差点から県道279号線を東に進むと、約5分で天守閣への登り口に着く。途中にある早稲田佐賀中学校・高等学校校舎のある場所は江戸時代に唐津城御殿のあった場所で、同校体育館付近は、1871年に焼失した耐恒寮が移転した場所である。

唐津城は寺沢広高が、唐津湾に面した小高い満島山に、1602(慶長7)年から着工し、名護屋城の資材も使って、1608年に完成させた城である。このとき、九州諸大名の助力を受けたことが、肥後堀(現在は復元)・薩摩堀(現、二ノ門堀)・佐賀藩・柳川藩が担当した柳堀などの名が残っていることでわかる。

唐津城古絵図を模した陶器製案内板

寺沢広高は豊臣秀吉の側近で、波多親改易後は代官として、のちには唐津藩主として上松浦地方を支配した。唐津城は西の松原・虹の松原を鶴翼に見立てて舞鶴城ともいわれている。

松浦川と唐津城

　本丸には，天守台はあったが天守閣は江戸時代を通じてつくられなかった。1966(昭和41)年に伏見城を模倣した天守閣がつくられた。天守閣の内部は，郷土資料館として藩政期の資料などが展示してある。

　現在，本丸の石垣は修復工事とそれにともなう文化財調査が行われており，2009年6月には，本丸東部の石垣の裏側全域から，豊臣秀吉が建物に使ったとされる，名護屋城跡で出土した瓦片と同一の文様が入った金箔瓦を含む瓦片が約1000点出土した。この出土品は唐津城が名護屋城の解体資材を使って建てられたとされる通説を裏づけるものとなった。石垣修復工事は2021年度に完成予定である。天守閣へは通常通り入場可能である。

　城の防御は，北に玄界灘，東は松浦川の流路をかえて河口を開き，防御とともに舟運の便を図った。西は二の門の内堀，さらに町田川の水路を利用して外堀とした。

　城郭造営と並行して城下の町割も行われた。大手門(現，大手口交差点付近)前の東西南北に走る規則正しい道路に沿って内町がつくられ，町田川の札の辻番所を境として内町と外町に分けられた。築城当時の内町は，刀・米屋・呉服・八百屋・本・紺屋・中・木綿・京，外町は魚屋・大石・材木の12町であった。とくに材木町は船着場として栄えた。のちに内町に平野・新，外町に塩屋・東裏の4町が加えられた。

　東の和多田口(現，十人町付近)には，竜源寺(曹洞宗)・養福寺(浄土宗)・来迎寺(浄土宗)などの東寺町，西からの名護屋口西には近松寺(臨済宗)を始めとする西寺町があり，寺院が非常時の防御拠点とされた。南の町田口(現，唐津駅付近)があり，札の辻・名護屋口とともに番所が設けられた。

　松浦川河口には，満島と新堀に船番所が設けられ，船宮役所には船手の者をおき，唐津藩水軍が常駐していた。

旧高取家住宅 ❸
0955-75-0289

〈M ▶ P.196, 199〉 唐津市北城内5-40 P
JR筑肥線・唐津線唐津駅🚶20分，または🚌唐津市内循環（東コース）城内二の門🚶5分

石炭王の迎賓館
能舞台や芸術的な建具類

　天守閣への登り口から北へ塀伝いに約1分歩くと，塀の角に「石垣の道」と名づけられた散策路へ降りる階段がある。左側に石垣をみながら6分ほど西に歩くと，二ノ門堀が左前方にみえてくる。二ノ門堀を左手にみながら2分ほど直進すると，右側に敷地面積約2300坪の旧高取家住宅（国重文）の門がある。杵島炭鉱などを経営して肥前の炭鉱王といわれた高取伊好が，1904（明治37）年に建てた一部洋風の建物である。中庭を囲むように配置された家屋の延べ面積は約300坪である。

　迎賓館的な役割をはたした大広間棟と，居住空間としての居室棟からなり，伊好が能を好み，文化・芸術への造詣が深かったこともあって，能舞台のほか，欄間・杉戸絵などの芸術的な建具類も多い。また，海岸沿いに立っているので，海遊びを楽しんだ後，そのまま風呂場に入れるような工夫もしてある。1997（平成9）年まで高取家が実際に暮らしていた。

　旧高取家住宅を出て，西側に少し進むと埋門の石垣がある。ほとんどの藩士が住んでいた三ノ丸から，海岸へ出るための門であった。

　ここからさらに西に進み，石垣を左にみながら細い道を行くと丁字路に出る。そこを左折し，三ノ丸西側の石垣がつきる所まで進む。この地点が西ノ門跡である。藩主交代のとき，旧藩主たちの出口になった門である。西ノ門跡をみた後，道路沿いに東に進むと西ノ門館がある。1994（平成6）年に江戸時代の武家屋敷を模して，出土文

旧高取家住宅

化財を管理する施設として建設されたものである。

唐津神社 ④
0955-72-2264
〈M ▶ P. 196, 199〉唐津市南城内3-13 P
JR筑肥線・唐津線唐津駅 🚶10分

唐津っ子の産土神秋季例大祭が唐津くんち

　西ノ門館前を南に進むと，左に旧唐津藩藩校中門がある。この門は1801(享和元)年に水野氏の藩校経誼館として建築されたものを，小笠原氏が文政年間(1818～29)に設立した藩校志道館中門として使用していたものである。門の表の鬼瓦は小笠原氏の家紋，裏の鬼瓦は水野氏の家紋になっている。そのまま進むと唐津神社がある。
　唐津神社は奈良時代の建立といわれる神社で，一宮に住吉三神(底筒男命・中筒男命・表筒男命)，二宮に神田宗次をまつっている。奈良時代，この方の豪族だった神田宗次をたたえて，1186(文治2)年に宗次の子孫広が，社殿を建立し宗次の霊を合祀したという。江戸時代は唐津城内にあったが，祭礼には開放されて賑わった。豊穣の秋祭り唐津くんちは，現在は11月2～4日に行われる。2日は宵曳山である。曳山(県民俗)は唐津神社西向かいの曳山展示場に14台が展示されている。

　唐津神社の約200m南，唐津市役所前には1989(平成元)年に復元された肥後堀がある。肥後堀を過ぎ，市役所正面の国道204号線を西に行き，坊主町交差点を過ぎて50mほど行くと，左側に辰野金吾生誕地跡の標識が立っている。ここまで約7分である。生誕地跡から坊主町交差点に戻り，右折すれば3分で近松寺に着く。

唐津神社

近松寺 ⑤
0955-72-3597
〈M ▶ P. 196, 199〉唐津市西寺町511-1 P
JR筑肥線・唐津線唐津駅 🚶10分

　近松寺(臨済宗)は，1302(乾元元)年創立と伝えられている。天文年間(1532～55)の後半に岸岳城主波多親が唐津城三ノ丸辺りに再建していたが，1574(天正2)年以降は荒廃していたという。1598

近松寺

歴代唐津藩主の菩提寺
名護屋城一ノ門を移設

（慶長3）年に唐津領主寺沢広高が現在の場所に再建し、菩提寺とした。また、1818（文政元）年からは唐津藩主小笠原氏の菩提寺ともなった。本尊は釈迦如来像である。山門は名護屋城中の門を1598年に移築したものである。境内には島原・天草一揆（1637〜38年）当時、天草の領主でもあった唐津藩寺沢家2代目藩主堅高の墓、唐津藩小笠原家4代目藩主長和の墓、江戸時代の浄瑠璃作家近松門左衛門のものといわれる遺髪塚、織部灯籠3基、名護屋城で使った馬の水桶（石製）、豊臣秀吉の御伽衆曽呂利新左衛門作といわれている庭園がある。また、小笠原家より寄贈された、第2次長州征討の際、江戸幕府14代将軍徳川家茂から老中小笠原長行に全権を与える「家茂公親筆」などの歴史的な品々が展示してある小笠原記念館も寺内にある。

近松寺山門入口から東へ50mほど歩くと、南北に走る細い路地と交差する。そのまま直進すれば、約3分で浄泰寺に着く。

浄泰寺（浄土宗）は1574年に唐津地方を治めていた岸岳城主波多親が神田村山口（現在の神田山口）に清凉坊を建立したことに始まり、江戸時代になり寺沢広高が父広正をまつるために現在地に移し、寺号を父の法名にちなんで浄泰寺とした。本尊は阿弥陀如来像である。この寺には1677（延宝5）年狩野宗信作の2幅の絵「地獄極楽図」がある。この絵図は、毎年8月16日の「えんま祭」で、閻魔堂内部とともに公開されている。

浄泰寺から東に進み、県道236号線に出て右折すれば、唐津駅北口前の曳山赤獅子像がみえる。この像は日本一大きな唐津焼である。

菜畑遺跡・末盧館 ❻
0955-73-3673

〈M ▶ P. 196, 199〉唐津市菜畑3359-2
JR筑肥線・唐津線唐津駅🚶15分、または🚌市内循環（西コース）末盧館前🚶1分

JR唐津駅北口から、JR唐津線の高架に沿って西に約330m進み、

日本最初の稲作発祥地　末盧国王墓桜馬場遺跡

県道33号線を渡る。そこから北に約50m進み左折して住宅街に入る。西に70mほど進むと四差路の角に公園があり、桜馬場遺跡(さくらのばば)の説明板がある。唐津駅からこの場所まで徒歩約8分である。

桜馬場遺跡は、弥生時代中期から後期の甕棺墓地(かめかん)である。1944(昭和19)年、防空壕構築中に偶然発見された甕棺に、方格四神鏡(ほうかくししんきょう)1面・方格渦文鏡(かもん)1面・有鈎釧形銅製品(ゆうこうくしろがた)26個・巴形銅器(ともえがた)3個などの出土品(肥前唐津桜馬場出土品、国重文)が副葬してあった。

1955年に発掘調査が行われ、これらの副葬品を納めていた甕棺が後期初頭のものと判断された。調査後、甕棺はすぐに埋め戻され、敷地内が宅地になったため、遺跡の正確な位置がわからなくなっていた。2007(平成19)年、再調査が行われ、甕棺の位置を特定するとともに、当時の最高権力者が所持していた素環頭大刀片(そかんとうたち)も出土したので、桜馬場遺跡に埋葬された人物が末盧国の王であることが確認された。

桜馬場遺跡から西に約50m進み、四つ角を左折し唐津線の高架下を通り抜け、熊の原児童公園(くま・はら)の横を南に進むと、バス通りに出る。この交差点を右折すると突き当りに、菜畑遺跡(国史跡)・末盧館がある。1979年に発見された菜畑遺跡(たんかまい)は、炭化米や木製農具、水田跡の畔や矢板(あぜ・やいた)などが発見された。炭化米や木製農具が出土した最下層の水田跡から、縄文時代晩期後半の土器が発見されたことから、菜畑が日本最初の稲作発祥地であることが証明された。

同遺跡では、ブタの骨や漁具も出土している。この地点は、当時の海岸線近くであったので、小規模な水稲栽培や漁労をしながら、ブタを家畜として飼育していたことが判明している。

高床倉庫風(たかゆか)の末盧館には、菜畑遺跡の出土品や日本最初の稲作跡水田の模型などが展示してある。館の外には、水田跡、竪穴住居(たてあな)など

復元された田(菜畑遺跡)と末盧館

唐津城下　205

が復元されている。

御茶盌窯跡 ❼
0955-72-8171(中里太郎右衛門陶房)
〈M ▶ P. 196, 199〉 唐津市町田5-1324 P
JR筑肥線・唐津線唐津駅🚶7分

江戸時代作業の窯跡
古唐津焼・唐津焼の展示

　JR唐津駅南口から駅前通りを南に約150m進み、町田大橋を渡って左折する。町田川に沿って東に約250m進むと、右側に陶タイル道のお茶碗窯通りの入口がある。陶タイル道を南に進むと、唐津焼中里太郎右衛門陶房がある。

　ここでは唐津焼の購入や、敷地内にある太郎右衛門陶房陳列館で唐津焼を見学できる。13代・14代中里太郎右衛門の作品のほか、室町時代の岸岳城の麓飯洞甕下窯で焼かれた茶盌、御茶盌窯で焼かれた献上唐津皿などが展示してある。その近くには御茶盌窯跡(肥前陶器窯跡として国史跡)がある。

　唐津焼は、昔から茶の湯の世界では、「一井戸、二楽、三唐津」と称して珍重されている。井戸とは、朝鮮産の抹茶茶碗の一種、井戸茶碗のこと。楽とは、豊臣秀吉から「楽」の印を与えられた、楽焼茶碗のことである。

　唐津焼の起源については諸説あるが、岸岳城主波多氏の保護のもと、16世紀後半に築窯された帆柱窯・飯洞甕窯などで、日用雑器として焼かれた古唐津を起源とする説が一般的である。しかし、いわゆる「唐津物」の名で全国に知られるようになるのは、文禄・慶長の役(1592・97年)によって朝鮮から多くの陶工が来住してからである。

御茶盌窯跡

　1615(元和元)年、唐津藩初代藩主寺沢広高は、初代中里又七ら3人を唐津藩御用焼物師と決めるとともに、椎峰上窯(現、伊万里市南波多町府招)を御用窯として、1年1回茶器を献上させた。

唐津くんち

コラム
行

曳山は漆の一閑張り
御旅所での曳き込みは圧巻

唐津くんちの曳山行事(国民俗)は，11月2日の宵曳山に始まり，3日には唐津神社の神輿を先頭に御旅所神幸と町廻り，4日には町廻りが行われる。江戸時代の町火消し装束をいまに伝えるいなせな法被姿の曳子が，曳山囃子の鉦・笛・太鼓の音と，「エンヤー，エンヤー」のかけ声にあわせて14台の唐津曳山(県民俗)を曳く姿は勇壮である。とくに御旅所のある西の浜での曳き込みは圧巻である。なお唐津の人びとは，くんちに多くの人を接待し「三月倒れ」といわれるように，3カ月分の収入をあてるという。

唐津神社の縁起によると，755(天平勝宝7)年9月29日に，西の浜で唐津の豪族神田宗次が，神功皇后の宝鏡を得たのにちなんで神祭日と定め，西の浜御旅所まで神幸が行われるという。

1913(大正2)年より10月29日，1968(昭和43)年から御旅所神幸は11月3日，町廻りは11月4日に変更された。

神幸に供奉する曳山は，刀町の木彫師石崎嘉兵衛が伊勢参りの帰途に京都でみた祇園山笠を参考に，1819(文政2)年に同士とともに赤獅子を制作し，唐津神社へ奉納したのが最初である。それ以来，1845(弘化2)年に魚屋町の鯛，最後に1876(明治9)年に水主町の鯱と江川町の七宝丸の15台がつくられた。紺屋町の黒獅子が明治時代中期に破損したので，現在は14台である。

曳山は木組みの上に和紙を数百回張り重ね，漆を塗った漆の一閑張りである。車に乗った曳山は支柱によって高さが3段階に上下(赤獅子は高さ6.3～3.7m)する。これは，唐津神社が城内にあるという事情から，大手門を通過するための工夫である。江戸時代には，9月27日から29日までは大手門の出入りは自由となり，唐津神社前の広場で店を出すことも自由であった。

唐津くんちの曳山行事

これが献上唐津の始まりである。1707(宝永4)年，4代中里太郎右衛門らは藩命によって，城下の坊主町に移り，新しく御用窯を築いた。しかし，海風が強く焼成には不適当であった。1734(享保19)年には，藩命によって坊主町より唐人町(現，町田5丁目)に窯を移した。いわゆる御茶盌窯である。これ以降，1870(明治3)年

に廃止されるまで，御用窯として使用された。

　12代中里太郎右衛門（無庵）らがすぐれた技術で伝統を保持したことにより，現在では多くの窯元が技を競っている。御用窯の使命を終えた御茶盌窯は，中里家によって大正年間(1912～26)まで使用された。現在残っている御茶盌窯跡は保存状態もよく，長さ27.5m，焼成室が7室+αある連房式登窯である。

旧 三菱合資会社唐津支店本館 ❽

0955-72-9171（唐津市教育委員会生涯学習文化財課）
〈M▶P.196, 199〉唐津市海岸通7181
JR筑肥線・唐津線西唐津駅 大 15分

石炭積出で繁栄した西唐津港の象徴

　JR西唐津駅前の国道204号線を北西に450mほど進み，大島通り交差点を右折する。約350m先の魚市場入口交差点を左折すると，300mほど先の右側に，標識がある。そこを右折すると正面に，木造，ベランダ付き総2階建て入母屋造で，玄関上のとんがり帽子のような塔屋根が印象的な旧三菱合資会社唐津支店本館（県重文）がみえる。同館は，西唐津港が石炭積出港として繁栄していた，1908（明治41）年に三菱合資会社長崎支店唐津出張所として建設された。設計は三菱丸ノ内建築事務所である。三菱の建築顧問は，唐津出身の曽禰達蔵であったので，設計を指導したと考えられる。

　三菱合資会社は，1911年までに，佐賀県最大の芳谷炭鉱を始め，県内ほとんどの炭鉱を買収した。これらの炭鉱から掘り出された石炭のほとんどが，西唐津港から各地に運ばれたので，その対応で唐津出張所は活況を呈した。その後，名称は1918（大正7）年に三菱商事唐津支店，1924年に三菱鉱業唐津出張所と変化したが，唐津の炭田産業の中心的役割をはたし，その繁栄は1920年代まで続いた。しかし，佐賀の石炭経営は，福岡県の三池炭鉱などの大規模経営に対抗できず，1934（昭和9）年に，唐津出張所は閉鎖された。

旧三菱合資会社唐津支店本館

曽禰・辰野らを育てた高橋是清

コラム 人

唐津で教師、高橋是清
明治時代の代表的建築家2人

　1870(明治3)年, 唐津藩は藩校志道館から漢学部・医学部・洋学部を独立させ, 財源は藩政時代からの紙専売の利益金から賄うことにした。漢学部は志道館を継承し, 医学部は1836(天保7)年橘葉医学館を継承した。しかし, 他の2学部と違い, 洋学部は新設であったので英語教師探しは難渋した。

　このとき, 1871年に英語教師として唐津に迎えられたのが数え年18歳の高橋是清である。高橋には唐津藩知藩事小笠原長国の月収30円に対し, 100円が支払われた。

　高橋の赴任後, 大名小路の士族邸を修繕して英学寮耐恒寮とし, 本格的な授業が行われた。高橋は耐恒寮に集まった50人ほどの生徒に, 英語を教え, 教室での日本語使用を禁止した。この教室には, 曽禰達蔵・辰野金吾・天野為之らがいた。高橋と辰野が同い年, 曽禰が2つ歳上と同世代であるから, ともに学び, 呑み, 遊んでいる。高橋は唐津に赴任後は従来にまして酒を飲むようになり, 毎日平均3升ずつは飲んでいた。1871年の大晦日から正月5日までは学生2人と捕鯨で有名な小川島に渡り, 捕れたばかりの鯨を肴に大酒を飲んだと述懐している。

　1871年に英学塾が放火で焼失した。このとき高橋は, 廃藩置県によって, 東京への引越しが決まった長国に直談判し, 唐津城御殿に耐恒寮を移転する許可を得た。

　高橋は1872年に, 東京に戻っているので, 唐津滞在は1年数カ月であった。同年の耐恒寮閉鎖とともに, 曽禰・辰野も上京し, 1873年にあらたに設立された工部省工学寮に, 2人は入学した。1879年, 工学寮から改称した工部大学校を卒業した。造家学(建築学の旧称)科卒業生4人のうち, 2人が唐津出身の曽禰・辰野だったことは特筆すべきことである。

　のち, 2人は日本を代表する建築家になった。曽禰の代表作は, 旧三菱銀行神戸支店・三菱重工業長崎造船所占勝閣など, 辰野の代表作は, 日本銀行本店・東京駅・武雄温泉新館及び楼門(国重文)などである。

　その後は, 唐津海員学校校舎, 唐津海上保安部庁舎などに利用された。三菱から寄贈を受けた唐津市が, 1979年から唐津市歴史民俗資料館として, 建築家曽禰達蔵と辰野金吾, 唐津炭田積出港としての唐津港の歴史などについて展示していたが, 現在は休館中である。

鏡山周辺

❷

鏡山からの眺望を楽しみ，虹の松原散策で心癒される場所。古代に関する遺跡・寺社・伝承も多い。

谷口古墳 ❾
0955-53-7105(唐津市浜玉支所産業課)

〈M ▶ P. 196, 211〉唐津市浜玉町 谷口字立中866-2 Ⓟ
JR筑肥線浜崎駅🚗(乗合タクシー)平原線東回り・東山田線東回り谷口🚶2分，または浜崎駅🚗3分

最古の竪穴系横口式石室出土品は東京国立博物館に寄託

　谷口古墳はJR浜崎駅の東北2kmにある。浜崎駅から出ている浜玉町が運営する乗合タクシーは1日4便なので，車の利用が便利である。浜崎駅前を北に約50m進み，県道40号線との交差点に出る。ここを右折して，蝮除けで有名な諏訪神社(祭神建御名方神・八坂刀売神・諏訪前命)を左手にみながら約750m進む。踏切を越えて浜玉中前交差点を直進し，150mほど過ぎた所で左折し約500m北上すると玉島川に架かる黒田橋がある。その橋を渡り，右折して南東に約450m進むと西九州自動車道の高架がある。高架から約250mの所に立つ「谷口地区」の看板の柱の下の方に小さく左折「谷口古墳」と直進「大村神社」の案内板がある。その交差点から100m余りで乗合タクシー谷口停留所がある。正面には谷口古墳のある小山があり，道が左右に分かれている。左手に50mほど行くと駐車場がある。その駐車場から階段を60段ほどのぼれば古墳の前方後円墳のくびれの部分に出る。

　谷口古墳(国史跡)は，玉島川の北方にある城山(377m)の南西麓に4世紀末に築かれた，周溝のない全長77mの前方後円墳である。後円部に東西2室ある石室は，従来，竪穴式石室とされていたが，1989(平成元)年の調査で石室への入口が竪穴から横口へ移行する竪穴系横口式石室の最古の例であることが判明した。石室の天井部は

谷口古墳

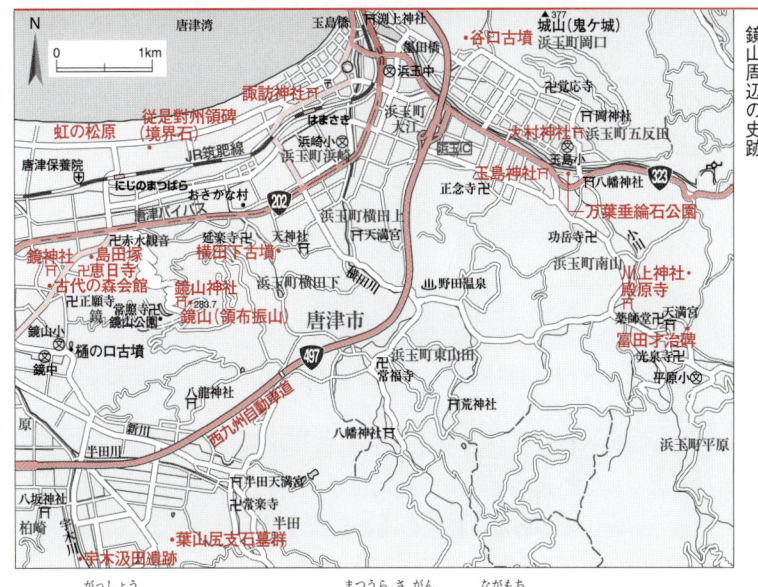

特異な合掌式である。両室とも松浦砂岩製の長持形石棺を納める。

以前、地上におかれていた西石室の長持形石棺は、傷みが激しいため埋め戻され、古墳東側にある谷口公民館横に複製が展示されている。三角縁三神三獣帯鏡ほか、鏡7面・勾玉7個・石釧11個・管玉292個・剣身2口分などの出土品は、東京国立博物館に寄託されている。この城山は、中世から近世初期に草野氏の鬼ヶ城として利用された。

大村神社 ⑩
0955-56-6669

〈M▶P.196, 211〉唐津市浜玉町五反田219 Ｐ
JR筑肥線浜崎駅🚕(乗合タクシー)平原線東回り・東山田線東回り玉島小学校前🚶すぐ、または浜崎駅🚗5分

吉備真備が創建 藤原広嗣をまつる神社

谷口古墳から「谷口地区」の看板まで戻り、案内板の示す「大村神社」方面に約1.7km進むと大村神社(祭神藤原広嗣)に着く。駐車場は鳥居の前30mほどの市立玉島小学校の横に設けられている。広嗣は、740(天平12)年に橘諸兄政権を補佐する吉備真備と玄昉の排除を求めて大宰府で挙兵した。しかし、失敗し、長崎の五島列島に逃亡したところを捕らえられ、この地で斬首された。その藤原広嗣の霊を弔うために、肥前守に任じられた吉備真備が寺を建立したことに始まるとされている。その寺は、寺伝では無怨寺、

大村神社

『類聚三代格』では弥勒知識寺と記されている。さらに，1868(明治元)年の神仏分離令によって，大村神社と改称された。鳥居を背後に直進し，玉島川を渡り，交差点を右折し，国道323号線との玉島交差点に出ると，右手に玉島神社，左手に万葉垂綸石公園がみえる。

<u>玉島神社</u>(祭神息長足姫命〈神功皇后〉)は，神功皇后が新羅出兵の際，戦勝を占った場所であり，欽明天皇の時代に大伴狭手彦が建てたとの言い伝えがある。拝殿の西側に茂っているタケは，神功皇后が占いのため釣りをした釣竿竹を挿して根づいたものといわれている。神功皇后が妊娠中でありながら出陣した故事に倣って，妊婦にこのササの葉を煎じて飲ませ，安産を祈るという。

<u>万葉垂綸石公園</u>は，玉島神社鳥居付近にあった垂綸石を玉島川と平原川の合流地に移して，2009(平成21)年に整備された公園である。垂綸石は，神功皇后が新羅出兵の勝利を占う釣りをしたときに立った石といわれている。記紀(『古事記』『日本書紀』)などによると，神功皇后が新羅出兵の際，玉島川の畔で食事をしたとき，岩の下に群がるアユをみて，縫針を曲げて釣り針をつくり，飯粒を餌とし，裳裾の糸を釣り糸として，川中の石の上にあがり，釣針を投げて，「このたびの戦われに勝利あらば，この針を呑め，われに利なければ呑むなかれ」と戦勝を占ったことが記されている。

また，このときアユを釣りあげ「珍しきもの」(梅豆羅)といったことから，これが訛って松浦になったという地名の由来がある。

万葉垂綸石公園を左手にみて，国道323号線を玉島川に沿って約2.5km遡って唐津市七山に入る。七山は唐津市の東部に位置し，その名のとおり，多くの山に囲まれた所である。七山の由来は，当地にまつられる「鳴神」という神の名が転じたという説と滝川村ほか7カ村と称したためとの説がある。

観音の滝

　市立七山小中学校を過ぎ，橋の手前を左折し，北東に約700m進むと，野井原上組の水車（県民俗）がある。この水車は，玉島川の支流野井原川の水を利用し，水輪は直径3.4m・幅0.74mである。この水車は，いわゆる寄合車であり，野井原上組水車利用組合によって維持管理され，今も，精米・製粉に利用されている。

　先ほど左折した所に戻り，左折してすぐの橋を渡り，国道323号線の滝川交差点に出る。この交差点から南へ向かう県道278号線に入り，滝川沿いに車で5分ほど坂をのぼると，右手に広がる緑の間に，白く輝く滝がみえてくる。これが観音の滝である。その荘厳な美しさから，日本の滝百選にも選ばれる景勝地である。

　8つの滝と淵で構成される渓谷に沿って，遊歩道も設けられている。毎年8月第3日曜日には，この滝周辺の渓谷を遡る「国際渓流滝登りinななやま」が行われる。また，豊臣秀吉の側室広沢局が，鳴神山福聚院に祈願し，滝の水で目を洗ったところ，眼病が治ったという。以来，福聚院は眼病に利益がある観音として，多くの人が訪れている。

　観音の滝からさらに車で約10分のぼれば，樫原湿原に至る。標高600mに位置するこの湿原は，九州有数の湿原動植物の宝庫であり，1976（昭和51）年に佐賀県の自然環境保全地区に指定された。2001（平成13）年には日本の重要湿地500に選定され，ここには旧七山村花であったサギソウなどや，日本一小さいハッチョウトンボなどが生息している。

　国道323号線に戻り，車で約8分のぼると，馬川バス停がある。右折して細い道を進むと，右側に宗吾霊廟がみえる。江戸時代の義民佐倉宗吾の偉業を偲び，明治時代にこの場所に分霊されたものである。分霊時に植えられた藤棚は，初夏に美しい花を咲かせる。

鏡山周辺

殿原寺 ❶
0955-53-7105(唐津市浜玉支所産業課)

〈M▶P. 196, 211〉唐津市浜玉町平原座主1085
JR筑肥線浜崎駅🚖（乗合タクシー）平原線東回り・東山田線東回り座主🚶2分、または浜崎駅🚖7分

松浦佐用姫生誕の地 観世音菩薩立像6体

　JR浜崎駅から東へ約1.4km行き、国道323号線を南東に進み、玉島神社を過ぎてから、右に折れて県道306号線を平原方面に約1km進むと、座主に川上神社（旧河上権現、祭神速玉之男命・事解玉之男命・伊弉諾命）がある。この神社の一隅に河上山殿原寺がある。

　殿原寺は、537年に百済救援のため出陣した大伴狭手彦との別れを嘆き、病に倒れ亡くなった松浦佐用姫を弔うために、両親がツバキの木で姫の姿を写した聖観音像をつくり、堂を建てたことに始まる。平安時代初期にここに真言宗の修験道場が設けられて殿原寺と称し、平安時代後期から室町時代にかけて繁栄をきわめた。1574（天正2）年、佐賀の龍造寺隆信の鬼ヶ城主草野鎮永攻めにともなう平原の合戦で殿原寺は焼失した。焼け残った仏像は川上神社の一隅に移され、住民によって殿原寺としてまつられることになった。

　境内の観音堂には、平安時代後期につくられた木造観世音菩薩立像6体（5体は県重文、伝聖観音像は附指定）がある。仏像は正面の厨子の左に3体、右に2体ある。正面の厨子に安置されている伝聖観音像は、佐用姫観音または根木観音とよばれ、秘仏として60年ごとに開帳され、安産と縁結びや子どもの夜泣きにご利益があると信じられている。

　平原は1771（明和8）年におこった虹の松原一揆の指導者冨田才治が大庄屋として住んでいた村で、この神社の北約2kmには、虹の松原一揆の責めを負って刑死した才治を悼んでつくられた冨田才治碑もある。市立平原小学校がみえる所まで進むと、左側に「冨田

殿原寺

松浦佐用姫伝説

コラム

万葉歌人も詠んだ悲恋物語 悲しみのあまり石になる

　537年に百済救援のため，松浦の地にやってきた，ヤマト政権の実力者大伴金村の2男大伴狭手彦は，軍勢を整えるためにこの地にとどまった。

　その間，松浦郡篠原(現，唐津市厳木町瀬戸木場)に住む佐用姫(弟日姫子)と恋仲になった。やがて狭手彦が出帆する日，佐用姫は鏡山にのぼり，遠ざかる船に向かって領巾を必死に打ち振った。その故事から鏡山を領巾振山とよぶようになったと，『肥前国風土記』に記されている。その他，佐用姫の出自については，浜玉町平原の座主の長者の娘という説や，七山村藤川の芝原で生まれたという説もある。

　そして，狭手彦との別離に悲しむ佐用姫のもとに，狭手彦の姿をした若者が訪れ，契りを交した。毎夜訪れる男に疑いをもち始めた佐用姫は，3日目の夜明け，男の衣の裾に糸を結び，侍女と一緒に跡をつけてみると，鏡山山頂の池の畔に頭はヘビで体が人間の魔物が横たわっていた。佐用姫は気絶したが，侍女は救いを求めて山をくだり，村人とともに戻ってみると，1つの白骨が池の底に沈んでいた。人びとはその白骨を佐用姫と思い，鏡山の南の麓に葬ったと記されている。

　しかし，現在伝わっている佐用姫伝説は，この話ではない。鏡山から後の話には諸説あるが，よく知られているものは，つぎのようなものである。

　船が遠ざかるにつれ，狭手彦を慕うあまり船を追って山を駆け降りた佐用姫は，松浦川を一気に飛び渡り，川岸の岩(現，唐津市和多田の佐用姫岩)に飛び移った。遠ざかる船をさらに追う佐用姫は，濡れた衣を途中で乾かした(現，唐津市西唐津の衣干山)。呼子まで追いかけ，最後に加部島の天童山(現，天童岳)にのぼって，狭手彦の船の影を探したが，船の姿はみえず，佐用姫は悲しみのあまり7日7晩泣き明かし，とうとう石になってしまった。現在，加部島にある田島神社境内の佐用姫神社にまつられている望夫石が，この石だといわれている。

才治碑0.2km」の案内板がある。

横田下古墳 ⑫

0955-53-7105(唐津市浜玉支所産業課)

〈M▶P.196, 211〉唐津市浜玉町横田下字西の谷743　Ｐ
JR筑肥線浜崎駅🚖(乗合タクシー)平原線・東山田線西回り山附🚶9分

筒型銅器が出土 壁面全体に赤色顔料

　JR浜崎駅前を北に約50m進み，県道40号線との浜崎四ツ角交差点に出る。ここを左折し踏切を越えてから約600m南進すると浜玉

鏡山周辺　215

横田下古墳

町干居交差点に出る。この交差点を300mほど直進すると、古墳への標識がある。標識に従って約700m進むと、鏡山の北東の山麓に横田下古墳(国史跡)がある。

この古墳は、5世紀前半から中頃につくられた直径30mの円墳で、内部に横穴式石室があり、日本における初期の横穴式石室として重要な位置を占めるものである。石室は羨道・玄室からなり、側壁は扁平な切石の平積みで、壁面全体に赤色顔料が塗られている。南に開口している羨道部分は、1枚の板石によって閉鎖されている。現在の開口部は、西側から羨道の横に開けられたものである。玄室内には3個の石棺があり、計8体の人骨があった。銅鏡2面、直刀、鉄鏃などのほかに、九州ではほかに例のない筒形銅器(横田下古墳出土遺物として県重文)が出土している。

鏡山 ⑬

0955-72-9171(唐津市教育委員会生涯学習文化財課)

〈M▶P. 196, 211〉唐津市 鏡 P
JR筑肥線虹ノ松原駅🚃七山経由細川行鏡山入口🚶40分、またはJR虹ノ松原駅🚶50分

眺望が素晴らしい鏡山
松浦佐用姫にちなむ領巾振山

JR虹ノ松原駅ホームの南側に台形をした山がみえる。これが鏡山(領巾振山、284m)である。駅前を左手に出て、JR筑肥線の踏切を越えると、鏡山登山口までは一直線である。

鏡山の名前は、神功皇后が新羅出兵の際、戦勝を祈願して山頂に鏡を奉納したことに由来するといわれている。また、別称の領巾振山とは、万葉歌人山上憶良が「遠つ人 松浦佐用比賣夫恋いに 領巾振りしより 負へる山の名」と詠んだように、大伴狭手彦と松浦佐用姫との悲恋物語からついた名である。

鏡山登山口の大きな鳥居から頂上までは、16カ所のカーブが約4.5km続く。山頂には神功皇后と鏡山御食津大神をまつった鏡山神社があり、初午には参詣者で賑わう。また、『肥前国風土記』には大伴狭手彦に化身したヘビが住んでいたと伝えられる蛇池もある。

この蛇池の北側には、度瓊可久岩(とにかくいわ)がある。この岩は鏡山神社の岩座(いわくら)であり、この場所で神功皇后が鏡を捧(ささ)げ、戦勝を祈ったといわれている。

山頂からの眺めは素晴らしく、北側の展望台正面には松浦潟の白砂の海岸線と島々、緑の虹の松原が広がっている。また、北西には松浦川河口と唐津城、唐津城下の町並みを残す市街地を眺望できる。

恵日寺(えにちじ) ⓮
0955-77-0805
〈M▶P. 196, 211〉唐津市鏡1693
JR筑肥線虹ノ松原駅🚌七山経由細川行鏡山入口🚶5分、またはJR虹ノ松原駅🚶20分

佐用姫の菩提を弔う寺　1026年製の朝鮮鐘

鏡山登山口から南へ300mほど進むと、左脇に案内板がある。その案内板に従って細い道を左へ入ると、島田塚(しまだづか)(県史跡)がある。6世紀前半につくられた全長33.4mの前方後円墳である。単室の横穴式石室があり、壁面は朱色に塗られている。

玄室には蓋(ふた)のない長さ2.4m・幅0.8mの舟形石棺(ふながた)が納められている。方格規矩鏡(ほうかくきくきょう)、金銅製冠(かんむり)など、多くの副葬品が出土した。入口からではあるが、羨道と玄室をみることができる。

島田塚からさらに南へ約300m進むと、案内板がある。そこを左折すると正面に、恵日寺(曹洞宗(そうとう))がみえる。鏡山の西山麓にある寺で、1375(永和元(えいわ))年に松浦佐用姫の菩提を弔って創建され、本尊の観音像は佐用姫観音像ともよばれ、大伴狭手彦が朝鮮半島から持ち帰ったものと伝えられている。本尊は、不定期に行われる開帳以外は目にすることはできない。

寺には貴重な朝鮮鐘(ちょうせんしょう)(銅鐘として国重文)が、本堂右奥の広縁(ひろえん)に吊るされている。鐘は総高73cm・口径47.5cmで、幅5cm・高さ14cmの位牌形銘区(いはい)には「大平六年丙寅九月」の年紀がある。銘の大平6年は中国遼(りょう)王朝の太平6年のことであり、高麗(こうらい)では顕宗(けんそう)

島田塚古墳

鏡山周辺　217

朝鮮鐘(恵日寺)

17(1026)年にあたる。

銘文から1026年に慶尚南道巨済島(現，韓国巨済市)の寺のために製作されたことは明らかである。恵日寺への伝来経緯についてはわからない。

この鐘は，軽くなら叩くこともできる。寺の裏には，鏡山を借景とした曽呂利新左衛門作と伝えられる庭園がある。

鏡神社 ⑮
0955-77-3151
〈M▶P. 196, 211〉唐津市鏡1827 P
JR筑肥線虹ノ松原駅🚌七山経由細川行鏡山入口🚶5分，またはJR虹ノ松原駅🚶20分

社宝の絹本著色楊柳観音像

鏡神社は道路を挟んで，恵日寺の約200m西側にある。この神社は神功皇后が戦勝を祈願するために，鏡山山頂に祠を建てたのが始まりと伝えられている。祭神は神功皇后(一宮)と藤原広嗣(二宮)であるが，現在の参道を東側から西へ向かって進むと正面に二宮，右側に一宮がある。これは，いずれかの時期に参道がかえられたからで，以前は一宮が正面になるように南北に参道があったといわれている。1812(文化9)年9月7日に，幕府測量隊を率いた伊能忠敬が鏡神社を訪れたときの日記により，参道は現在と同じ位置だったことがわかるので，参道の変更はそれ以前ということになる。

鏡神社

鎌倉幕府の記録である『吾妻鏡』には，1232(貞永元)年

虹の松原一揆

コラム

一滴の血も流さず目的達成 大庄屋冨田才治らの指導

1762(宝暦12)年，唐津藩主として入部した水野忠任は，唐津藩の累積した債務と自身の転封費用の負債解消のため，増税策を実施した。ところが，明和年間(1764～72)の旱魃・洪水・蝗害による凶作が加わって，領民の不満は頂点に達し，1771(明和8)年7月20日に一揆をおこした。この一揆を虹の松原一揆という。

同日の早朝，蓑笠姿に鍋を背負い，鎌を腰に差した農民らが，虹の松原内の唐津藩領と幕府領との境付近に集まり始めた。その後，漁民らも加わり，農民・漁民2万3000人(一説に1万人)は，幕府領内への逃散を示唆しながら増税反対を訴え，統制もとれていた。帰宅を促す役人に対しては，無言で抵抗の意志をあらわした。唐津藩首脳部は，西国郡代視察の噂も伝わるなか，事態の早期解決を迫られた。そこで藩は，幕府領の庄屋を証人とし，唐津領の冨田才治を含む6名の大庄屋に解決をゆだねた。要求実現を約束させた一揆勢は，24日に解散した。5日間にわたる無言の抵抗劇が終わった。その後，藩と大庄屋の数度にわたる交渉の結果，8月9日に一揆勢の要求のほとんどを認めた。その一方で，一揆側の首謀者捜索が行われたので，平原村(現，唐津市平原)大庄屋冨田才治ら4人が出頭し，捕らえられた。彼らは1772年3月11日に西の浜で処刑された。

虹の松原一揆の構成員は，大多数が一般の農民・漁民であり，関与した村役人は極少数であった。唐津藩では大久保氏(1649～78年)のときに始まる転村庄屋制によって庄屋は藩の代弁者となっていたからである。冨田才治が示した農民への愛着は，彼の学問的背景と平原村で6代続いた永続庄屋であったことが関係している。

に鏡神社の住人が高麗に渡って，珍宝を略奪したことが記されている。当時の大宮司は草野氏であり，鏡地方から浜玉地方に勢力をもっていたが，豊臣秀吉の九州進出を機に滅んだ。

一宮と二宮との間の道を進むと，神社の北東の隅に豊臣秀吉によって唐津の代官になり，のちには唐津藩初代藩主となった寺沢広高の墓がある。高さ7.05m，幅1.4mの堂々とした墓碑で，寺沢氏の家紋である陣幕紋も彫られている。また，境内の一角には，宇木汲田遺跡出土の甕棺など，唐津市内の主要遺跡から出土した，国・県指定以外の遺物を集めた古代の森会館がある。

社宝の絹本著色楊柳観音像(国重文，佐賀県立博物館寄託)は，

鏡山周辺

寺沢広高の墓

高麗で描かれた逸品である。画幅の下段中央の墨書の寄進銘によると，1391(明徳2)年に僧良賢によって鏡神社に奉納されている。縦419cm・横254cmの国内最大級の仏画で，継ぎのない1枚の絹に描かれている。現在は制作時期を記した紀年銘は切り取られているが，伊能忠敬が『壬申測量日記』にその紀年銘を書き残していたので，制作時期が1310(至大3，元の年号)年であったことが判明している。

葉山尻支石墓群 ⑯

0955-72-9171(唐津市教育委員会生涯学習文化財課)

〈M▶P.196, 211〉唐津市半田葉山尻1540-3
JR筑肥線虹ノ松原駅🚌七山経由細川行鏡山入口乗り換え宇木行 東宇木 🚶5分

支石墓研究の先駆となる発見

　鏡神社前バス停から広田行きに乗り，東宇木で降りる。バス停から北西に200mほど進み，北東の方へ右折して葉山尻橋を渡り，約50m進むと案内板がある。案内板にしたがって約100m進むと，半田の飯盛山から延びる丘陵北端に葉山尻支石墓群(国史跡)がある。

　この遺跡は，1951(昭和26)年の秋，ミカン園造成中に発見された。1952～53年に調査され，上石は長径1.2～2m・短径1.1～1.4mの花崗岩を，支石で支える支石墓6基，甕棺墓26基，古墳1基が発見された。縄文時代晩期から弥生時代中期の支石墓群であることが判明した。

　支石墓群から直線距離にして西約1kmの所に，宇木汲田遺跡がある。遺跡は埋め戻されて，遺跡を示す説明板が

葉山尻支石墓

220　唐津と玄海

あるのみである。この遺跡は，1930(昭和5)年，水田中の甕棺から，弥生時代中期前半のものと推定される細形銅剣2口，細形銅矛2口，硬玉製勾玉2個，碧玉製管玉2個(肥前唐津宇木出土品として国重文)などが出土した。その後の調査で，縄文時代晩期から弥生時代中期までの集落跡であることがわかった。

虹の松原 ⑰

0955-72-9171(唐津市教育委員会生涯学習文化財課)

〈M▶P. 196, 211〉唐津市鏡・東唐津・浜玉町浜崎 P
JR筑肥線虹ノ松原駅 🚶 1分

日本三大松原の1つ 一揆で農民らが集合

　JR虹ノ松原駅を出ると，目の前に三保の松原(静岡県)・天橋立(京都府)とともに，日本三大松原の1つに数えられる虹の松原(国特別名勝)が広がる。長さ約5km・幅約400〜700mの黒松林である。江戸時代の記録に「二里の松原」とあり，これが訛って虹の松原とよばれるようになったものと考えられている。

　この松原は，唐津藩初代藩主寺沢広高が東唐津から浜崎までの水田の防潮・防風林として，保護育成したことに始まる。松林の育成のため広高は，松林の中に自分が愛でるマツが7本あり，その1本でも傷つけたら重罪を科すと布達したと伝えられている。

　この松林は江戸時代の前半は全域が唐津藩領であった。しかし，1763(宝暦13)年に土井氏から水野氏へかわった際に，東側の浜崎方面が上知され幕府領になった。1771(明和8)年におこった虹の松原一揆では，幕府領との国境に農民や漁民たちが集まり，藩との交渉決裂時には浜崎方面の幕府領へ逃亡する姿勢をとった。

　さらにこの幕府領は，1818(文政元)年に対馬藩領となった。現在も「従是東對州領」と刻まれた，当時の境界石が立っている。境界石へは，虹ノ松原駅前の直線道路を北へ4分ほど歩き，県道347号線に出る。そこを右折して国道に沿って5分ほど歩くとある。

従是東對州領碑

鏡山周辺

③ 唐津線に沿って

岸岳山麓の唐津焼発祥の地を探訪したり，岸岳城・獅子城などの山城をめぐったり，自然も堪能できるコースが多い。

久里双水古墳 ⑱
0955-72-9171
(唐津市教育委員会生涯学習文化財課)

〈M ▶ P.196, 223〉唐津市双水字サコ2776-1 P
JR唐津線山本駅🚌大手口行つつじヶ丘団地🚶
すぐ，または山本駅🚶20分

気軽に古代を感じられる古墳公園

　山本駅前の国道203号線を右へ進み，唐津市山本交差点を右に折れ，唐津線の踏切を越えると前方東に古墳がみえる。1980(昭和55)年に発見された久里双水古墳である。全長108.5m，後円部径62.2m・前方部幅42.8mの4世紀初めの前方後円墳である。山塊を削り整形し，盛り土は前方部上半のみの構造で，後円部の竪穴式石室から，舟形木棺を安置したであろう国内初の床面の両端が反りあがった舟形粘土床や，副葬品として中国の後漢鏡である直径12.1cmの平縁盤龍鏡1面と碧玉製管玉2点，鉄製刀子1口(久里双水古墳主体部出土品として県重文)が発見された。当時の地形が，古墳近くまで海岸線が入り込んでいたことも考え合わせると，大陸との関係を想像させる発見である。

　前方部北側は，古墳公園として整備されている。この公園休憩所内に石室の複製があり，発見当時の石棺や出土品の様子を知ることができる。

　久里双水古墳から東約1kmの所に，夕日観音堂がある。県道40号線を約150m北上し，右折して細い道を東の方に約700m進み，三差路を右折すれば約200mの所に説明板がある。夕日公民館横を通って，階段をのぼれば夕日観音堂に着く。

　本尊は木造千手観世音菩薩立像(県重文)である。像高は173cmで，カヤの一

久里双水古墳公園

木造（ぼくづくり）であり，本来は11面，42臂の像であったようだ。現在では合掌手以外はのちに補修され，40臂になっている。

県内でもっとも古い木彫仏であり，佐賀県，とくに松浦地方の平安文化を伝える数少ない貴重なものである。

2007（平成19）年に17年ぶりの開帳があった。そのときの写真が厨子の前に飾ってある。

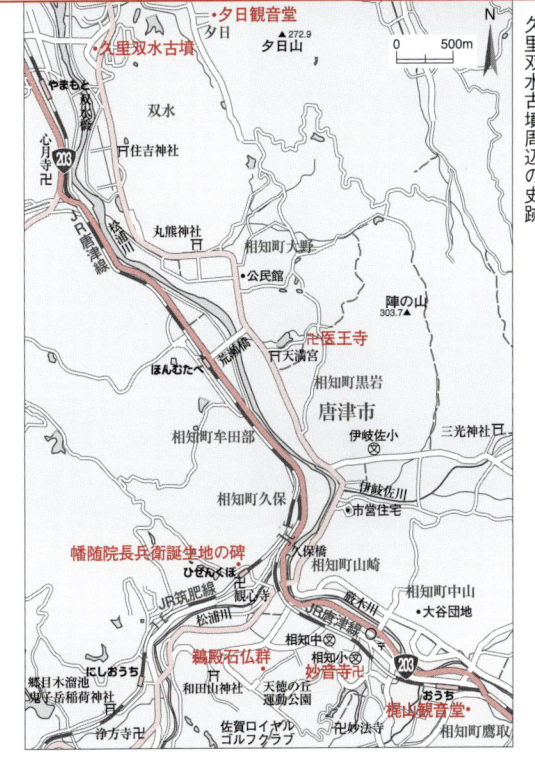

久里双水古墳周辺の史跡

本尊は25年に1度開帳　県内では唯一の肥前鐘

医王寺（いおうじ）⑲　〈M▶P.196, 223〉唐津市相知町黒岩183　P
0955-62-2609　JR唐津線本牟田部駅（ほんむたべ）🚶20分

　JR本牟田部駅前を北東に直進し，松浦川を渡ると県道40号線に突き当たる大野（おお）交差点に出る。ここを右折し250mほど進むと，左側に医王寺の入口がある。左折して山道を進むと医王寺（曹洞宗（そうとう））に着く。1383（永徳（えいとく）3）年に無著妙融（むじゃくみょうゆう）を開山，岸岳城主波多（はたみなもとの）（源）武（たけし）が開基（かいき）といわれている。

　山門は1821（文政4）年創建の，木造切妻造（きりづまづくり）・桟瓦葺（さんがわらぶ）きの薬医門（やくいもん）である。本堂は1778（安永7（あんえい））年創建の木造平屋建て・入母屋造，平入り，桟瓦葺きの建物である。室内は，前方二間通りを広縁と前土間とした標準的な曹洞宗（そうとう）本堂で，現在は前土間部分に床を貼り，広縁と一体となっている。本堂と山門は国登録有形文化財である。

　本尊の木造薬師如来立像（やくしにょらい）（県重文）は，高さ136cmでヒノキの一木（いちぼく）

唐津線に沿って　223

肥前鐘（医王寺）

造で平安時代中期の作といわれている。秘仏で25年に1度開帳される。次回の開帳は2013年の予定である。全国で6口，県内では唯一の肥前鐘（県重文）がある。肥前鐘は，鎌倉時代後期から南北朝時代にかけて，肥前国上松浦山下荘（現，唐津市山下町）で鋳造された銅鐘で，竜頭が方柱をくわえているなどの特徴をもっている。同寺の鐘は銘文によると1376（永和2）年作であり，北朝年号が用いられている。当時の上松浦と北朝の関係を知る手がかりともなっている。

岸岳城跡 ⑳
0955-53-7135（唐津市北波多支所産業課）

〈M ▶ P.196, 225〉唐津市相知町佐里・唐津市北波多岸山国有林内 P
JR唐津線唐津駅🚶5分大手口バスセンター🚌伊万里行徳須恵🚶70分（山頂まで），またはJR筑肥線佐里駅🚶70分（山頂まで），唐津駅🚗30分

波多氏の居城　唐津焼き発祥の地

徳須恵バス停から，約300m南西へ行き，徳須恵上交差点を左折すると，前方に岸岳（320m）がみえる。さらに500mほど進むと，右手に案内板がある。ここを右折すれば，岸岳城まで約3kmである。案内板が要所にある。

ちなみに，徳須恵の地名は須恵器の生産から出たものである。この地がいつ頃から「トクスエ」とよばれるようになったかは明らかではないが，鎌倉時代中期頃には波多氏の武将得末氏が居館を構えたことや，弘化年間（1844〜48）には徳須恵と記した記録がある。

途中の道路左かたわらに波多八幡神社（祭神神功皇后・応神天皇）がある。この神社の裏側（南東）が波多城（46m）である。社殿の裏から尾根づたいに20分ほど歩けば本丸に着くが，道は草で覆われている所が多く，歩きにくい。

神社前付近から道は2つに分かれていて，約400mの所で合流している。左側の神社横を通る道が旧塚崎往還である。この往還は江

戸時代から唐津城下と塚崎宿を結び，長崎街道へ通じる重要な道であった。この道を進んで合流地点の10mほど前の道を左折して，緩やかな坂を100mほどのぼれば，左側に皿屋窯跡(かまあと)(国史跡)がある。埋め戻されており，名称を示す碑だけがある。合流地点に出ると，道幅が広くなっているが，約900m先まで塚崎往還である。合流地点を左折(南)して約100m進むとライスセンター(現在は倉庫として使用)がある。農協は通行を許しているので，ライスセンターの敷地を東の方角に奥まで進むと溜池の堤がある。堤をのぼり溜池を右にみて約100m進むと皿屋上窯跡(かみ)(国史跡)がある。ここも埋め戻されており，名称を示す碑だけがある。

　ライスセンターから約800m岸岳の方向(南)に進むと，民家が途切れる所で道が分かれている。直進(東)すれば岸岳の方向である。右折(南)して細い道をくだって，すぐのぼりになり，溜池を右にみながら進む。この道が塚崎往還の続きである。1つ目の溜池と2つ目の間を通り，今度は溜池を左にみながら進むと池の南端に出る。ここから南に行く道が塚崎往還である。ここを通り越して池の端(南東)から東の方向に行くと，帆柱窯跡(ほばしら)(国史跡)がある。ここも埋め戻されており，名称を示す碑だけがある。分岐点からここまで約1.2kmであるが，道幅は狭いうえに舗装は途中までで，道の状態はかなり悪い。

　分岐点に戻り，岸岳方面に約1.2km進むと，山麓の道路左かたわらに岸嶽古窯跡(きしだけこよう)(県史跡)のうち，飯洞甕上窯・飯洞甕下窯(はんどうがめかみ)(しも)(ともに国史跡)がある。ここは古窯の森公園の第2駐車場の近くで，場所もわかりやすいし，解説板もある。この上窯・下窯は斜面に50mほ

岸岳城周辺の史跡

唐津線に沿って

飯洞甕上窯(岸岳古窯跡)

どの間隔で並列に築かれている。下窯は長さ18.4m、幅2.2mで7室の焼成室がつながった登窯で、側壁が直線的であることから竹割式登窯ともいわれている。第5室と第6室との間には部屋を仕切る隔壁が完全に残っている。

また岸岳山麓の南西面には道納屋窯跡(県史跡)もある。このように、岸岳山麓に点在する初期段階の唐津焼を焼成した窯跡群は、総称して「岸岳古窯群」とよばれている。これら古窯群は波多氏の庇護の下、室町時代中期頃から創始された。

飯洞甕下窯から1kmほどのぼった所に、駐車場をかねた登山口がある。急斜面をのぼると山頂尾根伝いに約1kmにわたって、岸岳城跡(県史跡)がある。玄界灘を一望できる旗竿石や、伊万里方面を望める姫落しからの眺望は素晴らしい。また、古井戸や石垣も残っている。

この岸岳城築城は鎌倉時代初期に始まるが、本格的な築城は室町時代と考えられる。この城は、中世から近世初めまで450年間17代続いた波多氏の居城となった。周辺には稗田にある波多城、田中にある島村城、山本にある青山城などの脇城もあり、松浦川流域の上松浦地方を支配するには格好の場所である。波多氏は鶴田・相知・佐志・呼子・名護屋などの上松浦諸氏の中心的存在で、松浦川の東、鏡・浜崎方面の草野氏とは一線を画していた。

岸岳城跡遠景

岸岳城最後の城主

唐津炭田

コラム 産

唐津炭田発祥の地、北波多 肥前炭鉱王の高取伊好

唐津炭田は、享保年間（1716～36）に旧北波多村岸山字ドウメキで、農民が耕作中に露頭の石炭を偶然発見したのが始まりという。

1767（明和4）年頃になると、北波多から相知にかけて露頭の燃石（変色した石炭）をみつけて、石炭を掘り出すようになった。掘り出された石炭は、最初に煮炊き用に使用され、のちには瀬戸内地方の製塩用にも用いられた。

文政年間（1818～30）になると、米・麦・大豆・菜種などと並んで唐津藩の重要産品となった。

唐津炭田は、開港後の長崎への石炭搬出で脚光を浴びることになる。1859（安政6）年の送炭量は、筑豊の2倍以上の4万2000tである。

明治時代になると、徐々に機械化と大規模化が進んだ。石炭の搬出も川舟から鉄道にかわり、三菱など大資本が進出した。三菱合資会社は、1900（明治33）年には相知炭鉱を、1911年には県内最大の芳谷炭鉱を買収していった。大資本の進出に苦しんだ高取伊好は、1909年に開発した杵島炭鉱の成功で、肥前の炭鉱王とよばれるようになった。その間、石炭積出港は松浦川河口の唐津港のほかに、あらたに西唐津港も整備された。1905年には唐津税関支署も、松浦川河口の満島から西唐津に移転された。唐津線が西唐津駅まであるのはこのためである。

三菱は県内の炭鉱をほぼ掌握し、第一次世界大戦時は空前の好景気となった。

しかし、炭鉱労働者の生活は苦しく、1917（大正6）年の芳谷炭鉱のストライキや、翌年の米騒動では、軍隊が出動して発砲するという事態にまでなった。

第二次世界大戦後は、傾斜生産方式の下で、石炭は花形産業であった。

しかし、石炭から石油へのエネルギー革命のなかで、合理化政策も間に合わず、1972（昭和47）年までにすべてが閉山となった。

波多親は、文禄の役（1592年）に鍋島直茂の配下として従軍したものの、豊臣秀吉の怒りに触れて筑波（現、茨城県つくば市）に配流となった。波多氏の改易後、岸岳城は廃城となった。波多親の筑波配流の理由については、親の朝鮮での臆病な行動説や、親の朝鮮出兵中に親の妻秀の前が豊臣秀吉の伽をこばんだためであるという説がある。秀の前は龍造寺隆信の娘である。隆信は松浦地方支配のために、娘を波多親に嫁がせていた。

徳須恵上交差点から国道202号線を伊万里方面（南西）へ約500m行

き，右折して北の方向へ150mほど進むと広場がある。ここから西約100mの所に波多氏の菩提寺である瑞巌寺跡がある。現在は板碑・五輪塔・宝篋印塔が当時の面影を残している。なお，岸岳城周辺に点在する五輪塔などは，波多氏一族や家臣の墓である。彼らの子孫が，波多氏の改易によって悲劇的に没落したことから，五輪塔などを粗末に扱うと霊が祟るという言い伝えが，いまでも信じられている。これを地元では，岸岳末孫の祟りといっている。

徳須恵上交差点から県道52号線を東に1.5kmほど進むと，矢代交差点がある。この交差点の南側に，矢代町公園がある。この場所が，岸岳城の大手門があった場所である。この公園の前を200mほど進むと，左側にレンガ壁の芳谷炭鉱第3坑跡がある。

岸岳城麓の岸山では，江戸時代中期に石炭が発見された。唐津藩水野家家臣木崎盛標が，1784(天明4)年に完成させた『肥前国産物図考』(県重文，佐賀県立博物館所蔵)には，当時の岸山の石炭採掘について，つるはしで岩場に坑口を開け，数人が入れる横穴を掘る様子，間歩(坑道)で，油をサザエの殻に入れて灯火としている様子，掘った石炭をズリ(竹籠)に入れて車で運び出す様子などが描かれている。

この岸山での石炭採掘が，のち芳谷炭鉱となった。この炭鉱の石炭輸送のために，1912(明治45)年には国鉄岸岳線が開通した。しかし，現在は炭鉱も鉄道もともにない。

また，肥前久保駅のある相知町久保は，歌舞伎で有名な幡随院長兵衛の誕生地と伝えられ，駅の裏側の山裾に幡随院長兵衛誕生地の碑が立っている。

鵜殿石仏群 ㉑
0955-53-7125(唐津市相知支所産業課)

〈M▶P. 196, 223〉唐津市相知町相知字和田 **P**
JR唐津線相知駅🚶30分，またはJR相知駅🚌相知花タウンバスおうち温泉🚶5分(相知花タウンバスは相知町の通学や廃止代替として運行されているので，利用するには便利であるが，日曜日・祝日は全便運休になる)

岩肌に刻まれた石仏に神秘を感じる修験場

JR相知駅から唐津方面(北西)に約1.6km行くと，大きな案内板がある山崎交差点に着く。この交差点を左折し，JR唐津線の踏切を越えて600mほど直進する。案内板にしたがって左折し，坂道を

鵜殿石仏群

のぼると約500mでおうち温泉天徳の湯に着く。バス停の標識はないが，天徳の湯の玄関付近が乗降場所になっている。案内板にしたがって坂道をくだると鵜殿石仏群(県史跡)に着く。

庇のように迫り出した石窟や岩壁に，磨崖仏を中心に大小60余りの石仏がある。806(大同元)年，唐から帰国した空海が，阿弥陀如来・釈迦如来・観世音菩薩の石仏を刻んだことに始まると伝えられている。その後，洞窟内に鵜殿山平等寺(真言宗)が建立され，波多氏の保護を受けて繁栄した。

しかし，天文年間(1532～55)に，龍造寺氏との戦いで堂宇は焼失したといわれている。その後，波多氏の家臣であり，当地を領有した久我次郎によって再建され，明王院とよばれる修験道場となったといわれる。

三尊のうち，釈迦如来像は三菱相知炭鉱の発掘のために埋められた。阿弥陀如来像は，1919(大正8)年に相知の妙音寺(曹洞宗)に移され，本堂左側の瓢箪池のかたわらに安置されている。中央の窟には，両手を合掌した像高72cmの十一面観音像を中心に，向かって左に右手に剣をもった像高1.68mの持国天像，右に左手に宝塔を捧げた像高1.82mの多聞天像の磨崖仏が残っており，赤と黒で彩色されている。

東方世界を守護する持国天や北方世界を守護する多聞天が彫られているので，四天王の残りの2天も彫られていた可能性が高い。しかし，砂岩のため摩滅や崩壊が著しい。多聞天像から少し離れた右側には，真言密教の根本仏で智拳印を結んだ大日如来像がある。大日如来像のそばには，胎蔵界をあらわした通り抜けの洞窟がつくられている。

JR相知駅前を佐賀方面へ行き，踏切を渡ってすぐ右折して約100m進むと，左手に梶山観音堂へ至る登り道がある。この観音堂には，

唐津線に沿って

木造如意輪観音坐像(県重文)があった。ヒノキの寄木造で，慶派の流れを汲む仏師によって南北朝時代につくられたものである。柔和な顔で，心を惹きつける魅力がある。現在，この観音像は個人で管理されているので公開されていない。

　梶山観音堂から南西へ約1km進むと，県道259号線との交差点に出る。この交差点を右折(北)し，50mほど進むと左側に立石観音への案内板がある。左折して350mほど進み，階段をのぼると立石磨崖仏がある。観音菩薩像や阿弥陀如来像は藤原時代(9世紀末～12世紀)，薬師如来は平安時代末期につくられたといわれている。

　立石観音から再び県道259号線に戻り，右折して南へ向かい，県道32号線から県道315号線へと進むと，約6.3kmで棚田交流広場バス停に着く。この場所の周辺から南にかけて，約1050枚の田圃からなる棚田が広がっている。なかには8.5mという日本一の高さを誇る石垣をもった田圃もある。この蕨野の棚田は，2008(平成20)年に棚田として初めて，国の重要文化的景観に選定された。

　棚田交流広場から県道315号線を約100mのぼると，左側に五百羅漢への入口がある。五百羅漢は，1789(寛政元)年に，居石伝左ヱ門が夢枕のお告げにしたがって，平川与四ヱ門に依頼して弘法大師・阿弥陀如来・釈迦如来・薬師如来・観世音菩薩・勢至菩薩の諸仏と十六羅漢像を刻んでもらい，まつったことが始まりといわれている。その後，唐津の豪商常安九郎ヱ門らの諸仏寄進があり，俗に蕨野の五百羅漢といわれるようになった。

獅子城跡 ㉒

0955-53-7115(唐津市厳木支所産業課)

〈M▶P.196, 231〉唐津市厳木町岩屋字獅子城　🅿
JR唐津線厳木駅🚗15分，または厳木駅🚗(乗合タクシー)天川線岩屋行獅子ヶ城前🚶1分

松浦党と龍造寺氏との勢力が競合する場所

　JR厳木駅から国道203号線を唐津方面(北西)へ約500m行き，大橋交差点を左折すると2.3kmほどで獅子城跡(県史跡)入口に着く。入口から約600mのぼると駐車場がある。ここから約250mで本丸跡に着く。この城は標高228m，四面が絶壁の天険の山城であるから，途中は急な山道を進むことになる。城は本丸・井戸曲輪・二の丸・三の丸・一の曲輪・二の曲輪・出丸から構成されており，二の丸には敵の攻撃を防ぐ柵を立てた穴や，雨水を溜めた井戸，本丸に至る

厳
木
町
の
史
跡

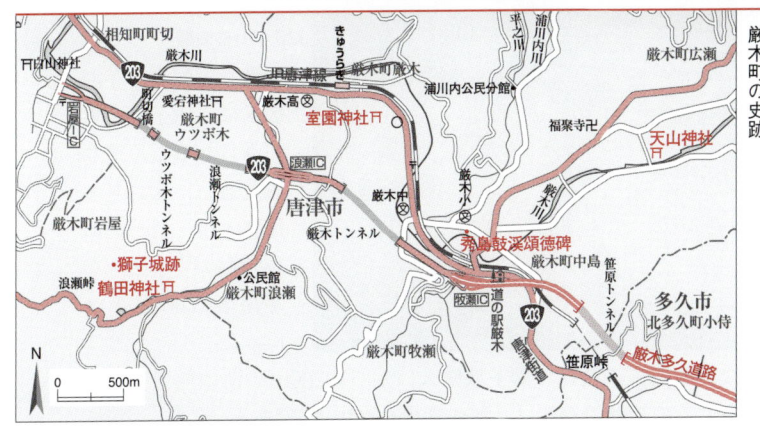

間には堀切がある。どの曲輪からも眺望が素晴らしく、佐賀や伊万里地方から唐津方面に至る交通の要衝にあることがよくわかる。本丸からは北西の方角に岸岳城もみえる。

　この城は、松浦党の祖源　久の孫である披によって、治承～文治年間（1177～90）頃に築城されたが、披の子保は平戸へ移ったため、約350年間荒れはてていた。室町時代末期になると、この地は松浦党と佐賀地方に勢をもつ龍造寺氏の勢力が競合する場所となった。そこで、波多氏を始め、松浦党一統は波多氏の分流鶴田氏のなかから選んだ鶴田前を城主とし、1545（天文14）年に旧城を改修して守りに就かせた。1573（天正元）年、鶴田前は龍造寺隆信勢の攻撃を、籠城戦で戦い抜き、最終的には和を結んだ。

　その後、鶴田前は岸岳城の波多鎮らと対立し、波多鎮・伊万里治・有田盛が有馬氏と結んで獅子城を攻めたとき、戦死した。龍造寺隆信の後見で鶴田前の長子賢が跡を継いだが、賢はのち龍造寺氏の出である多久安順に仕えて東多久（現、多久市東多久）に移り住んだため、再び廃城になった。波多氏改易後、江戸時代初期に上

獅子城本丸跡

唐津線に沿って　　231

鶴田(源)前の墓

松浦を支配した寺沢広高は、獅子城を現在みられる石垣造りに改造し、瓦葺きの建物・櫓・門・虎口(曲輪の内外をつなぐ出入口)などをつくった。

なお鶴田前の墓は、獅子城跡入口から約200m手前の鶴田神社にある。この神社の神体は、前の着用した甲冑である。

室園神社の肥前鳥居 ㉓
0955-53-7115(唐津市厳木支所産業課)

〈M▶P.196, 231〉唐津市厳木町厳木33　P
JR唐津線厳木駅 🚶10分

獅子城主鶴田賢が寄進した肥前鳥居

　JR厳木駅から国道203号線を多久方面(南東)に500mほど行くと、唐津市役所厳木支所の横に、室園神社(祭神 天穂日命)の入口がある。車は同支所に駐車できる。

　室園神社は、1574(天正2)年に獅子城主鶴田前が創建したもので、城の鬼門(北東)除けに蔵王権現をまつったことに始まるといわれている。入口にある室園神社と刻まれた鳥居を過ぎて、2つ目の鳥居には蔵王宮と刻まれている。この鳥居を過ぎて山腹にある本殿に向かう参道の長い石段をのぼり始めた左側に、賢の母妙香が仏の功徳を得るために奉納した、「天正十四(1586)年」銘の六地蔵像と「天正十八(1590)年」銘の読誦板碑がある。

室園神社の肥前鳥居

　さらに石段の中ほどまでのぼると、石造肥前鳥居(県重文)がある。高さ2.38m、笠木の長さ2.73m、島木は形式化して笠木と一体となっている。笠木・島木・貫は3本継ぎ、柱は2本継ぎである。肥前

鳥居の特徴は，笠木・島木が一体化している。笠木・島木が3本継ぎである。柱が2本ないし3本継ぎである。柱が下にいくほど極端に太くなっているなどである。柱には「願主　鶴田上総介源賢，天正十八年庚寅十一月吉日」の陰刻があり，獅子城主鶴田賢の寄進であることがわかる。なお，神社の前の国道203号線の南側を，東西に平行に走っている幅1間ほどの道路が，旧唐津街道である。

秀島鼓渓 頌徳碑 ㉔
0955-53-7115（唐津市厳木支所産業課）

〈M▶P. 196, 231〉唐津市厳木町中島
JR唐津線厳木駅🚌多久行・佐賀駅バスセンター行・星領行牧瀬🚶1分

いまに残る秀島家文書　民間塾で人材育成

　JR厳木駅から国道203号線を多久方面（南東）へ約1.2km行くと，牧瀬交差点がある。ここを左折し，JR唐津線の踏切を渡ると牧瀬バス停がある。そのまま60mほど進むと，道路右側に秀島鼓渓頌徳碑が立っている。左側が市立厳木小学校である。

　秀島鼓渓は，1785（天明5）年に浦川内村（現，厳木町浦川内）の庄屋の家に生まれ，1804（文化元）年，庄屋を継いだ。1823（文政6）年には自宅のそばに明倫塾を建てた。この塾は，庄屋などの子弟教育をおもな対象とした。しかし，事務処理能力を身につけるための読み・書き・そろばんだけでなく，礼・楽などのかなり高度な内容も教えている。

　1817（文化14）年，水野忠邦の浜松転封の際，厳木は上知されて幕府領となっていた。1830（天保元）年から続く凶作と，年貢納入のため庄屋から年利4割といわれる借米をしていた農民たちは，1838年に年貢配分の不公平，庄屋の不正を追及して，松浦幕領一揆をおこした。この一揆において庄屋側の一員として働いた鼓渓は，責任を問われて浦川内村を追放になった。

　嘉永〜安政年間（1848〜60）頃，塾を厳木村に移し，さらに中島村に転じて五惇堂を開いて，教育と著述に専念した。『松浦古事記』『松浦拾風土記』など，当時の松浦

秀島鼓渓頌徳碑

唐津線に沿って　233

地方の郷土史を編集した『松浦記集成』や，松浦地方の教育について論じた『積慶録』はその代表的著作である。鼓渓の作品は，秀島家文書として厳木コミュニティーセンターに保管されている。

天山神社 ㉕
0955-53-7115（唐津市厳木支所産業課）

〈M▶P. 196, 231〉唐津市厳木町広瀬3291-1
JR唐津線厳木駅🚗10分，または乗合タクシー天川線天川行天山神社前🚶5分

宝徳元年銘などの青銅鉢
武士風の広瀬浮立

天山神社はJR厳木駅の東約2.5kmの所にある。秀島鼓渓頌徳碑から佐賀方面（南東）に約250m進み，中島交差点を左折し，県道37号線を北東に1.1kmほど進むと，案内板が正面にみえる。右側の天山方面の道を約400m進むと「天山神社前」の乗合タクシー乗り場がある。ここから右に折れて南東方向に進み，2つの鳥居を通過すると約400mで天山神社（祭神 天御中主命，倉稲魂命，宗像三女神）に着く。神社の創建については明確ではないが，天山山頂の上宮に対して下宮に相当している。神社の肥前鳥居には「天正十六（1588）年」「鶴田上総介源賢」の陰刻がある。獅子城主源賢が寄進したものである。肥前鳥居の正面には八幡神社，その右奥には宮地岳神社などの社がある。

この神社では，「宝徳元（1449）年十一月日」などの紀年銘がある青銅鉢12口（県重文）が，秋祭りの供具として使用されている。

秋祭りには，八幡神社例祭の9月第2日曜日と，宮地岳神社例祭の23日に神社の境内で広瀬浮立（県民俗）が奉納される。服装は，袴姿で白扇を腰に差した武家風である。終始厳粛な作法で鼓・大胴・締太鼓・大太鼓を打ち，笛・鉦を鳴らす。神前で行われる上体を大きく反らしながらの大太鼓打ちは圧巻である。

武士風の広瀬浮立（天山神社）

4 名護屋城跡と呼子・玄海の島々

名護屋城跡並陣跡見学は，1日あっても時間がたりない。多くの伝承が残る玄海の島々で，ゆっくりとした時間をすごす。

名護屋城跡 ㉖
0955-82-4905（名護屋城博物館）
〈M▶P.196, 237〉唐津市鎮西町名護屋1938-3 [P]
JR筑肥線・唐津線唐津駅🚶5分，大手口バスセンター🚌岩野・呼子経由波戸岬行ほか名護屋博物館入口🚶10分

豊臣秀吉の夢の跡 三ノ丸を経て直接本丸へ

　波戸岬行きバスはJR唐津駅北口からは4便しかないので，唐津駅北口から北へ商店街のアーケードを抜け，大手口バスセンターからの乗車をすすめる。

　約40分バスに乗り，名護屋城博物館入口で降りると，名護屋城跡並陣跡（国特別史跡）がある。名護屋城本城とその周囲約3km内に徳川家康・前田利家・加藤清正らの国特別史跡に指定されている23カ所の陣屋跡を含めて120以上もの陣屋跡が確認されている。

　豊臣秀吉は朝鮮出兵の拠点として，玄海の島々を望み，朝鮮への最短距離にある名護屋の地に築城を命じた。約15万人の遠征軍と約10万人の留守部隊のための城と陣屋を，1591（天正19）年10月に起工し，翌年2月に完成したといわれる。秀吉の権勢の大きさと，築城技術の進歩を物語る速さである。名護屋城の広さは約17万㎡で，大坂城につぐ巨大な城であった。

　狩野光信筆と伝えられる六曲一隻の肥前名護屋城図屛風（県重文）には，5重7層の天守閣，石垣や堀，活気ある町屋，行き交う人びと，明の使節や南蛮人，海には安宅船が描かれ，当時の様子を伝えている。

　秀吉は最初本丸に住んでいたが，1592（文禄元）年の春から翌年の夏まで，風当りが穏やかで水利のよい山里丸ですごしたという。山里丸は，その名のように自然の山里を意識した秀吉の

名護屋城山里丸

名護屋城跡と呼子・玄海の島々　235

山里丸から本丸への階段遺構

私的居住空間であった。

2000(平成12)年には、上山里丸跡から茶室とみられる遺構と、茶室跡の裏手斜面に本丸に伸びる、つづら折りに約15mにわたって石段や飛び石が配置された路地が発見された。秀吉が草庵風茶室に招いた、博多の豪商神屋宗湛の日記にも「外のやぐらで4時間ほど待たされてから茶室に入った」との記述がある。

1598(慶長3)年、秀吉の死によって、諸大名は撤退して名護屋城は廃城になった。1602年に寺沢広高が唐津城築城に際して、建物の大部分を移したとも伝えられている。大手門は伊達政宗が仙台に移したとも伝えられている。1637(寛永14)～38年の島原・天草一揆を機に、井戸は埋められ、石垣の角などの要所は大きく破壊されたというが、破壊時期についてははっきりしていない。

現在の城跡は、建物はないが石垣が残っている。大手口から三ノ丸を経て、二ノ丸を通らずに、直接本丸に行くようになっている。いずれかの時期に設計変更が行われたようである。本丸は一面に玉石が敷かれ、13棟の建物があったことが明らかになった。もっとも大きな建物跡は約300畳の広さがあり、諸大名が秀吉に謁見する対面所と考えられている。本丸には、1933(昭和8)年に青木月斗が訪れ、「太閤が睨みし海の霞哉」と詠んだ句碑がある。ここからは、玄海の島々だけではなく、壱岐・対馬もみえる。本城だけでなく、周囲の陣屋跡も発掘調査と保存が進められている。秀吉の甥豊臣秀保陣跡、堀秀治陣跡など多数ある。

1993(平成5)年には、本城や陣屋の整備と「日本列島と朝鮮半島との交流史」を展示の主題とする、佐賀県立名護屋城博物館が開館された。同館には、肥前名護屋城図屏風(県重文)や豊臣秀吉自筆書状(5月22日おね宛、県重文)などが所蔵されている。博物館裏の木下延俊陣跡は、手軽に周遊できるコースが整備されている。

名護屋城周辺の史跡

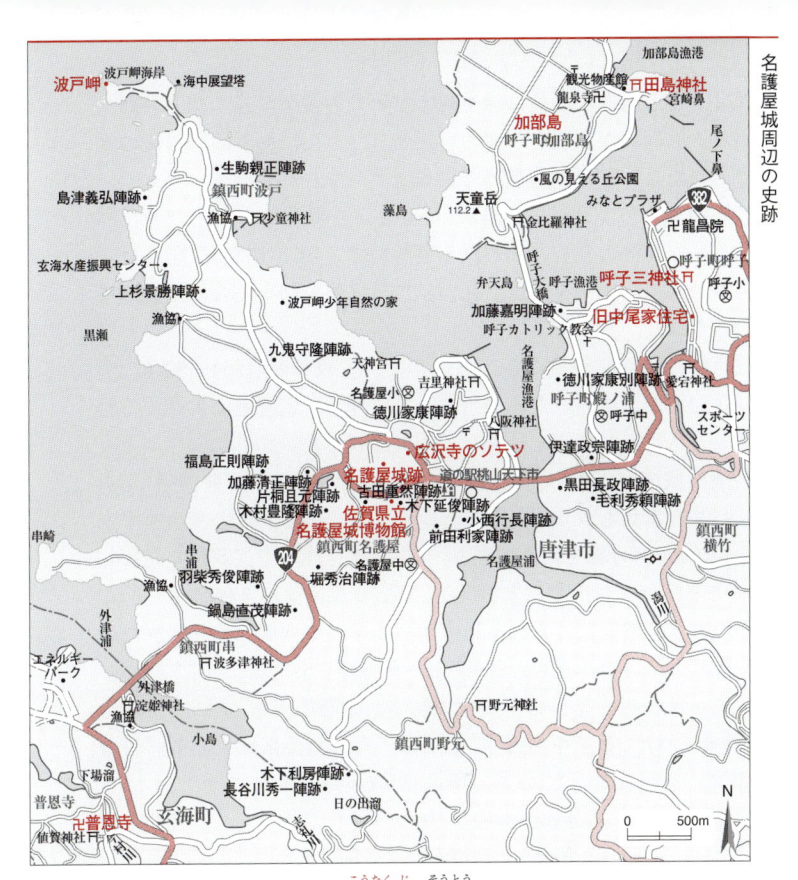

地図中の地名（赤字）:
波戸岬、加部島、田島神社、名護屋城跡、広沢寺のソテツ、佐賀県立名護屋城博物館、呼子三神社、旧中尾家住宅、普恩寺、唐津市

地図中のその他の地名:
波戸岬海岸、海中展望塔、加部島漁港、観光物産館、龍泉寺、宮崎鼻、尾ノ島、生駒親正陣跡、鎮西町波戸、島津義弘陣跡、呼子町加部島、天童岳112.2、風の見える丘公園、漁協、沙童神社、藻島、金比羅神社、みなとプラザ、呼子町呼子、龍昌院、382、玄海水産振興センター、上杉景勝陣跡、波戸岬少年自然の家、弁天島、呼子大橋、呼子漁港、加藤嘉明陣跡、呼子カトリック教会、呼子小、黒瀬、九鬼守隆陣跡、大宮司、吉里神社、名護屋小、名護屋漁港、殿ノ浦、徳川家康別陣跡、愛宕神社、呼子中、スポーツセンター、徳川家康陣跡、八阪神社、伊達政宗陣跡、福島正則陣跡、加藤清正陣跡、片桐且元陣跡、木村豊隆陣跡、古田重然陣跡、木下延俊陣跡、小西行長陣跡、道の駅桃山天下市、黒田長政陣跡、毛利秀頼陣跡、鎮西町横竹、串崎、204、鎮西町名護屋、名護屋中、名護屋浦、羽柴秀俊陣跡、漁協、鍋島直茂陣跡、堀田治陣跡、鎮西町串、波多津神社、外津浦、エネルギーパーク、外津橋、淀姫神社、漁協、小島、日野元神社、鎮西町野元、下浦、普恩寺、玄海町、木下利房陣跡、長谷川秀一陣跡、日の出浦、值賀神社、0 500m、N

名護屋城跡山里丸の一角には広沢寺（曹洞宗）がある。豊臣秀吉の側室広沢局が，秀吉の菩提を弔うために一堂を建てたのが始まりとされている。境内には秀吉の遺髪を納めた塚や，文禄の役の際，加藤清正が朝鮮から持ち帰ったと伝えられる大きなソテツ（国天然）がある。根周り・樹高とも約3m，枝張り約6mの巨木である。広

広沢寺のソテツ

名護屋城跡と呼子・玄海の島々

沢局は，もともとこの地に城を構えていた名護屋経述の妹といわれている。広沢局が眼病をわずらったとき，七山にある観音の滝の水で完治したという伝承も残っている。

　名護屋城から北西へ3kmほど行くと，玄界灘に突き出た波戸岬がある。玄界灘の荒波に洗われる景勝地で，1970(昭和45)年には玄海海中公園の国指定を受け，1974年には九州で初めての海中展望塔が設けられた。

　波戸岬は昔から海難が多かったので，安政年間(1854～60)に常夜灯(灯台)が設けられた。維持費として呼子・名護屋に入港する船から大きさに応じて米を灯油料として徴収した。

　名護屋城博物館から，南西に約6kmの所に普恩寺(曹洞宗)がある。バスの本数も少なく，バス停からも遠いので，車の利用をすすめる。国道204号線を南西に進み，外津橋を渡って三差路を左折し，今村交差点から右折すると約300mで値賀農協前バス停に着く。ここから，北の方向にくだり，市立値賀小学校の西側を通り過ぎたのち，北西へ狭い道を進むと約700mで普恩寺に着く。

　普恩寺は普恩寺集落の中央部にある。本尊の木造聖観音菩薩坐像(県重文)は，ヒノキの寄木造でつくられた漆箔像である。目は水晶の玉眼になっている。像高は57cmで，体内には「暦応五(1342)年湛勝作」の銘がある。

旧中尾家住宅 ㉗　〈M▶P. 196, 237〉唐津市呼子町呼子3750-3　P
0955-82-0309　JR筑肥線・唐津線唐津駅🚶5分，大手口バスセンター🚌岩野経由波戸岬行・呼子行ほか呼子🚶4分

捕鯨業で繁栄した家　江戸時代の町並み

　呼子町は，加部島が北風を防ぐ，天然の良港呼子港を中心として栄えた。古代は朝鮮半島と距離が近く，交通の要衝であったので，大陸文化・交易の拠点として名を残した。江戸時代になると，唐津藩の保護を受けて始まった捕鯨業が，呼子の賑わいを支えた。

　大手口から呼子バス停までは約30分である。途中の高尾橋交差点を過ぎれば2分ほどで着く。高尾橋交差点の左手前に松浦漬本舗がある。この店の主力商品「松浦漬」は，かぶら骨とよばれるクジラの上あごの軟骨をこまかく刻み，長時間水にさらすことで脂分を抜き，酒粕に漬けたものである。1907(明治40)年には「松浦漬」とい

う名で商標を取得し，意匠には捕鯨の図が用いられている。この捕鯨図は何を参考に描かれたか明らかではないが，江戸時代の木崎盛標が描いた肥前国産物図考（県重文）の捕鯨の図も参考にされたのかも知れない。松浦漬は捕鯨の町呼子と関係が深かった製品であるが，1987（昭和62）年に国際捕鯨委員会が採択した商業捕鯨中止によって，原材料となるかぶら骨が手に入りにくくなっている。

　呼子バス停からすぐ東の愛宕神社前交差点を過ぎて，次の三差路を左折すると，朝市通りに入る。日本三大朝市の１つ呼子朝市が開かれる場所である。大正時代に始まった呼子朝市は，元旦以外の毎日，近隣の山海の幸が所狭しと並ぶ。この朝市通りの北はずれに，捕鯨で財をなした旧中尾家住宅がある。現在，生活の場の北棟と社屋機能をもつ南棟が共存する主屋（県重文）・勘定場ほか５棟が残っている。呼子の捕鯨は，江戸時代初頭，唐津藩主寺沢広高が紀州太地（現，和歌山県太地町）から多数の捕鯨業者を呼子に招いて，紀州捕鯨の技術を学ばせたのが始めとされる。

　小川島捕鯨基地としての呼子の発展は，初代中尾甚六が1690（元禄３）年に捕鯨突き組を始めてからといわれる。当時の捕鯨法は，銛で突き刺す刺突法であったが，享保年間（1716〜36）から網に追い込む方法にかわった。

　中尾家は，1877（明治10）年に廃業するまでの間，８代にわたって捕鯨業を営み，歴代甚六を名乗った。３代中尾甚六の頃は，勘定場には千両箱が高く積み重ねられたというほど，中尾家は繁栄した。この頃の様子をあらわす言葉に，「中尾様にはおよびもないが，せめてなりたや殿様に」という俗謡が残っている。３代目甚六は，鯨供養のため，鯨１頭の代金で1755（宝暦５）年に龍昌院（曹洞宗，1992〈平成４〉年から単立寺院）を建立し，中尾家の菩提寺とした。龍

旧中尾家住宅

名護屋城跡と呼子・玄海の島々

昌院には、そのとき奉納した鯨鯢供養塔が2基残っている。

6代から7代甚六にかけても豊漁が続き、中尾家は隆盛だった。7代甚六は1831(天保2)年に、鯨鯢千本供養塔を龍昌院に奉納している。また、小川島捕鯨の様子を合戦に見立てて、1840年に豊秋亭里遊がつくった「小川島鯨鯢合戦」には、4町四方の家屋敷をもつ中尾家の様子を絵入りで紹介している。中心部の建物は、ほぼそのままの形でいまも残っている。主屋は、18世紀前半に建てられた九州最古級の町屋建築である。

旧中尾家住宅から北へ200mほど歩くと、呼子三神社(祭神 天忍穂耳尊・伊弉諾尊・伊弉冉尊)入口がある。この地点を中央として毎年6月の第1土・日曜日に呼子の大綱引き(国選択)が行われる。この綱引きは、名護屋布陣中に豊臣秀吉が、兵士の士気を鼓舞するため、加藤清正と福島正則の両軍に綱引きをさせたのが始まりといわれている。直径14cm・長さ400mほどの綱を南北に走る町の中の路上で、ウラカタ(岡組)とサキカタ(浜組)に分かれて争う。ウラカタが勝てば豊作、サキカタが勝てば豊漁という。

三神社入口から北に600mほど歩けば龍昌院に着くが、途中からは路地を進むことになる。

呼子バス停から湊経由大手口行きに乗ると、4分ほどで丸田バス停に着く。このバス停から大手口方面へ約100m南下して左折し、海岸の方へ約600mくだって行くと、唐津北部衛生処理センターに着く。

このセンター隣(南西)の駐車場が大友遺跡の場所で、標識はない。盛り土をして同センターが建設されたので、遺跡は地下深くになっている。大友遺跡は、弥生時代の埋葬遺跡である。1967(昭和42)年、中学生が海水浴の最中に砂丘内で土器片や人骨片を発見したことに始まる。1968年の発掘調査で、弥生時代の良好な保存状態の人骨が多数出土し、注目された遺跡である。以来、2000(平成12)年まで6次にわたる発掘調査が行われた。その結果、大友弥生人は渡来系弥生人ではなく、縄文人の特徴を色濃く残していることがわかった。第1次調査で発見された甕棺墓の下甕など、一部の出土品は同センター管理棟に遺跡説明パネルとともに展示してある。

七ツ釜

　丸田バス停から大手口行きバスに乗り，2分ほどで七ツ釜入口バス停がある。バス停から20分ほど歩くと，七ツ釜(国天然)の駐車場がある。駐車場横を抜けて，展望台や遊歩道が整備された七ツ釜の上の草原を過ぎると，玄武岩が玄界灘の荒波に浸食されてできた七ツ釜がみえる。断崖は深くえぐられ，7つの洞窟が横に並んでいる。最大の穴で間口3m・奥行110mある。呼子港から出る遊覧船で，外観だけでなく洞窟内部もじっくり見学できる。岬の北端には神功皇后が新羅出兵の戦勝祈念のとき，土器を投じた場所との伝承があり，皇后をまつる土器崎神社がある。神社の近くには，鯨見張り所跡の記念碑がある。

加部島の田島神社 ㉘
0955-82-3347

〈M▶P.196, 237〉唐津市呼子町加部島3956　Ｐ
JR筑肥線・唐津線唐津駅 🚶 5分，大手口バスセンター 🚌 岩野・呼子経由加部島行加部島渡船場前 🚶 3分

参道が海に向かう神社
佐用姫伝説の望夫石

　玄界灘に浮かぶ加部島は呼子港の北に位置し，呼子港の防波堤の役割をしている。呼子大橋の開通で便利になった。
　加部島には，『延喜式』式内社である田島神社(祭神田心姫尊・市杵島姫尊・湍津姫尊)がある。田島神社の祭神がいわゆる宗像三女神であることは，加部島が朝鮮への航路にあたることと密接な関係がある。
　加部島渡船場前バス停から200mほど坂をのぼると，神社入口がある。入口から社務所を横切って進むと，海岸に立つ鳥居がみえる。航海の安全を祈る神社らしく，参道は海に面している。
　境内には，大伴狭手彦との別れを悲しみ，泣き伏したまま石になったという，佐用姫伝説にまつわる望夫石を神体とする佐與姫神社がある。また，豊臣秀吉が朝鮮出兵の際，必勝を祈願した後，槍を突き立てると，その気迫に巨石も割れたと伝えられる太閤石もあ

名護屋城跡と呼子・玄海の島々

田島神社

肥前名護屋城図屏風(県重文)に描かれた景観は、加部島の天童岳(112m)からの眺望に近いといわれているが、現在は木々が茂り見渡せない。名護屋城に近いこともあって、秀吉は社領として100石を安堵する旨の朱印状を、田島神社に与えている。

社宝としては、「正安(1299～1302)」の紀年銘のある木彫鼻高面、延文年間(1356～61)の作といわれる太刀(銘備中国住人吉次、国重文、佐賀県立博物館寄託)などがある。また、田島神社の社叢は、シイ・タブの林を中心にした暖地性植物群落(県天然)である。

小川島 ㉙
0955-53-7165(唐津市呼子支所産業課)

〈M ► P.196〉唐津市呼子町小川島
JR筑肥線・唐津線唐津駅🚶5分、大手口バスセンター🚌岩野経由波戸岬行・呼子行呼子🚶3分、離島航路発着所⛴20分

鯨1本獲れれば、七浦潤うといわれた島

呼子バス停から北へ3分ほど歩くと、離島航路発着所がある。そこから小川島行きの船で北へ20分ほど行くと、小川島に着く。江戸時代には、玄界灘でいちばんの捕鯨基地として知られていた島である。船の発着所から田島神社(祭神田心姫尊・市杵島姫尊・湍津姫尊)の横(西)を通り500mほど進むと、丘の上にいまも小川島鯨見張所1棟(県民俗)が残っている。江戸時代の捕鯨の様子は、1772(安

肥前国産物図考・捕鯨の図(4帖目)〈佐賀県立博物館蔵〉

武寧王誕生伝説

コラム 伝

『日本書紀』の記述 武寧王陵の発見で裏づけ

　加唐島にはオビヤ浦がある。オビヤは、「帯祝い」が訛ったものといわれている。この浦で神功皇后が、新羅遠征の途中に帯着け祝いをしたことから、このようによぶようになったとの伝説がある。

　このオビヤ浦の洞窟で、百済25代王武寧王が生まれたという言い伝えがある。『日本書紀』雄略天皇5年条には、「百済の加須利君は、弟の軍君を日本に派遣した。このとき、王は弟の願いを聞いて側室を与えた。その側室は筑紫の各羅嶋（現、加唐島）で男児を産んだ。この男児は島で生まれたので嶋君と名づけられ、百済に送り返された。この男児がのちの武寧王である。百済の人は、この島を主嶋とよんでいる」という記述がある。

　1971（昭和46）年に韓国公州市で武寧王陵が発見された。王の出生地については記されていないが、その墓誌銘や買地券などにある王の諱や没年齢から逆算すると、生年が『日本書紀』の記述と一致した。

　また王の棺が高野槙製であることもわかった。マキは日本の特産品であることも、王が日本すなわち加唐島で生まれたことを裏づける根拠ともなっている。

永元）～86（天明6）年に、唐津藩水野家家臣木崎盛標が編纂した肥前国産物図考（県重文）の捕鯨図によく描かれている。

　また、漁港の北東側には捕獲された鯨の解体を行った納屋場（作業場）跡の説明板がある。納屋場跡から北へ約200mの所にある観音堂境内には、文久3（1863）年銘の鯨鯢供養塔もある。

加唐島と松島 ㉚

0955-53-7155（唐津市鎮西支所産業課）

〈M▶P.196〉唐津市鎮西町加唐島／鎮西町松島
JR筑肥線・唐津線唐津駅 🚶 5分、大手口バスセンター 🚌 岩野経由波戸岬行・呼子行呼子 🚶 3分、離島航路発着所 ⏱17分／15分

武寧王生誕の地加唐島 キリシタンの島松島

　加唐島は呼子港の北西約7kmに浮かぶ島で、『日本書紀』に「椿の島」と紹介されている。北部に自生するツバキは、島の名産である。百済の武寧王生誕の地と伝えられるオビヤ浦は、港から徒歩約20分の所にある。港にある観光休憩所横にある案内板にしたがって坂道を1分ほどのぼると、左側に2006（平成18）年に設置された武寧王生誕地記念碑がある。さらに4分ほどのぼると、左側に「百済武寧王生誕地オビヤ浦入口」と記された標識がある。ここから左

オビヤ浦の洞窟

折して緩やかな坂をくだって行くと、9分ほどで武寧王の産湯(うぶゆ)に使ったとされる井戸に着く。ここから1分ほどくだると武寧王が生まれたとされるオビヤ浦の洞窟がある。正面の西方海上には瓢箪の形をした松島がみえる。

加唐島では、2001(平成13)年から6月第1日曜日に武寧王生誕祭が催されている。この祭りには、武寧王陵がある韓国公州(こうしゅう)市からの訪問団を迎えて行われている。

松島は安政年間(1854～60)まではマツなどが茂る無人島であったが、加唐島の宗貞八(そうさだはち)と娘のウメが渡って開拓を始めた。ウメは黒島(くろしま)(現、長崎県佐世保(させぼ)市)の漁師福蔵(ふくぞう)を養子に迎えた。福蔵がキリシタンであったため、ウメも信者になり、以来、現在までカトリック信仰が根づいている。

産湯井戸

馬渡島(まだらしま) ㉛
0955-53-7155(唐津市鎮西支所産業課)

〈M▶P.196〉唐津市鎮西町馬渡島
JR筑肥線・唐津線唐津駅🚶5分、大手口バスセンター🚌岩野経由波戸岬行・呼子行呼子🚶3分、離島航路発着所⛴40分

唐津藩の軍馬放牧場
隠れキリシタンの島

呼子港の西北西約13.5kmに、佐賀県最大の島である馬渡島がある。大陸から馬が最初に渡ったので、「馬渡る島」から馬渡島となったとか、白河上皇の時代(12世紀末)に美濃国馬渡(みの もうたいのしょう)庄の本馬義俊(ほんまよしとし)が、この島に流され、当時、斑島(まだらしま)といった島を馬渡島に改めたという伝えがある。中世から近世にかけては馬の放牧場、江戸時代には唐津藩の軍馬放牧場となった。

244　唐津と玄海

唐津初代藩主寺沢広高は、1618(元和4)年、軍馬増産のため馬渡島に放牧場を設けた。島の最高峰番所の辻を中心に、ウマの転落防止のため、周囲12km・高さ2mの石垣をめぐらし、毎年14～15頭を生産した。当時の様子は、木崎盛標の肥前国産物図考(県重文)に描かれている。放牧場には牧場無足3人、足軽4人が常駐した。対馬海流の影響で冬暖かいこの地は、軍馬の放牧場として最適だった。しかし、放牧場づくりは、多くの島民の耕地を奪い、強制移住を強いた。また島に残った者には、石垣の補修などの厳しい労働が強制されることになった。

　馬渡島は、隠れキリシタンの島といわれる。その発端は、寛政年間(1789～1801)に、黒崎村(現、長崎市外海町)のキリシタン7人が、弾圧と迫害に耐えかねて、島の田尻に入植したことに始まる。その後、彼らを頼って移住する者がふえた。彼らは仏教徒の多い海岸部を避けて、丘陵地帯に新村をつくって畑作で生計を立てた。

　1879(明治12)年に神父たちの行動が自由になると、外国人神父の布教活動が活発化した。1929(昭和4)年には、フランス人神父ブルトンによって、紐差(現、長崎県平戸市紐差町)の旧教会堂が解体・移築された。これが、現在の馬渡島カトリック教会堂である。

　現在も馬渡島の集落は東側半分に片寄っており、港に近い宮の本地区を本村とよんでおり、仏教徒が多い。また、二タ松・野中を新村とよんでおり、カトリック教徒が多い。

　島の最高峰番所の辻(237.9m)の展望台からの眺めは素晴らしく、360度見渡せる。展望台のすぐ北側には、烽火台の跡が残っている。これは、幕末に異国船を見張る遠見番所がおかれていた跡で、異国船を発見したときには、ここから烽火をあげて名護屋の大庄屋に知らせ、名護屋から唐津城まで早馬を走らせることになっていた。

　遠見番所跡に行くには徒歩で、船の発着所から湾を左回りに700mほど半周し、名馬ノ鼻という小高い場所に出る。ここから北西方向に1.5kmほどのぼり、番所の辻との分岐点を左折する。分岐点から600mほどのぼる必要がある。

　馬渡島カトリック教会堂へは、きた道を番所の辻との分岐点まで戻り、西へ40分ほど歩くと着く。港への帰りは、南にくだって馬渡

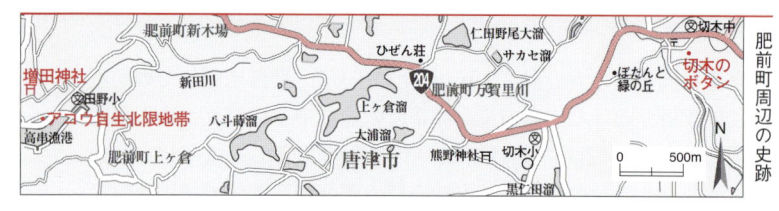

島小・中学校の横を通り，30分ほどで到着する。

切木のボタン ㉜
0955-53-7145（唐津市肥前支所産業課）

〈M▶P. 196, 246〉唐津市肥前町切木乙
JR筑肥線・唐津線唐津駅🚶5分，大手口バスセンター🚌
切木経由入野行・星賀行・納所行切木郵便局前🚶3分

＞岸岳城の悲劇をいまに伝える花

　切木郵便局前バス停付近に案内板がある。案内板にしたがって300mほど歩くと切木のボタン（県天然）がある。
　波多親と妻秀の前が愛好した明国渡来のボタン1株を，慶長年間（1596〜1615）に，家臣の井手賢介が廃城となっていた岸岳城でみつけ，切木村に持ち帰ったのが始まりとされる。現在，井手賢介の子孫宅の庭にある。十数年前までは，複数の株があるようにみえるが根本は1株の樹齢300年を超すと推定される大樹があり，400輪ほどの花を咲かせていた。現在はその株はなくなったが，多数の子孫の株が4月下旬頃に，薄ピンク色をした大人の手のひらほどの花を咲かせている。

増田神社 ㉝
0955-53-7145（唐津市肥前支所産業課）

〈M▶P. 196, 246〉唐津市肥前町高串
JR筑肥線・唐津線唐津駅🚶5分，大手口バスセンター🚌切木経由高串行・入野行・納所行・星賀行高串🚶3分

＞日本唯一の警察神をまつる神社

　高串バス停横に案内板がある。案内板の示す矢印にしたがって，民家の軒と軒の間の2mたらずの狭い道を300mほどのぼって行くと増田神社（祭神巡査大明神）がある。1895（明治28）年，高串にコレラが大流行した。この対策のため派遣された佐賀県警巡査増

増田神社

田敬太郎は、3日3晩不眠不休で、防疫態勢や患者の手当などにあたった。しかし、本人も感染し殉職した。

増田の遺徳を偲ぶ高串の人びとは、増田の遺骨を分けてもらい、秋葉神社の境内に墓碑を造立し、翌1896年には祠をつくった。この祠は、1937(昭和12)年に行われた現社殿の改築の際、秋葉神社と合祀され、増田神社となった。1940年には巡査大明神の鳥居も完成した。このように、増田は日本唯一の警察神として尊ばれている。

毎年7月26日には、増田の遺徳を偲んで、増田神社夏祭りが行われる。大漁旗を翻し、多くの漁船が高串漁港をパレードするほか、白馬にまたがり敬礼する増田をかたどった山笠が町内を練り歩く。

増田神社から東に700mほど行くと、左側の道路沿いにアコウ自生北限地帯(国天然)とされる地点がある。アコウはクワ科の亜熱帯植物である。大小十数株のアコウが、切り立った砂岩の岩壁に力強く根を張りあわせて繁茂している。大きいものは樹齢180年ほどと推定され、樹高7m、枝張り5mにおよぶ。

東光寺 ㉞
0955-52-2526

〈M▶P.196, 247〉 東 松浦郡玄海町 有浦下3407 P
JR筑肥線・唐津線唐津駅🚶5分、大手口バスセンター🚌岩野経由新田行・高串行・入野行・星賀行ほか有徳小学校入口🚶4分

定朝様式の薬師如来坐像がある寺

有徳小学校入口バス停で下車し、きた道を北東方向に100mほど戻ると、案内板があるのでそこを左折する。そこから200mほど進むと、左手に東光寺(曹洞宗)がある。東光寺は永享年間(1429〜41)に日高宗任が赤木村(現、唐津市鎮西町)に東光寺を建て、念持仏として薬師如来を信仰したのが始まりである。その後、荒廃して

名護屋城跡と呼子・玄海の島々

木造薬師如来坐像（東光寺）

いた東光寺は1592（天正20）年に中外正寅和尚を中興開山として、現在地に移されたと伝えられている。

本尊の木造薬師如来坐像（国重文）は、ヒノキの寄木造で、漆箔が施されている。彫りが浅く整った衣紋や円満な表情は、平安時代末期の定朝様式の特徴をよくあらわしている。秘仏として厨子内に長く安置されていたものを、1916（大正5）年に補修され、往時を偲ばせる仏像としてよみがえった。

　有徳小学校入口バス停から、再び高串行き・入野行き・星賀行きバスに乗り、寺沢広高が行った新田開発の名が残っている有浦新田を過ぎ、梅崎バス停で降りる。ここから坂を1kmほどくだると、右側に旧杵島炭鉱大鶴鉱業所第2坑口（国登録）がある。間口7mのコンクリート造りで、中央に直径約4mの坑口がある。1936（昭和11）年に、ここ大鶴にあった香春炭鉱と隣接の唐津炭鉱を杵島炭鉱が買収した頃に建設されたものである。杵島炭鉱大鶴鉱業所は、1957（昭和32）年に閉山になった。

　坑口から100mほどくだった所に、「にあんちゃんの里記念碑」と「鶴の岩屋」の案内板がある。200mほど進むと記念碑に着く。ここは大鶴鉱業所の事務所や入野小学校大鶴分校などがあった場所で、『にあんちゃん』の作者安本末子もここで学んでいたことから、この地に記念碑が建てられた。記念碑の奥に急な坂道がある。この坂道を100mほどのぼると、鶴の岩屋に着く。500年ほど前に修行僧が波によって穿たれた洞窟を掘り広げ、その壁面に百数十体の仏像と鶴亀を彫り、衆生の福寿を祈ったという由来がある。仏像などには朱や白の彩色が施されている。また、岩屋のある岩山の形や、洞窟の中に鶴が彫刻してあることから鶴の岩屋とよばれるようになったといわれている。

あとがき

　『佐賀県の歴史散歩』の改訂の話があって，何年が経過したでしょうか。もう年月をたどることも難しくなってしまいました。この「あとがき」を書くにあたって，前の『佐賀県の歴史散歩』の「あとがき」をみていたら，この文章と同じ趣旨のことが書かれていました。このことの責任は，執筆者全員ではなく，ひとえに，中心に位置していた者の責任であります。

　山川出版社に対しても，多大な迷惑をかけたことを申し訳なく思っています。若干の言い訳をするなら，改訂作業に入って以後から執筆者全員が多忙な立場に立った者が多かったことでした。ともあれ，なんとか完成にはたどり着いたものの，内容については，不満の残る所もあるかと思われます。

　ここ数年間の佐賀県における文化財関係の発掘などについては，注目すべき点が多くあることも確かです。佐賀県といえば，古代の吉野ヶ里遺跡，安土・桃山時代の名護屋城跡，幕末・明治維新期の大隈重信を始めとする多彩な人材の輩出，という3つの時代に絞られそうですが，ここにおいて，やや地味ながら，中世・戦国時代の山城にもみるべきものが多くあることがわかってきました。

　その代表的なものが，北部九州の交通の要衝である鳥栖の勝尾城です。2006年に「勝尾城筑紫氏遺跡」として国の史跡に指定されたこの城は，福井県の「一乗谷朝倉氏遺跡」に比肩する重要遺跡であるといわれています。まだまだ未解明の部分が多いものの，今後の研究が進めば，多くのことをわれわれに教えてくれるのではないかと考えられています。

　以上，「あとがき」にはややふさわしくない文章になってしまいましたが，この本を手に取った方々が，少しでも佐賀県に興味をもっていただき，直接，自分の眼で佐賀県の豊かな歴史に触れられることを期待したいという思いでいっぱいです。

　　2012年5月

『佐賀県の歴史散歩』編集委員長

松浦洋士

【佐賀県のあゆみ】

原始

　佐賀県は,北の脊振山地および東部の筑後川で福岡県と,西部および西南部で長崎県と境を接している。また,北は玄界灘,南は有明海という対照的な海に面している。九州7県のなかではもっとも面積が狭く,人口も最少である。ただし,直線距離で佐賀・東京間が約1000kmであるのに対して,佐賀・釜山間は約250kmという数字が示しているように,朝鮮半島と近接した位置にあることが,この地域の文化形成に大きな影響を与えた。

　県内における火山活動の痕跡は,1992(平成4)年に調査された八藤遺跡(三養基郡上峰町)で,旧石器時代の約8万年前に発生した阿蘇山の火砕流により倒されたと考えられる森林が発見された。この調査から,この時期は冷涼な気候であったと想定されている。

　旧石器時代の遺跡の残存は,約2万4000年前に鹿児島県の姶良カルデラの火山灰が広範囲に降りそそいだ頃からである。唐津の西北部・東松浦半島一帯に国内有数の密集地帯があり,生石・磯道遺跡(唐津市)は代表的である。また,県南部の船塚遺跡(神埼市)には,近畿地方を中心に分布する国府系石器群があらわれ始める。約1万2000年前頃になると,県中央に位置する多久市に,サヌカイトを用いた特色ある石器文化が生まれる。中心は茶園原遺跡で尖頭器など数万点が発掘され,周辺遺跡を含めると数十万点におよぶ。

　縄文時代,遺跡数が増加する。1995年に発掘が始まった東名遺跡(佐賀市)からは早期の炉跡・集石遺構・墓地などが確認された。この遺跡の特色は,低湿地に立地していることである。この時期の一般的な遺跡が山麓部や山間部にあることが多く,今後の調査に期待される。なお,人骨7体も発見された。

　前期の遺跡では,菜畑遺跡(唐津市)がある。この遺跡は,縄文晩期から弥生時代前期の初期水田遺構が発見されて有名だが,前期の曽畑式土器などが大量に出土していて,西日本の前期文化の研究に寄与している。中期から後期の遺跡では,坂ノ下遺跡(西松浦郡有田町)から,21基の貯蔵穴が発見され,多くの阿高式土器・木の実・木の葉・紐・円形籠が出土,貯蔵穴から採集されたアラカシの実が芽を出し,現在,佐賀県立博物館で大きく成長している。

　そのほか,1991(平成3)年に調査され集石遺構が多く発見された平原遺跡(鳥栖市),1994・95年の調査で特徴的な石銛がみつかった徳蔵谷遺跡(唐津市)などがある。晩期の遺跡で代表的なのは,久保泉丸山遺跡・金立開拓遺跡(佐賀市)・唐ノ川高峰遺跡(唐津市)などで,それぞれ支石墓・甕棺・集落跡に特色がある。

　弥生時代に入ると,佐賀県の文化は,唐津市を中心にした玄界灘沿岸地域と,佐賀・鳥栖市などをひとまとまりにした有明海沿岸地域とに大別される。そのうち,

玄界灘地域は、いち早く大陸文化と接し、福岡県福岡市・糸島市とも関係の深い文化圏に属する。一方、有明海地域は、筑後・肥後の同地域と共通の文化を有し、のちに九州独特の文化を創造する。

　菜畑遺跡は、国内最古の水田遺構が発見されたが、稲作開始は縄文時代晩期に遡る。水田跡からは、水路・畦畔（あぜ道）をともなった本格的な灌漑耕作が行われていたことが判明したが、単位面積が非常に狭いことも特色である。稲作技術の導入とセットになった磨製石器も出土しており、新文化導入の有り様がわかる。しかし、縄文系の石器も依然使用されており、以後の日本における文化導入の原型を示す。

　佐賀県の弥生時代を代表するのは、吉野ヶ里遺跡（神埼郡吉野ヶ里町）である。県東部に位置するこの遺跡は、1982（昭和57）・86年に確認調査が行われ、1986年5月から本格的な発掘調査が開始された。1989（平成元）年2月、弥生時代後期の国内最大級の環壕集落跡が発見され、『魏志』倭人伝の記述を思い浮かべる遺跡として、一大ブームを巻き起こすことになる。その後も大規模な発掘のため、調査の進展にともなってさまざまな発見があいつぎ、国営公園として整備され、現在に至っている。

　古墳時代、初期前方後円墳として最大級は、金立銚子塚古墳（佐賀市）である。船塚古墳（同市）は全長114mの県内最大の前方後円墳であり、5世紀前半から中頃（古墳時代中期）に築造されたと考えられる。東部地域では、目達原古墳群（神埼郡吉野ヶ里町）の前方後円墳が、5世紀中期から6世紀中期までの期間に築造され続けている。その後、伊勢塚古墳（神埼市）が最後の前方後円墳として位置づけられる。唐津地域で最大の前方後円墳は全長110mの久里双水古墳（唐津市）である。ただ、この地域は、朝鮮半島からの新技術の導入が早く、5世紀に入ると横穴式石室をもつ古墳が増加する。なかでも谷口古墳（唐津市）は、竪穴系横口式石室という新しい構造を採用した特色ある古墳である。

　一方、有明海文化圏といわれる県南部・南西部地域には、九州の特色をもつ装飾古墳がある。これは、筑紫国造磐井の岩戸山古墳（福岡県八女市）につながるともみられ、西原・西隈古墳（佐賀市）がその特徴を有す。

古代

　佐賀県の古代史は、神籠石と古代山城から始まる。神籠石とは、もともとは石組で囲まれた由来不明の施設であり、福岡県久留米市の高良山神籠石からきている。神の足跡を示す石という宗教的施設という見方であった。しかし、近年、古代山城であることがわかった。佐賀県には、帯隈山神籠石（佐賀市）とおつぼ山神籠石（武雄市）の2カ所がある。外郭線の総延長は、それぞれ約2.4km、約1.9kmである。石組そのほかの構造などについて、基肄城（三養基郡基山町）との関連が指摘されている。古代山城である基肄城は、663年の白村江の戦いで敗れた倭・百済連合軍

の大宰府防衛の一環として築かれた城であり、標高404mの基山山上を中心に、土塁の総延長が約4.4kmにおよぶ。役割は、大宰府からの逃げ込み用の施設であった。665年から築城が開始され、少なくとも9世紀頃までは機能していたと考えられている。

古代の肥前国を知る資料として『肥前国風土記』があり、成立は8世紀中頃と考えられる。これによれば、肥前国の郡は11、郷は70、里は187、駅は18カ所、烽は20カ所、城は1カ所、寺は2カ所であった。郡は、基肄・養父・三根・神埼・佐嘉・小城・松浦・杵嶋・藤津の9郡が佐賀県関係である（長崎県関係の郡は彼杵・高来の2郡）。また郷には、鳥樔（鳥栖）・託羅（太良）など、現在の地名にもつながるものがある。烽とは狼煙施設のことで、城は基肄城のことである。

肥前国国府は、7世紀後半から10世紀前半まで機能していたことが出土遺物などからわかる。国府跡の発掘調査は1975（昭和50）年から1984年まで行われた。その結果、南門・前殿・正殿・後殿などの建物が南北一列に並ぶ（ただし、脇殿は正殿と南門の間に直角に建つ）形式であった。それぞれの建物は、2～3回の建て替えが行われており、Ⅰ・Ⅱ期が掘立柱であるのに対して、Ⅲ期は礎石建物である。1989（平成元）年9月に国史跡に指定された。1997・98年度に復元整備計画がたてられ、現在は南門とそれに付随する築地塀が復元されており、資料館も併設された公園になっている。また、聖武天皇勅願の国分寺・国分尼寺も建てられ、それらの礎石の一部とみられる版築土壇の遺構も残存し、七重塔が立っていたと考えられている。

肥前国の佐賀県地域は、条里地割が多く残されている。東部から基肄郡と養父郡の条里は一連のものであり、神埼郡の条里は三根郡境から西へ進み、地割は連続している。佐嘉郡の条里は4つの条里区からなり、条は神埼郡境から数える。小城郡は、佐賀郡と同様になっている。杵島郡は複雑な地割になっているが、基本的に佐嘉郡と同じである。松浦郡は松浦川・玉島川流域に局地的に条里地割が残る。

肥前国は、大宰府に向かって官道がほぼ一直線につくられたようで、その道は、吉野ヶ里遺跡の北側で発掘により確かめられ、肥前国府から神埼郡駅家を経て道路が走っていたことは確実である。

古代、対外関係の窓口としては、一般的に唐津地域が考えられるが、この時期、有明海沿岸も貿易港としての役割をになっていた。筑後川河口の諸富津（佐賀市）は、周辺地域の遺跡より出土する遺物から考えて、港として機能していたことが考えられる。平安時代前期以後になると、宋船の出入りがあったことが知られ、近くに位置する下中杖遺跡（神埼郡吉野ヶ里町）から多数の中国産陶磁器が出土していることは、この地域が中国との貿易を行っていたことを示す。

その有明海を通じた、対外貿易の中心となっていたのが神崎荘である。院領荘園であり、佐賀県下最大の規模を誇った神崎荘は、もともとは、天皇勅旨田から

出発した。院政時代には3000町という大荘園になっていく経緯は不明であるが、大宰府官人らの役割が大きかったと思われる。のちに平氏がこの荘園と深くかかわったのを契機に、以後の歴史にこの神埼の地は重要な役割をはたす。この荘園の鎮守として、櫛田宮も注目すべきである。

これ以外にも、佐賀県内には、院領荘園として、河副荘・巨勢荘（佐賀郡）、松浦荘（松浦郡）などの大きな荘園があった。そのほか、太宰府天満宮安楽寺領として、佐嘉荘・蠟久荘（佐嘉郡）、石動荘（神埼郡）、幸津荘・鳥栖荘（養父郡）などがあり、宇佐八幡宮の荘園も小城郡（大楊荘・赤自荘）などに多かった。

中世

日本の中世は院政時代から始まりとするのが通説だが、ここでは、平氏政権からみていく。

1159（平治元）年の頃、日向通良が謀叛をおこしたので、朝廷は平清盛に鎮圧を命令し、清盛は家臣平家貞を派遣し追討させた。これ以後、平氏の肥前進出は顕著になり、清盛は肥前国では神崎荘につぐ広さをもつ長島荘（杵島郡）や大功田を与えられた。また平氏は、神崎荘との深いかかわりが指摘されている。この荘園は有明海貿易の拠点であっただけでなく、博多・大宰府とのつながりも重要であった。博多の港とは、大宰府経由だけでなく、脊振山越えのルート（坂本峠）も確保していたといわれる。ちなみに、博多・櫛田神社のルーツは、神埼の櫛田宮であるともいわれている。

源平争乱期に肥前国の武士たちがどのような立場であったのか不明であるが、平氏の拠点の1つとしての肥前国にも争乱の進展とともに、反平氏に立つ者も多くなっていく。そして平氏滅亡とともに、鎌倉幕府の御家人になっていった。佐賀県内の武士で、鎌倉幕府御家人になった者は、四十数氏あるといい、そのなかで有力なのは、高木氏や高木氏の一族の南氏などであったが、南氏はのちに龍造寺氏を名乗る。ところが、この肥前国を始めとした西国では、在地の武士は小地頭にしか任命されなかった。その上には惣地頭がおかれ、小地頭の権限を掣肘していた。

蒙古襲来（元寇）が北部九州に与えた影響は、計り知れないものがあった。佐賀県の御家人たちは、蒙古合戦に動員されただけではなく、博多湾岸の石築地（元寇防塁）の築造にも従事させられた。しかし、それらに対する恩賞は少なく、神崎荘が元寇の恩賞地として配分された。御家人らの不満をよそに、北条氏は確実に肥前国に進出する。その象徴が、吉野ヶ里遺跡のすぐ南に残る東妙寺である。西大寺派律宗のこの寺は、後宇多上皇の勅願寺であり、北条氏得宗家の尽力でつくられた。近くにある石塔院には、鎌倉幕府の親王将軍の墓とされる大きな五輪塔が残されている。

南北朝の対立抗争は、肥前国にも大きな影響をおよぼす。九州の南朝方は、征西将軍宮懐良親王の活躍により、一時期全盛期を迎えるが、その勢力を削ぐべく派

遺されたのが九州探題今川了俊である。了俊は、肥前国をおさえることで南朝勢力を抑え込もうとした。その結果、九州の南朝方は凋落していくが、了俊も九州探題を解任されてしまう。

室町時代に入ると肥前国は、伝統的に勢力をもっていた少弐氏、小城を拠点に勢いをふるった関東西遷御家人千葉氏、そして九州探題渋川氏の3者を軸に、豊後の大友氏、山口の大内氏の介入、そのいずれかについたり離れたりする肥前土着の武士たちによる集合離散の様相を呈する。九州探題の権威の低下、少弐氏の没落などの情勢から千葉氏が台頭するが、それらをすべて押しのけて勢力拡大をはたしたのが龍造寺氏である。一方、唐津・伊万里地方には、海の武士団ともいわれる松浦党が組織された。平野が少なく田畑に恵まれないこの地方では、漁業や中国・朝鮮との交易など、海を舞台にした活動が中心となった。独自の党運営を行った彼らは、今後、日本人の一側面として忘れてはいけないだろう。

戦国期の佐賀は、龍造寺氏が台頭してくるまでは、混沌とした状況であった。鳥栖の山城勝尾城の筑紫氏、平地クリーク地帯の城姉川城の姉川氏など、特色ある勢力を1つにまとめるには、戦国大名としてのカリスマ性が必要であった。少弐氏・千葉氏から自立を成し遂げた龍造寺隆信は、一方で敵対者を滅ぼし、他方では他氏を一族化し、有力な大名との連携をはたすことによって勢力を拡大した。鍋島直茂という優秀な補佐役をもったことも大きかった。そして、1578(天正6)年、長年の敵対者であった豊後大友宗麟の日向耳川合戦での大敗をきっかけに、筑前・筑後・肥後・豊前へ進出し、1580年、「五州二島の太守」とよばれる大大名へと成長した。しかし、1584年、島原半島沖田畷で有馬・島津氏の連合軍に敗死し、以後、実権は鍋島直茂に移る。

近世

龍造寺氏から鍋島氏への実権移動は、豊臣秀吉との関係、なかでも、朝鮮出兵という軍事行動のなかで進められていく。龍造寺隆信の後継者であった政家は病身で、その子高房は幼少であったという理由から、実質的な権力を鍋島直茂が握るのだが、実力がものをいう戦国時代では、この権力移譲は龍造寺氏家臣団も容認した。ただし、龍造寺高房の子伯庵は、この後、江戸幕府にこの移譲を不服として訴えることになる。朝鮮出兵の拠点となった肥前名護屋城は、天下人秀吉の居城として、人工的に出現した城下町であった。そこには、城があるだけではなく、各大名の陣屋がつくられ、多くの人びとが移り住んだ。しかし、この侵略戦争は、秀吉の死とともに終わり、この大都市も消えていった。関ヶ原の戦い(1600年)で、西軍側についた鍋島氏は、戦いの後、徳川氏からの処分を最小限にとどめるため、多大な努力をしなければいけないことになる。

近世大名鍋島氏は、初めのうちは、旧龍造寺氏一族および家臣団をどうまとめるかで苦労する。その手始めに1608(慶長13)年以後に行われたのが、佐賀城下への

家臣団の在住の強制と三部上知(知行地の3割召上げ)の実施であった。
　1637(寛永14)年の島原・天草一揆に際して、佐賀鍋島藩は3万4000余人の大軍を送って原城を攻撃し、抜け駆けの功名にはやって江戸幕府から謹慎を命じられたが、のち赦された。1642年、三支藩(小城・蓮池・鹿島の3藩)が大名に昇格したのをきっかけに、割拠体制は一層進んだが、佐賀本藩はなんとか領国体制の強化再編に努めた。2代藩主鍋島光茂は、三家格式を制定して、藩内を石高順に序列化し、3代綱茂の代で強化されていった。その結果、1699(元禄12)年には、三家(三支藩)、親類(白石・川久保・久保田・村田の4家)、親類同格(諫早・多久・武雄・須古の4家)、家老、着座、という序列が完成した。しかし、1750(寛延3)年の諫早一揆においては、本藩と諫早家(親類同格)との確執があった。
　『葉隠(聞書)』は1716(享保元)年に完成した物語であり、語ったのは山本常朝という光茂の側近であった。この著作については、さまざまな評価があるが、観念的な武断主義へのあこがれという側面が強いといわれている。
　佐賀鍋島藩の特色の1つに、地方知行制の残存がある。そのため、本藩の武士もその76%は城外の農村に居住し、城下町の武士には商業を営む者もいた。そのため、武士・百姓・商人らの混住が普通であった。
　一方、唐津藩は寺沢氏・幕領・大久保氏・松平氏・土井氏・水野氏・小笠原氏、というように譜代大名の交替があり、その点、佐賀藩とは対照的である。寺沢氏は、島原・天草一揆で断絶、1年間の幕府領を経て、その後大久保・松平・土井氏があいついで藩主となった。ついで藩主となった水野氏の1771(明和8)年、藩の百姓への徴税強化に反対して虹の松原一揆がおこり、百姓の要求は認められた。唐津藩水野氏4代目が水野忠邦である。みずから求めて浜松(遠江)に転封し、のち老中となり天保の改革を行った。
　佐賀東部の田代地方(鳥栖市)は対馬藩宗氏の飛び地領で、対馬が行った朝鮮との貿易で輸入した朝鮮人参を主原料とする製薬業が発展し、田代売薬として行商が行われた。
　教育の発達が日本近世の1つの特色であるが、佐賀県においても佐賀藩8代藩主治茂が1781(天明元)年に創設した藩校弘道館は、1840(天保11)年には拡張されて藩士の教育に力がそそがれ、古賀精里・穀堂父子らのすぐれた学者を輩出した。唐津藩領では、民間私塾が隆盛した。また、多久茂文も1699年、東原庠舎を建て、1708(宝永5)年には聖廟恭安殿(多久聖廟)を設けて教育を振興した。
　産業の地域的特色を示すものとしては、有田焼・唐津焼という全国に知られる焼き物、玄界灘で展開した捕鯨業、石炭採掘などがあったが、有明海の干拓事業による農地の拡大も江戸時代を通して行われたものであった。
　佐賀藩が幕末に西南雄藩の1つとして登場するきっかけとなったのは、1808(文化5)年におきたフェートン号事件における佐賀藩の失態である。もともと、長崎

警備は佐賀・福岡両藩が交替で行っていたが，この時は佐賀藩が当番であった。
　1830(天保元)年10代藩主に就任した直正はさっそく藩政改革に着手した。古賀穀堂の意見を取り入れ，蘭学を導入し，人材育成に尽力した。いち早く反射炉をつくり，鉄製大砲の国産化に成功して，幕末の政局に重きをなすに至る。
　唐津藩の小笠原長行は，藩主を補佐して藩政改革を実施，のち幕府に出仕，老中になり，崩れゆく幕府を支えて，戊辰戦争では箱館五稜郭の戦いまで新政府軍に対抗した。

近代・現代
　幕末から明治維新にかけて，多くの佐賀藩出身者が多方面で活躍する。江藤新平・大木喬任・大隈重信・佐野常民・島義勇・副島種臣らである。そのうち，江藤・島の2人は，佐賀の役(佐賀の乱)で政府に反抗して処刑されるが，優れた政治家江藤新平の死は多くの人に惜しまれた。以後，大隈・副島・大木・佐野らが中央政府で活躍するものの，佐賀地域は初め伊万里県，つぎに佐賀県となったが，長崎県に合併されてしまう。しかし，1883(明治16)年に佐賀県は再設置され，現在に至っている。
　佐賀県内での政党政治の発展に寄与したのは，小城郡出身の松田正久と佐賀郡出身の武富時敏である。2人は，日本最初の政党内閣である第1次大隈重信内閣(1898年)では，松田が大蔵大臣，武富は内閣書記官長に就任した。以後，全国的な活動を行った松田に対して，佐賀県内政治では武富の活躍が目立つ。
　近代の佐賀県は米作りと石炭採掘が2大産業であった。しかし，明治時代の佐賀の米作りは明治時代後期に生産拡大はするものの，政府の農業政策と幕末以来の技術に依存していた。石炭採掘では，炭坑の大規模化が明治30年代から進行し，それまでの小規模炭坑が整理統合された。そのため，中央財閥・筑豊の炭鉱業者の進出が顕著になる。一方，佐賀県出身の高取伊好は杵島炭坑を開業し，大手業者に対抗した。明治末年以後の炭坑の機械化は，県内機械工業を刺激し活性化させた。谷口・唐津の鉄工所は炭坑用機械生産から始まり，のちさまざまな分野に進出した。また，有田焼も設備を近代化して輸出産業の一翼をになった。
　いわゆる「佐賀財閥」の代表的な深川家・伊丹家は，藩政時代はともに藩御用商人から出発した。明治時代に入ると，深川家は西南戦争(1877年)などの軍事輸送から造船業・中国航路の運輸部門に進出，土地を購入して地主となり，金融業も行った。伊丹家は米穀取引から金融業に進出，近代産業(セメント・電力・鉄道)に積極的に投資した。
　第一次世界大戦(1914〜18年)は，未曾有の大戦景気を日本にもたらした。また一方で，物価高が庶民の生活に重くのしかかった。1918年に発生した米騒動は佐賀県にも大きな影響をおよぼした。また，炭坑での大規模な労働争議や小作争議が大正時代中・後期には頻発した。1920年の戦後恐慌は，深川家や伊丹家などを衰退に陥

れた。しかし、地元資本の高取家は生き残り、あらたに出発した戸上電機製作所は自動開閉器の特許権を取り、生産を拡大した。

佐賀県の米作りは、1933(昭和8)〜38年になると生産量が拡大、平均反収で全国1位となった。これは、機械力を用いたあらたな技術体系を導入したためで、「佐賀段階」といわれた。

1937年の日中戦争開始とともに戦時体制が本格化すると、佐賀県内でも軍需品関係の生産が拡大していった。しかし、戦争の長期化と太平洋戦争への突入は、米作り生産の大幅な減収といった形で、国民生活を圧迫する。そのように、経済の破綻状況は必然的に日本を敗戦へと導くことになった。

1945年8月15日に戦争が終結すると、アメリカを中心とする占領軍の指令で戦後改革が進められる。そして、1947年、最初の統一地方選挙が実施された。また、1953年の町村合併促進法の制定により、佐賀県では2市120町村が7市42町村に再編された(「平成の大合併」で10市10町になる)。

農地改革は、戦後改革で佐賀県にもっとも大きな影響を与えたものである。この改革の結果、小作地率は1945(昭和20)年の41％から1950年には11％(全国平均10％)に低下した。しかも、自小作農の経営面積が全耕地の95％を占め、小作農は1％にすぎない状況へと大きく変化したのである。

戦後、政府による産業再生策の一環として導入された傾斜生産方式により増産がはかられた石炭産業は、昭和30年代には最盛期に入った。しかし、炭坑ストや石油との競合にやぶれ、1972年に佐賀県の石炭業は終わりを迎えた。一方、米作りは1964(昭和39)年度から「新佐賀段階」運動として県下全域に広まり、平均反収は1965・66年には全国1位となった。

現在、佐賀県は少子高齢化と人口の減少傾向に歯止めがかからない状況にある。その打開策として佐賀空港の利用促進と、新幹線網の実現によって産業振興をはかろうとしている。九州新幹線鹿児島ルートは2011(平成23)年、全線開通して新鳥栖駅が開業したが、九州新幹線西九州ルート・長崎ルートはまだ一部が着工したにすぎない。九州電力玄海原子力発電所の問題も抱えながら、今後、農業や水産業だけに依存しない県のあり方をどうするか、観光産業の育成を含めて真剣な議論が必要となってくるであろう。

【地域の概観】

鳥栖・みやき・神埼

　この地域は，佐賀県の東部で福岡県と境を接し，古代九州の政治の中心である大宰府とも至近距離にあって，肥前国の先進地域といってよい場所であった。

　基山に残る基肄城は，古代の政治的緊張を今に伝え，鳥栖市の安永田遺跡(九州で初めて銅鐸鋳型片が発見された)を始めとする弥生遺跡は，古代史にあらたな疑問を投げかけたものとして重要である。鳥栖の田代は，江戸時代「田代売薬」で有名であり，中冨記念くすり博物館はその歴史を教えてくれる施設である。

　千栗八幡宮と綾部八幡宮は，この地が古来，戦略上の重要拠点であった事実を示す。綾部八幡宮は，『肥前国風土記』に朝鮮から渡来した漢部の人びとが武器をつくった場所として登場し，筑後川左岸に位置する千栗八幡宮は，中世以後，武士たちの争奪の場と化し，江戸時代にも佐賀の河上神社と肥前国一宮を争った。

　脊振山は，山岳信仰の霊場として知られ，鎌倉時代には，臨済宗の創始者である栄西も，この地で茶の栽培を行ったという。

　弥生時代の重要遺跡である吉野ヶ里遺跡は，国営公園としてあらたに出発したが，地道な発掘調査も継続されている。この周辺地域は，中世においても重要であり，遺跡のすぐ南東に立つ東妙寺は西大寺派律宗の寺院として，後宇多上皇・北条氏らの援助で建立された。

　この地域は，佐賀平野の開発を物語る広大な神崎荘の故地としても平安時代以来知られており，北の仁比山神社から白角折神社や神埼の中心部にある櫛田宮を経て南の高志神社へと続く道は，そのまま田地の開発ルートでもあった。

　また神埼は，江戸時代，長崎街道の宿場町として，鳥栖市の田代宿や，みやき町の中原宿とともに，この地域の交通の拠点として機能した(神埼・中原の間には吉野ヶ里町の田手宿がある)。

　神埼市には，網の目のように張りめぐらされた水路であるクリークに囲まれた環濠集落が発展し，中世武士の居館が生まれた。姉川城跡は典型的な遺構である。このような歴史や自然は，教育家であり，名作『次郎物語』の作者である文学者下村湖人という個性を生んだ土壌でもあった。

県都佐賀市とその周辺

　佐賀市は，佐賀県の県庁所在地であり，平成の大合併(2005〈平成17〉・2008年)により，周辺町村(大和町・諸富町・富士町・三瀬村・川副町・東与賀町・久保田町)を吸収して広域の都市として再出発した。

　市の北部に位置する大和町の中北部と富士町・三瀬村は脊振山地の一角を占め，この山地を境に福岡県福岡市や糸島市と隣接している。「平成の大合併」の結果ではあるが，県庁所在地(佐賀市・福岡市)どうしが境を接するというのは，全国的にも珍しいのではないだろうか。また一方，南東部では，筑後川(九州一の大河)を挟

んで同じく福岡県大川市と境を接する。

　市街地は，平坦な佐賀平野(沖積平野)に位置し，大小さまざまな河川やクリークなどに囲まれている。そういうことから，水に囲まれた都市ともいえるであろう(有明海沿岸地域は中世以来，干拓が行われてきた)。それは一方では，水害との戦いの歴史でもあった。

　市の西側を流れる嘉瀬川の河川敷では，晩秋，佐賀インターナショナルバルーンフェスタが毎年開催され，約100万人を超える人出を毎回記録している。

　古代，佐賀市北部の大和町に肥前国の国府がおかれ，国分寺・国分尼寺も建立された。この地域が肥前国の中心であった。大和町には，今でも尼寺という地名が残っている。また，肥前国庁跡が長崎自動車道の佐賀・大和IC付近に復元されている。

　中世後期の戦国時代，国人(地侍)出身の龍造寺氏がこの地の支配者となってから佐賀は発展し，なかでも龍造寺隆信は，全盛期には「五州二島の太守」と称して北九州に覇をとなえたが，島原・沖田畷の戦いで薩摩の島津氏(有馬氏との連合軍)との戦いで敗死し，その勢力を失墜させた。その後の佐賀は，龍造寺氏から家臣鍋島氏への権力移譲，関ヶ原の戦い(1600年)での西軍という立場から，徳川氏からの圧力を強く受けることになったが，なんとかそれに耐えた。

　江戸時代に入ると，龍造寺氏の後を継いだ鍋島氏の肥前(佐賀)藩36万石の城下町として，名実ともに肥前国の中心的位置を占めるに至った。また佐賀は長崎街道の宿場町としての機能もあわせもっていた(市内各地に宿場町としての面影も残している)。

　佐賀藩は，小城・蓮池・鹿島藩という3つの支藩をもつ大藩として，九州での位置を占めることになった。その一方で，長崎という貿易都市の警備という大きな役割をになったが，そのことが，1808(文化5)年におきたフェートン号事件に深くかかわることによって，対外関係の重要性に目覚めることになる。長崎という，当時の日本の唯一の国際都市との関係が，佐賀藩を大きく変化させる契機になった。

　幕末，西洋的軍事力をいち早く自前で装備することができるようになった佐賀藩は，政局に，一定の役割を期待されることになった。しかし，混迷する幕末の政治情勢は，結果的には，薩摩・長州中心という形で明治維新を迎えることとなる。

　幕末・明治維新の激動期には，藩主鍋島直正を始め，大隈重信・江藤新平・副島種臣・大木喬任・佐野常民・島義勇ら多くの人材を世に送った。しかし，そのいずれも政治のトップリーダーにはなれなかった(佐賀藩閥を形成するには至らず)。

　1874(明治7)年の佐賀の役(地元では佐賀の乱という言い方を好まないので，このようにいう)によって，佐賀は一気に政治の地盤低下を招くことになった。そのため，一時期は伊万里県がおかれる(伊万里市が県庁所在地)などの紆余曲折があった。しかし，佐賀県の再置とともに佐賀市は県庁所在地として復活し，現在に至る

まで佐賀県の中心都市としての役割をはたしている。

小城と多久

　小城を中心とする小城郡の史料上の初見は『肥前国風土記』である。郡内は7郷で，20里と記載されている。鎌倉時代初期に下総千葉氏の支配地の一部となり，元寇以後は千葉氏宗家の支配地となった。千葉氏は室町時代には小城・佐賀・杵島3郡を支配する有力者となり，小城はその城下町として栄え，「肥前の国府」とよばれた。千葉氏は戦国時代に内紛や周防の大内氏の侵攻で衰退し，戦国大名龍造寺氏にとってかわった。江戸時代になると，近世大名鍋島氏の支配地となった。佐賀鍋島藩支藩の小城鍋島藩7万3000石の陣屋がおかれ，俗に「城下町小城」と称された。

　明治維新後，陣屋跡一帯の中心部は小城町となり，1932（昭和7）年，岩松・晴田・三里の3村を合併して小城町が誕生した。稲作・果樹・園芸による農業経営が行われ，佐賀市のベッドタウン的な役割をはたしている。

　牛津は，中世には千葉氏の支配下にあった。14世紀後半には，九州探題今川了俊（貞世）も一時居住したという。鍋島藩政時代には長崎街道の宿場町となり，「鎮西の大坂」と称されるほどの商都に成長した。1889（明治22）年に町制を施行し，1956（昭和31）年砥川村と合体した。小城郡南端の芦刈町は藩政時代以来，干拓が実施され，1967年町制を施行した。農業と養殖海苔で有名である。小城郡東部の三日月町は田園地帯に位置する。同町は南北に長い純農村地域で，『和名類聚抄』には「甕調郷」とある。古来，土器が生産されたと伝えられている。町域全体に条里制の遺構が残り，長神田の複合施設ドゥイング三日月の広場には，「条里制記念碑」が建てられた。1969年町制をしき，先進的な農業経営を展開している。

　2005（平成17）年，小城町・牛津町・芦刈町・三日月町の4町が合体して小城市が誕生した。

　多久市では，三年山でのサヌカイトの尖頭石器の出土や綿打遺跡の発掘により，旧石器文化を確認できる。縄文・弥生時代の遺跡も多い。『和名類聚抄』に小城郡内の郷として「高来」とあり，『延喜式』にも「高来駅」とみえるが，この高来は今の多久と解されている。東多久町別府には条里制の遺構を示す地名も残っている。

　中世の多久は，多久氏の活躍がみられた。ただ多久氏の多久移住については，伝承に彩られている。江戸時代に編纂された『丹邱邑誌』『九州治乱記』などによると，鎌倉幕府の成立後，建久年間（1190～99）など早い頃，源頼朝の恩賞により，御家人的武士多久宗直が摂津国から多久へ移動，定住したという。また，鎌倉御家人三浦氏一族の津久井宗直が多久に定住し，多久氏に改姓したとの説もある。『吾妻鏡』の1250（建長2）年の項に「多久平太」なる人物が登場するが，これが多久氏であれば，前記の伝承を裏づけできる。多久氏の居城は梶峰城である。12世

紀末より370年間が「前多久氏」時代である。15世紀に小城の千葉氏の勢力が強まると、その配下にあった。16世紀なかばに入り、戦国大名龍造寺氏が台頭すると、有馬氏に通じて龍造寺氏に抵抗した。しかし、1562(永禄5)年、龍造寺隆信の弟長信が多久氏を追討し領主となった。長信の子安順が多久氏と改め、「後多久氏」時代に入る。多久氏は佐賀鍋島藩の家老で、約300年間多久邑(現、多久市・武雄市東部)を統治した。藩政期には儒学が奨励され、邑校東原庠舎や多久聖廟も創設された。江戸時代後期になると、邑内から石炭が採掘されるようになった。

1889(明治22)年に多久、東・西・南・北多久の5カ村が成立し、1954(昭和29)年に合体して現在の多久市が誕生した。昭和30年代前半までは炭鉱が繁栄したが、30年代後半のエネルギー革命の結果、閉山があいついだ。その対策として炭鉱跡地には企業誘致がなされ、繊維・食品などの企業が進出した。豊かな田園工業都市を目指して、振興策が進められている。

杵島と藤津

杵島と藤津は、佐賀県の南西部に位置しており、有明海や多良岳(983m)、白石平野や塩田・六角川など、山野河海に恵まれた地勢下にある。

武雄にあるおつぼ山神籠石は、古代における朝鮮半島(新羅)との緊張を、また楼門に代表される武雄(塚崎)温泉は、古くは『肥前国風土記』に登場し、その後、豊臣秀吉の朝鮮出兵のときの湯治や、江戸時代にはシーボルトが立ち寄るなど、さまざまな歴史を今日に伝えている。そして、幕末から明治にかけて、武雄鍋島家から先端の医学や軍事技術が生まれ、日本の近代化に一石を投じた。

杵島の中心にあたる杵島山においては、歌垣が『万葉集』のロマンを今に伝え、また水堂や稲佐神社などさまざまな伝承が残る寺社が点在している。

鹿島においては、県立鹿島高等学校の赤門や、長崎街道の浜宿、鎮西日光と称される祐徳稲荷神社など、鹿島の歴史を現在に伝える。また、面浮立に代表される民俗芸能も多い。

鹿島と同じく有明海に面し、長崎との県境に位置する太良は、『肥前国風土記』に海の幸も山の幸も豊かにたりているといわれた豊足の里で、有明海と多良岳といった自然に恵まれた風光明媚な所である。また、竹崎蟹やタイラギに代表される漁業や、多良みかんに代表される農業が盛んな地域である。

塩田は、長崎街道の宿場町として栄えた。現在は、散策しやすいように環境が整備されている。また、旧街道辺の諸寺院でみられる仁王像に代表される石工たちの力作も、見どころの1つである。

最後に嬉野は、温泉郷と緑茶の産地であるとともに、江戸時代からの宿としてその名残りをとどめている。また、山々に入ると、数々のキリシタン悲話の伝承が残されている。

やきものと松浦党のふるさと

　伊万里・有田地区は県の西部に位置し、長崎県と境を接している。伊万里は三方を山に囲まれ、北側は海が入り込み、穏やかな湾を形成している。一方、有田は伊万里の南部に接し、盆地を形づくっている。

　伊万里と有田をまたがって伊万里富士といわれる腰岳が聳えている。この周辺では縄文時代には黒曜石が採掘され、加工して国内はもとより朝鮮半島の人びとと交易がなされていた。この交易という言葉が、この地区を語るキーワードとなろう。弥生時代の2世紀後半には、後漢の鏡が市内の午戻遺跡から出土している。古代は律令制の下で条里制がしかれ、「伊万里」の地名の由来ともなっている。

　中世のこの地域は、松浦党という地方武士団の時代であるといえよう。11世紀に党祖源久が宇野御厨荘検校となり、この地に下向して以来、その子孫は各地に城砦を築き、現地の支配を行った。有田地区の唐船山城、伊万里地区の飯盛山城・伊万里城・木須城・新久田城・日在城などを根拠地として現地を支配し、平時には中国や朝鮮半島の人びとと交易し、ときには倭寇として襲撃することもあったであろう。逆に13世紀後半の元寇では、伊万里湾の鷹島沖に14万もの元軍が集結し、激しい戦闘を繰り広げている。

　近世のこの地域は、「茶碗戦争」ともいうべき激動のときを迎える。有田地区では豊臣秀吉の朝鮮出兵で連行された李参平とその工房の人びとが、17世紀初めに泉山などで白磁鉱を発見して磁器を焼き始め、有田の磁器は17世紀後半には、伊万里津から「古伊万里」として国内はおろか長崎出島を通じて海外へ輸出された。そして、ヨーロッパの王侯貴族の宮殿を「古伊万里」の豪華絢爛たる磁器多数が飾っていった。また佐賀藩は、17世紀半ばに伊万里大川内山に御用窯を築き、朝廷や将軍家あるいは大名贈答用の磁器である「鍋島」を焼かせていた。

　一方、陶器は「一楽二萩三唐津」というように、唐津焼が尊ばれた。唐津藩は唐津市北波多町や伊万里市に広がる地域で、焼き物を焼かせ、とくに伊万里市南波多町の椎峯では「献上唐津」という贈答用の古唐津を焼かせていた。

　近世の有田・伊万里地区は、有田郷（旧有田町・旧西有田町・伊万里市二里町）と伊万里郷（伊万里町・立花町・大川内町・松浦町・木須町・瀬戸町・脇田町・大坪町）が佐賀藩支配、黒川町・波多津町・大川町・南波多町が唐津藩支配で、山代町は佐賀藩の支藩の小城藩の支配であった。そのうち、脇田町や松浦町の一部は佐賀藩支藩の蓮池藩領、大川町や南波多町の一部は幕末に天領となる。このように、複雑な支配が行われていたのが近世の両地区であった。

　近代以降の有田・伊万里地区は、明治時代初期に佐賀県と対馬（現、長崎県）の厳原県が合併して伊万里県となり、山岡鉄舟が権県令として伊万里に赴任したこともあった。しかし、1883（明治16）年以降は佐賀県の一部として現在に至っている。1897（明治30）年に九州鉄道の路線が武雄から早岐（現、長崎県佐世保市）に伸び、有

田の焼き物が鉄道で全国へ運ばれるようになった。焼き物の積出港としての伊万里津は、その役割にほぼ終わりを告げたといえるだろう。

現在、全国的な不景気のなか、有田や伊万里の陶磁器産業も厳しい経営事情を抱えているが、毎年4月末から5月の連休に開かれる「有田陶器市」には、全国から100万人もの人びとが訪れる。

一方、伊万里は伊万里港が昭和30年代までは石炭の積出港として、現在は「アジアとの人・物・情報の交流拠点」を目指し、国際的な貨物港としての機能を期待されている。

唐津と玄海

唐津市と東松浦郡玄海町からなる佐賀県西北部は、白砂青松の虹の松原、ゆったりとした鏡山、玄武岩の柱状節理がつくった雄大な七ツ釜や立神岩、華麗な水しぶきをあげる観音の滝や見返りの滝、海に沈む夕日が映える玄海町浜野浦の棚田など、自然景観に恵まれ、史話・伝説も豊富な所である。

朝鮮半島や中国との関係も深く、日本最古の水田遺跡の菜畑遺跡など埋蔵文化財も多い。『魏志』倭人伝には、邪馬台国へ至るクニの1つとして「末盧国」の記述がある。同時代の王墓である久里双水古墳も発見された。『肥前国風土記』には、大伴狭手彦と弟日姫子(松浦佐用姫)の伝説が記されている。遣唐使の船が通い、元寇のときには元の軍船と松浦党の人びとが戦った舞台である。室町時代には倭寇が活動を行ったこともあった。

鎌倉時代から戦国時代にかけて、波多氏の岸岳城、草野氏の鬼ケ城、鶴田氏の獅子ケ城などの山城が、つぎつぎに築かれた。近世に入ると豊臣秀吉によって名護屋城が築かれ、一寒村が大坂につぐ城郭都市となった。しかし、朝鮮出兵は豊臣氏の政権基盤を揺るがしただけではなく、朝鮮半島の人びとに多くの苦痛と怨念を残した。

波多氏改易後をうけて、寺沢氏が唐津城を築いて唐津藩の基礎をつくった。初代唐津藩主広高は、松浦郡(現、唐津市・東松浦郡玄海町)6万3000石、筑前怡土郡(現、福岡県糸島市)2万石、肥後天草郡(現、熊本県天草市)4万石をあわせた12万石を領有した。広高の子堅高のとき、天草領内の天草四郎を中心とする島原・天草一揆(1637〜38年)がおこり、その責めを負って天草を没収されて、唐津藩は8万石となった。その後、1647(正保4)年に堅高は自害し、無継嗣のため寺沢氏は改易となり、1649(慶安2)年には一時的に幕府領になった。

同年に大久保忠職が着任し、以後唐津藩は、松平・土井・水野・小笠原氏と譜代大名による支配が、最後まで続いた。

1762(宝暦12)年、水野忠任入部の際に、怡土郡と浜玉が上知されて知行高は6万石となった。忠任は、先代までの累積の債務と転封費用の負債を克服するため、藩政改革に着手した。しかし、旱魃・洪水・蝗害が続いたことも重なって、1771

地域の概観

(明和8)年に冨田才治らによる虹の松原一揆がおこり,財政難打開策は失敗に終わった。

忠任から3代目の水野忠邦は,1817(文化14)年に遠江国浜松(現,静岡県浜松市)に転封し,のち老中として天保の改革を行った。忠邦は転封に際して,厳木1万石を上知した。また,最後の藩主小笠原長国の子長行は,1862(文久2)年,幕閣に入り,若年寄,老中格,老中へと出世し,同年に発生した生麦事件の処理,長州処分の全権をつとめた。このことが戊辰戦争のおり,唐津藩の立場を苦しくした。長国は長行を廃嫡し,唐津藩と長行とはなんら関係ないことと主張し,戊辰戦争に全力で貢献することで,唐津藩を辛うじて存続させた。

このように唐津藩では,寺沢氏以後,つぎつぎに譜代大名が交代したので,鍋島氏支配が続いた佐賀とは異なった気質ができあがる一要因となった。

藩主との関係が深い佐賀の祭りは,佐賀藩初代藩主鍋島直茂をまつる祭りであるのに対して,藩主を当てにしない唐津の祭りは,町内の繁栄を祈る町民のための祭りとなっていることは,その一例である。

明治時代から大正時代の唐津は,石炭の生産で繁栄をした。その石炭産業も昭和時代になると,大規模生産の炭鉱に押されて衰退していった。

現在は豊かな自然景観を生かした,観光都市を目指ざしている。そして,唐津くんちへの熱い思いをもちつつ生活するのが,唐津の人びとの気質である。

【文化財公開施設】　　　　　　　　　　　　　　　①内容，②休館日，③入館料

[登録博物館]

佐賀県立博物館・美術館　〒840-0041佐賀市城内1-15-23　TEL0952-24-3947　①自然史・考古・歴史・民俗・古美術・近現代美術，②月曜日(祝日の場合は翌日)，年末，③有料

佐賀県立九州陶磁文化館　〒840-0000西松浦郡有田町戸杓乙3100-1　TEL0955-43-3681　①陶磁器，②月曜日(祝日の場合は翌日)，年末，③有料

佐賀県立名護屋城博物館　〒847-0401唐津市鎮西町名護屋1931-3　TEL0955-82-4905　①名護屋城関係史料，朝鮮半島交流史，②月曜日(祝日の場合は翌日)，年末，③無料(企画展期間中は有料)

佐賀県立佐賀城本丸歴史館　〒840-0041佐賀市城内2-18-1　TEL0952-41-7550　①歴史，②12月29～31日は臨時休館あり，③無料

有田陶磁美術館　〒844-0004西松浦郡有田町大樽1-4-2　TEL0955-42-3372　①陶磁器・工芸，②月曜日・祝日，年末年始，③有料

祐徳博物館　〒849-1321鹿島市古枝　TEL0954-62-2151　①祐徳稲荷神社所蔵の宝物，考古・歴史・工芸，②月曜日(祝日の場合は翌日)，③有料

中冨記念くすり博物館　〒841-0004鳥栖市神辺町288-1　TEL0942-84-3334　①薬品，配置薬業資料，②月曜日(祝日の場合は翌日)，年末年始，③有料

今右衛門古陶磁美術館　〒844-0006西松浦郡有田町赤絵町2-1-11　TEL0955-42-5550　①鍋島焼・陶磁器，②月曜日(祝日の場合は翌日)，年末年始，③有料

徴古館　〒840-0831佐賀市松原2-5-22　TEL0952-23-4200　①鍋島氏関係歴史，美術工芸，②土・日曜日・祝日，年末年始，展示準備期間，③有料

[博物館相当施設]

有田ポーセリンパーク　〒844-0000西松浦郡有田町戸矢乙340-28　TEL0955-41-0030　①陶磁器，絵画，②無休，③入園は無料(園内施設有料あり)

河村美術館　〒847-0015唐津市北城内6-5　TEL0955-73-2868　①西洋画，②月～金曜日，年末年始，③有料

陽光美術館　〒843-0022武雄市武雄町武雄4075-3　TEL0954-20-1187　①中国古陶磁器・工芸，②不定休，③有料

[その他の類似施設]

大隈重信記念館　〒840-0054佐賀市水ヶ江2-11-11　TEL0952-23-2891　①大隈重信資料，②年末年始，資料等整理期間，③有料

佐賀市歴史民俗館　〒840-0823佐賀市柳町2-9　TEL0952-22-6849　①明治建築，歴史・民俗資料，②月曜日(祝日の場合は翌日)，祝日の翌日，年末年始，資料等整理期間，③有料

徐福長寿館　〒849-0906佐賀市金立町金立1197-166　TEL0952-98-0696　①徐福資料，②月曜日(祝日の場合は翌日)，年末年始，③有料

東名縄文館　〒849-0905佐賀市金立町千布(巨勢川調整池内)　TEL0952-98-2345　①東名遺跡出土品，②月曜日(祝日の場合は翌日)，③無料

唐津城　〒847-0016唐津市東城内8-1　TEL0955-72-5697　①歴史，美術工芸，②年末，③有料

小笠原記念館(近松寺内)　〒847-0815唐津市西寺町511-1　TEL0955-72-3597　①小笠原家

資料, ②月曜日(祝日の場合は翌日), 年末年始, ③無料

唐津曳山展示場　〒847-0014唐津市西城内6-33　TEL0955-73-4361　①唐津曳山, ②12月第1火・水曜日, 年末, ③有料

旧三菱合資会社唐津支店本館(唐津市歴史民俗資料館)(閉館中)　〒847-0873唐津市海岸通7181　TEL0955-75-1456　①建築, 考古, 石炭, ②月曜日(祝日の場合は翌日), 年末年始, ③無料

唐津市古代の森会館　〒847-0022唐津市鏡1826-2　TEL0955-77-0510　①考古・歴史資料, ②月曜日(祝日の場合は翌日), 年末年始, ③有料

唐津市末盧館　〒847-0844唐津市菜畑3359-2　TEL0955-73-3673　①菜畑遺跡関連資料, ②月曜日(祝日の場合は翌日), 年末年始, ③有料

西ノ門館　〒847-0015唐津市北城内1-8　TEL0955-75-3667　①考古資料, ②月曜日(祝日の場合は翌日), 年末年始, ③無料

有吉美術館　〒841-0052鳥栖市宿町1247-4　TEL0942-83-5049　①西洋画・版画, ②月曜日(祝日の場合は翌日), ③無料

多久市郷土資料館・歴史民俗資料館・先覚者資料館　〒846-0031多久市多久町1975　TEL0952-75-8002(郷土資料館)　①歴史・文化・民俗, 石炭産業史, 先覚者書画, 廟山文庫, ②月曜日(祝日の場合は翌日), 年末年始, ③無料

多久聖廟展示館　〒846-0031多久市多久町1843-3　TEL0952-75-5112　①多久聖廟, 祭事, ②月曜, 年末年始, ③無料

大平庵酒蔵資料館　〒846-0012多久市東多久町別府4650　TEL0952-76-2455　①肥前酒造用具, ②年末年始, ③有料

伊万里市歴史民俗資料館　〒848-0045伊万里市松島町73-1　TEL0955-22-7107　①郷土資料, ②月曜日(祝日の場合は翌日), 年末年始, 臨時休館あり, ③無料

伊万里市陶器商家資料館　〒848-0047伊万里市伊万里町甲555-1　TEL0955-22-7934　①旧犬塚家, 陶磁器, ②月曜日(祝日の場合は翌日), 年末年始, ③無料

武雄市図書館・歴史資料館　〒843-0022武雄市武雄町大字武雄5304-1　TEL0954-20-0222　①歴史・文化, ②図書館は無休. 歴史資料館は月曜日(祝日の場合は翌日), 年末年始, 展示替え期間(不定), ③無料

鹿島市民俗資料館　〒849-1321鹿島市古枝甲1448　TEL0954-62-2749　①民俗資料, ②土・日曜日, 祝日, 年末年始, ③無料

村岡総本舗羊羹資料館　〒845-0000小城市小城町861　TEL0952-72-2131　①小城羊羹製造工程, 歴史, ②無休, ③無料

小城市立歴史資料館(中林梧竹記念館)　〒845-0001小城市小城町158-4　TEL0952-71-1132　①考古, 歴史, 中林梧竹書画, ②月曜日・祝日, 年末年始(ただし, 子どもの日・海の日・文化の日は開館), ③無料(歴史資料館), 有料(中林梧竹記念館)

さが水ものがたり館　〒840-0201佐賀市大和町尼寺3247(石井樋公園内)　TEL0952-62-1277　①歴史, 治水・水利, ②月曜日(祝日の場合は翌日), 年末年始, ③無料

肥前国庁跡資料館　〒840-0202佐賀市大和町久池井2754　TEL0952-62-7441　①考古, ②月曜日(祝日の場合は翌日), 祝日の翌日(土・日曜日の場合は開館), 年末年始, ③無料

佐野常民記念館　〒840-2202佐賀市川副町大字早津江津446-1　TEL0952-34-9455　①佐野

常民関係資料，②月曜日(祝日の場合は翌日)，年末年始，③入館無料(展示室は有料)

下村湖人生家　〒842-0005神埼市千代田町崎村895-1　TEL0952-44-5167　①下村湖人資料，②月曜日，③無料

吉野ヶ里遺跡展示室　〒842-0035神埼郡吉野ヶ里町田手2403-1　TEL0952-25-7233(佐賀県文化財保護室)　①銅剣・管玉・甕棺，②12月31日，1月第3月曜日とその翌日(吉野ヶ里公園の休園日)，③展示室は無料(ただし公園の入園料が必要)

国営吉野ヶ里歴史公園弥生くらし館　〒842-0035神埼郡吉野ヶ里町田手1843　TEL0952-55-9333(公園管理センター)，①銅剣・管玉・甕棺，②12月31日，1月第3月曜日とその翌日(吉野ヶ里公園の休園日)，③弥生くらし館は無料(ただし公園の入園料が必要)

目達原駐屯地　広報資料館　〒842-0032神埼郡吉野ヶ里町立野7-1　TEL0952-24-2291(自衛隊佐賀地方協力本部)　①防衛資料，②土曜日，8月7～16日，年末年始，見学は事前に要申込，③無料

基山町立図書館郷土資料コーナー　〒841-0204三養基郡基山町大字宮浦60-1　TEL0942-92-0289　①考古・歴史，薬業，②月曜日(祝日の場合は翌日)，年末年始，特別整理期間，③無料

九州電力(株)玄海エネルギーパーク　〒847-1441東松浦郡玄海町今村4112-1　TEL0955-52-6409　①原子炉模型，民俗芸能，②第3月曜日(祝日の場合は翌日)，年末年始，③無料

玄海町歴史民俗資料館　〒847-1422東松浦郡玄海町新田1809-22　TEL0955-52-6688　①歴史・民俗資料，②第2・4火曜日(祝日の場合は翌日)，年末年始，③無料

有田町歴史民俗資料館(有田焼参考館)　〒844-0001西松浦郡有田町泉山1-4-1　TEL0955-43-2678　①有田焼・古窯跡出土陶片，②年末年始，臨時休館あり，③有料(入館料は資料館入口で支払う)

江北町郷土資料館　〒849-0501杵島郡江北町大字山口1651-1　TEL0952-86-2111　①歴史・民俗資料，②土・日曜日，祝日，年末年始，③有料

太良町歴史民俗資料館　〒849-1602藤津郡太良町大字多良1-11　TEL0954-67-2139，①歴史・民俗資料，②月曜日，第1・3・5土曜日，第2・4日曜日，祝日，年末年始，③無料

嬉野市歴史民俗資料館　〒849-1411嬉野市塩田町馬場下甲1782　TEL0954-66-9130　①郷土資料，②月曜日(祝日の場合は翌日)，祝日，年末年始，③無料

志田焼の里博物館　〒849-1402嬉野市塩田町久間乙3073　TEL0954-66-4640　①陶磁製造工程・資料，②水曜日，年末年始，③有料

【無形民俗文化財】

国指定

武雄の荒踊　　武雄市西川登町高瀬・朝日町中野・東川登町宇土手　高瀬荒踊保存会・中野荒踊保存会・宇土手荒踊保存会　毎年9月の彼岸の中日前後
唐津くんちの曳山行事　　唐津曳山取締会　11月3日中心
竹崎観世音寺修正会鬼祭　　竹崎観世音寺修正会鬼祭保存会　1月5・6日
白鬚神社の田楽　　佐賀市久保泉町大字川久保　白鬚神社田楽保存会　10月18・19日
見島のカセドリ　　佐賀市蓮池町　加勢鳥保存会　2月第2土曜日

県指定

仁比山神社の御田舞　　神埼市神埼町神埼仁比山的　仁比山神社御田舞保存会　13年ごとの申歳の4月初申の日から二の申までの13日間
四阿屋神社の御田舞　　鳥栖市牛原町　10月第3もしくは第4曜日
脇野の大念仏　　伊万里市東山代町脇野　脇野大念仏保存会　毎年8月下旬
音成の面浮立　　鹿島市七浦音成　音成面浮立保存会　10月19日
両岩の小浮立　　嬉野市嬉野町大字吉田両岩　両岩小浮立保存会　7月26日
三重の獅子舞　　佐賀市諸富町大字為重三重　諸富町無形文化財保存会　10月19日に近い日曜日
市川の天衝舞浮立　　佐賀市富士町大字市川　市川天衝舞浮立保存会　10月15日頃
太神楽　　神埼市神埼町神埼　櫛田宮太神楽保存会　隔年4月第1土・日曜日の神幸祭
かんこ踊　　武雄市山内町大字鳥海船原　かんこ踊保存会　隔年9月23日
府招浮立　　伊万里市南波多町府招　府招浮立保存会　10月第2曜日
竹崎鬼祭の童子舞　　藤津郡太良町大字浦宇竹崎　竹崎鬼祭童子舞保存会　1月5・6日
高志狂言　　神埼市千代田町下板字高志　高志狂言保存会　10月12日
川原狂言　　藤津郡太良町大字上多良字上川原　川原狂言保存会　9月15・16日
米多浮立　　三養基郡上峰町大字前牟田字上米多　米多浮立保存会　隔年10月22・23日
広瀬浮立　　唐津市厳木町大字広瀬　広瀬浮立保存会　9月第2曜日・9月23日
母ヶ浦の面浮立　　鹿島市大字音成字母ヶ浦　母ヶ浦面浮立保存会　9月第2曜日
真手野の舞浮立　　武雄市武内町大字真手野東真手野区　真手野舞浮立保存会　6年に1度4月第1日曜日
多久聖廟釈菜　　多久市北多久町東の原　多久聖廟祭典委員会　4月18・10月第4曜日

【おもな祭り】（国・県指定無形民俗文化財をのぞく）

おんじゃおんじゃ　　唐津市十人町　唐津天満宮　1月7日
車おろしの儀　　有田焼窯元　正月休み明け
的射り講　　東松浦郡玄海町大薗　1月8日
十日恵比須　　佐賀市与賀町　与賀神社　1月9・10日
姉の七福神　　神埼市千代田町姉　2月第1土曜日
灰振り祭り　　唐津市湊　湊八坂神社　2月11日
伊勢会祭　　佐賀市伊勢町　伊勢神社　2月10・11日
修学院大般若経会　　神埼郡吉野ヶ里町坂本　2月13日

鬼子母神祭り　　小城市小城町　松尾山光勝寺　3月8日
お粥だめし　　三養基郡みやき町白壁　千栗八幡宮　3月15日
櫛田宮春祭り　　神埼市神埼町神埼　4月7・8日
日峯さん　　佐賀市松原　松原神社　4月10〜12日
お経会　　佐賀市大和町川上　実相院　4月10〜20日
乙宮社春祭り　　小城市牛津町牛津　4月13日
釈迦堂御開扉　　佐賀市本庄町　高伝寺　4月19・20日
兵庫祭り　　神埼郡吉野ヶ里町松隈　蛤水道　5月初旬
出水法要　　杵島郡白石町水堂　安福寺　5月17日〜8月14日
呼子の大綱引　　唐津市呼子町呼子　6月第1土・日曜日
沖の島参り　　佐賀市久保田町沖の島　旧6月19日
八坂神社夏祭り　　杵島郡白石町　八坂神社　7月13日
浜崎祇園　　唐津市浜玉町浜崎　諏訪神社　7月「海の日」過ぎの土・日曜日
旗上げ神事　　三養基郡みやき町綾部　綾部神社　7月15日
増田神社例祭　　唐津市肥前町高串　7月25日前後の日曜日
夏越祭　　唐津市呼子町加部島　田島神社　7月最終土・日曜日
滝みそぎ　　小城市小城町清水　宝知院　土用丑の日
海中盆綱引き　　唐津市鎮西町波戸　8月15日
天山神社秋祭り　　唐津市厳木町広瀬　天山神社　9月13日
千栗八幡宮放生会　　三養基郡みやき町白壁　千栗八幡宮　9月18日
ソーケ市　　杵島郡大町町本町　9月27〜29日
日峯さん　　佐賀市松原　松原神社　10月10〜12日
高志神社秋祭り　　神埼市千代田町高志　高志神社　10月12日
諏訪神社秋祭り　　佐賀市富士町市川　諏訪神社　10月第3日曜日
有田おくんち　　西松浦郡有田町　陶山神社　10月16日
相知くんち　　唐津市相知町本町　熊野神社　10月第3金曜日〜日曜日
とんてんとん　　伊万里市　10月第3金曜日〜日曜日
矢俣八幡秋祭り　　三養基郡みやき町天建寺　矢俣八幡神社　10月20日を中心とする土・日曜日
武雄神社秋祭り　　武雄市武雄町　武雄神社　10月22・23日
黒髪神社秋祭り　　杵島郡山内町宮野　黒髪神社　10月23日
堀江神社秋祭り　　佐賀市神野西　堀江神社　11月3日
浜崎くんち　　唐津市浜玉町浜崎　諏訪神社　11月23日
鰤祭り　　佐賀市松原　佐嘉神社　12月31日

【有形民俗文化財】

国指定

肥前佐賀の酒造用具　　多久市多久町大字別府4650　大平庵酒蔵資料館　2334点
有明海漁撈用具　　佐賀市城内1-15-23　佐賀県立博物館　175種293点

県指定

唐津曳山　　唐津市城内　曳山展示場　曳山14台
小川島鯨見張所　　唐津市呼子町小川島　木瓦葺木造平屋建1棟
佐賀県内農耕生活用具　　佐賀市川副町大字南里　佐賀県農業試験研究センター　約2000点
荒踊絵馬　　武雄市山内町大字鳥海　鳥海天満宮　1面
面浮立絵馬　　武雄市武雄町大字武雄　武雄市文化会館　1面
櫛田宮神幸祭絵馬　　神埼市神埼町神埼　櫛田宮　1面
野井原上組の水車　　唐津市七山藤川　1基
大堂神社奉納北前型弁才船模型　　佐賀市城内1-15-23　佐賀県立博物館

【無形文化財】

国指定

色鍋島　　西松浦郡有田町赤絵町2-1-15　色鍋島今右衛門保存会
柿右衛門(濁手)　　西松浦郡有田町南山丁352　柿右衛門製陶技術保存会
白磁　　西松浦郡有田町南山丁　井上萬二
色絵磁器　　西松浦郡有田町南山丁　酒井田柿右衛門(14代)
青磁　　武雄市西川登町大字小田志　中島宏
木版摺更紗　　鹿島市大字山浦　鈴田滋人

県指定

名尾手漉和紙　　佐賀市大和町大字名尾字原　谷口進
陶芸染付和紙染　　武雄市東川登町永野　江口勝美

【国選定重要伝統的建造物群保存地区】

有田町有田内山伝統的建造物群保存地区　　西松浦郡有田町
嬉野市塩田津伝統的建造物群保存地区　　嬉野市
鹿島市浜庄津町浜金屋町伝統的建造物群保存地区　　鹿島市
鹿島市浜中町八本木宿伝統的建造物群保存地区　　鹿島市

【散歩便利帳】

[県外での問い合わせ]
佐賀県首都圏事務所　〒102-0093東京都千代田区平河町2-6-3 都道府県会館11階
　　TEL03-5212-9073・FAX03-5215-5231
佐賀県関西・中京事務所　〒530-0001大阪市北区梅田1-3-1-900 大阪駅前ビル9階
　　TEL06-6344-8031・FAX06-6348-0253

[県内の教育委員会・観光課・観光協会]
佐賀県地域交流部文化課　〒840-8570佐賀市城内1-1-59　TEL0952-25-7236・
　　FAX0952-25-0779
佐賀県地域交流部観光課　〒840-8570佐賀市城内1-1-59　TEL0952-25-7386・
　　FAX0952-25-7304
佐賀県観光連盟　〒840-0041佐賀市城内1-1-59(観光課内)　TEL0952-26-6754・
　　FAX0952-26-7528
佐賀市観光協会　〒840-0826佐賀市白山2-7-1 エスプラッツ2階 佐賀市観光交流プラザ
　　TEL0952-20-2200・FAX0952-28-5656
佐賀市教育部　〒840-0811佐賀市大財3-11-21　TEL0952-40-7368・FAX0952-26-7378
佐賀市経済部観光振興課　〒840-0811佐賀市栄町1-1-1　TEL0952-40-7110・
　　FAX0952-26-6244
唐津市教育委員会生涯学習文化財課　〒847-8511唐津市西城内1-1　TEL0955-72-9171
唐津市商工観光部観光課　〒847-8511唐津市西城内1-1　TEL0955-72-9127
唐津観光協会　〒847-0816唐津市新興町2935-1　TEL0955-74-3355・FAX0955-74-3365
鳥栖市教育委員会　〒841-8511鳥栖市宿町1118　TEL0942-85-3695・FAX0942-83-0042
鳥栖市観光コンベンション協会　〒841-0051鳥栖市元町1380-5　TEL0942-83-8415
多久市教育委員会　〒846-8501多久市北多久町大字小侍7-1　TEL0952-75-8022・
　　FAX0952-75-2279
多久市商工観光課商工観光係　〒846-8501多久市北多久町大字小侍7-1　TEL0952-75-2117
多久市観光協会　〒846-0031多久市多久町1837-1　TEL0952-74-2502・
　　FAX0952-74-2502
伊万里市教育委員会　〒848-8501伊万里市立花町1355-1　TEL0955-23-3186・
　　FAX0955-23-2615
伊万里市産業部観光戦略課　〒848-0041伊万里市新天町554-5　TEL0955-20-9031・
　　FAX0955-20-9032
伊万里市観光協会　〒848-0041伊万里市新天町622-13　TEL0955-23-3479・FAX0955-23-3553
武雄市こども教育部　〒843-8639武雄市武雄町大字昭和12-10　TEL0954-23-9181
武雄市営業部商工観光課　〒843-8639武雄市武雄町大字昭和12-10　TEL0954-23-9237
武雄市観光協会　〒843-0023武雄市武雄町昭和805　TEL0954-23-7766・FAX0954-23-9726
鹿島市教育委員会　〒849-1312鹿島市大字納富分2643-1　TEL0954-63-2125・
　　FAX0954-63-2313
鹿島市商工観光課　〒849-1312鹿島市大字納富分2643-1　TEL0954-63-3412
鹿島市観光協会　〒849-1321鹿島市古枝甲1484-1　TEL0954-62-3942

鹿島市観光物産センター 〒849-1311鹿島市高津原4111-2 TEL0954-62-1042
小城市教育委員会 〒845-0001小城市小城町158-1 TEL0952-71-1145
小城市商工観光課 〒845-8511小城市三日月町長神田2312-2 TEL0952-37-6129
小城市観光協会 〒845-0001小城市小城町253-21 TEL0952-72-7423・FAX0952-72-7435
嬉野市市民福祉部 〒849-1492嬉野市塩田町大字馬場下甲1769 TEL0954-66-9129
嬉野温泉観光協会 〒843-0301嬉野市嬉野町大字下宿乙2202-55 TEL0954-43-0137
神埼市教育委員会 〒842-8502神埼市千代田町直鳥166-1 TEL0952-44-2731
神埼市商工観光課 〒842-8502神埼市千代田町直鳥166-1 TEL0952-37-0107
神埼市観光協会 〒842-8601神埼市神埼町神埼410 TEL0952-37-0107
吉野ヶ里町教育委員会 〒842-8501神埼郡吉野ヶ里町吉田321-2 TEL0952-37-0304
吉野ヶ里町産業振興課 〒842-0193神埼郡吉野ヶ里町三津777 TEL0952-37-0350
基山町教育学習課 〒841-0204三養基郡基山町大字宮浦666 TEL0942-92-7980・FAX0942-92-0741
基山町観光協会 〒841-0204三養基郡基山町大字宮浦218 TEL0942-50-8226
上峰町教育委員会 〒849-0123三養基郡上峰町大字坊所606 TEL0952-52-4934
上峰町産業課 〒849-0123三養基郡上峰町大字坊所383-4 TEL0952-52-7415
みやき町教育委員会 〒849-0101三養基郡みやき町大字原古賀1200-1 TEL0942-89-5594・FAX0942-89-3227
みやき町事業部 〒840-1192三養基郡みやき町大字市武1381 TEL0942-96-5545
みやき町観光協会 〒840-1103三養基郡みやき町大字東尾737-5(みやき庁舎企画調整課内) TEL0942-96-4208・FAX0942-89-1650
玄海町教育委員会 〒847-1422東松浦郡玄海町新田1809-6 TEL0955-80-0233・FAX0955-80-0235
玄海町農林水産課 〒847-1421東松浦郡玄海町大字諸浦348 TEL0955-52-2199
有田町教育委員会 〒844-0018西松浦郡有田町本町丙1002-2 TEL0955-43-2314・FAX0955-42-6309
有田町商工観光課 〒849-4192西松浦郡有田町大字立部乙2202 TEL0955-46-2500 FAX0955-46-2100
有田観光協会 〒844-0005西松浦郡有田町幸平1-1-1 TEL0955-43-2121・FAX0955-43-2100
大町町教育委員会 〒849-2101杵島郡大町町大字大町5017 TEL0952-82-3177
大町町企画政策課商工観光係 〒849-2101杵島郡大町町大字大町5017 TEL0952-82-3112
江北町こども教育課 〒849-0592杵島郡江北町大字山口1651-1 TEL0952-86-5621
江北町産業課商工係 〒849-0592杵島郡江北町大字山口1651-1 TEL0952-86-5615
白石町生涯学習課 〒849-1192杵島郡白石町大字福田1247-1 TEL0952-84-7129
白石町産業創生課 〒849-1192杵島郡白石町大字福田1247-1 TEL0952-84-7123
太良町教育委員会 〒849-1698藤津郡太良町大字多良1-6 TEL0954-67-0317
太良町企画商工課 〒849-1698藤津郡太良町大字多良1-6 TEL0954-67-0312
太良町観光協会 〒849-1601藤津郡太良町大字伊福甲3488-2 TEL0954-67-0065・

FAX0954-67-0067
［バスなどの問い合わせ］
佐賀駅バスセンター　　〒840-0801佐賀市駅前中央1-12-1　TEL0952-29-8137・
　FAX0952-29-8158
唐津大手口バスセンター（案内所）　〒847-0051唐津市南条内1　TEL0955-73-7511

【参考文献】

『芦刈町史』　芦刈町史編さん委員会編　芦刈町　1974

『有明町史』　有明町教育委員会編　第一法規　1969

『有田町史』全10編　有田町史編纂委員会編　有田町　1985～88

『伊万里市史』全11巻　伊万里市史編さん委員会編　伊万里市　2002～06

『牛津町史』　牛津町町史編さん事務局編　牛津町　1990

『嬉野町史』上　嬉野町史編さん執筆委員会編　嬉野町史編さん執筆委員会　1980

『嬉野町史』下　嬉野町史編さん執筆委員会編　嬉野町　1979

『相知町史』上　相知町史編さん委員会編　相知町編さん委員会　1971

『相知町史』中・付録　相知町史編纂委員会編　相知町　1977・78

『大川町誌』　伊万里市大川町誌編集委員会編・刊　2000

『大町町史』上・下　大町町史編纂委員会編　大町町史編纂室　1987

『小城町史』　小城町史編集委員会編　小城町　1974

『鹿島市史』上・中・下　鹿島市史編纂委員会編　鹿島市　1974

『嘉瀬町史』　嘉瀬町史編集委員会編　佐賀市立嘉瀬公民館　2008

『角川日本地名大辞典41　佐賀県』　「角川日本地名大辞典」編纂委員会編　角川書店　1982

『上峰村史』　上峰村史編さん委員会編　上峰村中央公民館　1979

『唐津市史』(復刻版)　唐津市史編纂委員会編　唐津市　1991

『唐津市史』現代編　唐津市史編さん委員会編　唐津市　1990

『川副町誌』　川副町誌編纂委員会編　川副町史編纂事務局　1979

『神埼町史』　神埼町史編さん委員会編　神埼町史編さん委員会　1972

『北方町史』明治・大正・昭和前期編　北方町教育委員会編　北方町　2005

『北茂安町史』　北茂安町史編纂委員会編　北茂安町　2005

『北波多村史』　北波多村史執筆委員会編　唐津市　2007～08

『基山町史』上・下・資料編　基山町史編さん委員会編　基山町　2009・11

『厳木町史』上　厳木町史編纂委員会編　唐津市　2007

『厳木町史』中・史料編　厳木町史編纂委員会編　佐賀県唐津市　2010

『郷土史事典佐賀県』　三好不二雄監修　昌平社　1981

『久保田町史』上・下　久保田町史編さん委員会編　久保田町企画課　2002

『玄海町史』上・下　玄海町史編纂委員会編　佐賀県玄海町教育委員　1988・2000

『江北町史』　江北町史編さん委員会編　江北町　1982

『佐賀県教育史』全5巻　佐賀県教育史編さん委員会編　佐賀県教育委員　1989～92

『佐賀県近世史料』　佐賀県立図書館編　佐賀県立図書館　1990～　20冊刊行(全40巻刊行予定)

『佐賀県史』上・中・下　佐賀県史編纂委員会編　佐賀県史料刊行会　1967・68

『佐賀県史料集成』全30巻　佐賀県史編纂委員会編　佐賀県立図書館　1955～90

『佐賀県大百科事典』　佐賀新聞社佐賀県人百科事典編集委員会編　佐賀新聞社　1983

『佐賀県農業史』　佐賀県農業史編纂委員会編　佐賀県　1967

『佐賀県の百年』　杉谷昭　山川出版社　1986

『佐賀県の文化財』　佐賀県教育委員会編　新郷土刊行会　1986
『佐賀県の歴史』　杉谷昭・佐田茂・宮島敬一・神山恒雄　山川出版社　1998
『佐賀県の歴史散歩』　佐賀県の歴史散歩編集委員会編　山川出版社　1995
『佐賀市史』全5巻　佐賀市史編さん委員会編　佐賀市　1977～81
『佐賀・島原と長崎街道』　長野暹編　吉川弘文館　2003
『佐賀藩の総合研究』正・続　藤野保編　吉川弘文館　1981・88
『塩田町史』上・下　塩田町史編さん委員会編　佐賀県藤津郡塩田町　1983・84
『白石町史』　白石町史編纂委員会編　白石町　1974
『新天町誌』　新天町誌編纂委員会編　新天町区　2007
『新編物語藩史』第11巻　池田史郎・小宮睦之　新人物往来社　1975
『脊振村史』　脊振村史編さん委員会編　脊振村教育委員会　1994
『高木瀬町史』（追録1～3号）　土井芳彦　佐賀市立高木瀬公民館　1976～88
『多久市史』1～6・人物編　多久市史編さん委員会編　多久市　2000～08
『武雄市史』上・中・下　武雄市史編纂委員会編　武雄市　1972・73
『太良町誌』上・中・下　太良町史編さん委員会編　太良町　1994
『千代田町誌』　広江大元　千代田町教育委員会　1974
『鎮西町史』上　新版鎮西町史編纂委員会編　鎮西町　2001
『鎮西町史』下　新版鎮西町史編纂委員会編　唐津市　2006
『対馬領田代売薬史』　小林肇著・刊　1960
『鳥栖市誌』第1～11集　鳥栖市誌編纂委員会編　鳥栖市　2005～08
『中原町史』上・下　中原町史編纂委員会編　中原町　1982
『七山村史』　七山村史編さん委員会編　七山村　1975・93
『鍋島町史』　鍵山栄編　佐賀市立鍋島公民館　1981
『西有田町史』上・下・別巻・索引　西有田町史編さん委員会編　西有田町　1986～88
『日本歴史地名大系42　佐賀県の地名』　平凡社地方資料センター編　平凡社　1980
『波多津町誌』　伊万里市波多津町誌編集委員会編　伊万里市波多津公民館　1999
『浜玉町史』上　浜玉町史編集委員会編　浜玉町教育委員会　1989
『浜玉町史』下　浜玉町史編纂委員会編　佐賀県浜玉町教育委員　1994
『東与賀町史』　東与賀町史編纂委員会編　東与賀町企画室　1982
『肥前国誌』（復刻）　森錦州　青潮社　1972
『肥前町史』上・中　肥前町史編さん委員会編　肥前町　1989・99
『肥前濱町史』　中村満著・刊　1998
『兵庫町史』　田口教雄編　兵庫公民館　1975
『福富町誌』続編　福富町誌編さん委員会編　福富町誌編さん委員会　1992
『富士町史』　富士町史編さん委員会編　富士町　2000
『三日月町史』上　三日月町史編さん委員会編　三日月町史編纂事務局　1985
『三日月町史』下　三日月町史編さん委員会編　三日月町　1989
『三瀬村誌』　三瀬村誌編さん委員会編　三瀬村公民館　1977
『三根町史』　三根町史編さん委員会編　三根町　1984
『諸富町史』　諸富町史編纂委員会編　諸富町史編纂事務局　1984

『山内町史』上・下　　山内町史編さん委員会編　山内町　1977
『山代町史』　山代町史編集執筆委員会編　伊万里市山代公民館　2010
『大和町史』　大和町史編さん委員会編　大和町教育委員会　1975
『吉野ヶ里遺跡』　七田忠昭　同成社　2005
『吉野ヶ里遺跡と古代国家』　佐賀県教育委員会編　吉川弘文館　1995
『吉野ヶ里町誌』　吉野ヶ里町誌編纂委員会　吉野ヶ里町　2008
『呼子町史　ふるさと呼子』　呼子町史編さん委員会編　唐津市　2005
『脇田町誌』　伊万里市脇田町誌編集委員会編　伊万里市脇田町公民館　1993

【年表】

時代	西暦	年号	事項
旧石器時代		旧石器	三日月町犬塚山遺跡, 伊万里市平沢良遺跡, 多久市茶園原・三年山遺跡
縄文時代		早期	唐津市枝去木・牟田辺辻遺跡, 東脊振山戦場ヶ谷遺跡, 佐賀市金立町大門遺跡
		前期	唐津市唐津海底, 相知町千束新田竪穴住居跡
		中期	鳥栖市田代町柚比遺跡, 神埼町岩田狐隈遺跡
		後期	上峰村井手口・切通北方遺跡, 唐津市佐志笹尾遺跡
		晩期	唐津市佐志笹ノ尾・菜畑遺跡(日本最古の水田遺跡)
弥生時代		前期	唐津市宇木鶴崎・汲田・相崎石蔵堂遺跡, 丸山遺跡支石墓
		中期	鳥栖市田代町曽根崎・柚比遺跡, 三根町西島貝塚, 鹿島市旭ケ丘, 武雄市朝日町上滝遺跡, 神埼郡吉野ヶ里遺跡墳丘墓築造, 二塚山, 三津永田遺跡
		後期	唐津市桜馬場遺跡, 浜玉町瀬戸口遺跡
古墳時代		前期	浜玉町谷口古墳, 佐賀市金立町銚子塚・久保泉町熊本山船形石搾墓, 唐津市久里双水古墳
		中期	浜玉町横田下古墳, 大和町久池井森ノ下古墳, 大和町久留間船塚, 三日月町西分円山古墳
		後期	佐賀市金立町西隈古墳, 久保泉町関行丸古墳
奈良時代	665	天智4	基肄城を百済の遺臣に築かせる
	733	天平5	この頃,『肥前国風土記』編集始まる
	750	天平勝宝2	吉備真備, 肥前守に左遷される
	1082	永保2	佐嘉荘, 太宰府天満宮安楽寺領となる
平安時代	1087	寛治元	僧円尋, 河上実相院座主となる
	1095	嘉保2	興教大師藤津荘で生まれる(鹿島市)
	1133	長承2	平忠盛, 院宣と称し, 神崎荘で宋船との貿易の利を独占
	1144	天養元	大和町築山古墳上に瓦経を埋める(経塚)
	1167	仁安2	平清盛, 杵島郡に大功田を与えられる
	1186	文治2	高木宗家, 佐賀甘南備の地頭となる。南二郎季家, 佐賀郡龍造寺村の地頭となる
鎌倉時代	1238	暦仁元	神子栄尊, 宋から帰り, 河上に万寿寺を建てる
	1273	文永10	蔵山順空(円鑑禅師), 尊光寺院主となる
		11	蒙古軍松浦地方を侵す。松浦党, 白石・千葉ら松浦・博多沿岸で応戦
	1281	弘安4	松浦党, 龍造寺氏らの肥前の武士, 壱岐島で蒙古軍と戦う
室町時代・南北朝時代	1331	元弘元	後醍醐天皇, 東妙寺を祈願所とする
	1333	3 (正慶2)	龍造寺そのほかの肥前の御家人ら, 少弐氏に従い鎮西探題を攻める

年表　277

	1336	延元元 (建武3)	千葉胤貞ら,足利氏に屈して多々良浜に戦う
	1350	正平5 (観応元)	足利直冬,肥前国御家人を召す
	1355	10 (文和4)	懐良親王,神埼郡妙法寺に禁制を掲げる
戦国時代	1361	16 (康安元)	秋,松浦党諸氏・龍造寺氏ら,少弐氏に従い宮方の軍と肥前・筑前などに戦う
	1391	元中8 (明徳2)	楊柳観音画像(高麗仏),鏡神社に寄進される
	1467	応仁元	今川胤秋,千葉敦胤の軍と佐賀・小城郡下に戦って敗れ,胤秋以下多数戦死する
	1469	文明元	松浦党・東肥前の武士,多く少弐氏に属して筑前に戦う
安土・桃山時代	1497	明応6	春,少弐政資,大内軍と戦って敗死する
	1530	享禄3	田手畷の戦(吉野ヶ里町)で龍造寺家兼ら大内氏を破る
	1570	元亀元	今山合戦(大和町)で大友勢を撃退
	1584	天正12	龍造寺隆信,島津・有馬連合軍と戦い戦死
	1587	15	龍造寺政家,豊臣秀吉の島津氏征討に従う
	1591	19	名護屋城普請始まる
	1592	文禄元	鍋島直茂ら朝鮮に出兵する
	1593	2	波多親,所領を召し上げられる
	1595	4	寺沢広高,唐津領を賜わる。鍋島直茂,養父半郡と高来郡神代を賜わる
	1597	慶長2	鍋島勢,朝鮮に出兵
	1600	5	関ヶ原の戦いに,寺沢氏は東軍,鍋島軍は西軍に従う。鍋島直茂,徳川家康の命により柳川領主立花宗茂を討つ
江戸時代	1607	12	龍造寺高房没し,鍋島氏の佐賀藩が成立する
	1608	13	唐津城完成
	1611	16	佐賀藩検地終了,家中一同三部上地,佐賀城完成
	1616	元和2	金ガ江三兵衛(李参平)有田皿山に移る
	1621	7	佐賀藩大配分領立の領地を再度三部上地
	1637	寛永14	島原・天草一揆勃発
	1638	15	原城陥落,寺沢堅高所領を没収される。鍋島勝茂,軍令違犯のため閉門となる
	1639	16	鍋島直澄,蓮池を領する
	1640	17	鍋島直朝,鹿島を領する
	1649	慶安2	大久保忠職,唐津藩主となる
	1657	明暦3	鍋島光茂,佐賀藩主となる
	1662	寛文2	佐賀藩,追腹を禁止する
	1665	5	佐賀藩の家老四家(多久・諫早・須古・武雄)の江戸証人が免除

		される
1678	延宝6	松平乗久,唐津藩主となる
1682	天和2	山代郷の海面の領有権をめぐって,佐賀本藩と小城藩とが争う
1689	元禄2	佐賀藩で知行地の一部を抵当とする借銀法(切地の制)が始まる
1691	4	土井利益,唐津藩主となる
1696	9	佐賀城本丸の時太鼓,願正寺の時鐘始まる
1699	12	多久東原庠舎建ち,孔子四哲の像をまつる
1708	宝永5	多久聖廟建つ
1709	6	佐賀藩主鍋島吉茂,御印帳手頭を集成する
1716	享保元	佐賀藩武士道書『葉隠』成る
1726	11	佐賀城下に大火あり,佐賀城天守閣焼失
1732	17	この秋大凶作,多数の餓死者出る
1734	19	佐賀藩,向う20年間銀札の発行を許される
1750	寛延3	諫早領の百姓,諫早領処分の不当を訴えて多良に集結する(諫早一揆)
1756	宝暦6	佐賀藩,再び銀札発行を願い出て,15年間の許可を受ける
1760	10	佐賀藩,銀札通用を禁止する
1765	明和2	佐賀藩札所で銀札の交換不能,町人の打ちこわしおこる
1771	8	唐津藩の虹の松原一揆おこる
1772	安永元	松原神社(日峯社)建つ。鍋島治茂,藩政改革に着手
1775	4	佐賀藩人別銀を賦課する。佐賀藩千人講を始める
1781	天明元	佐賀藩校弘道館建つ
1784	4	佐賀藩校成章館建つ。唐津藩士木崎攸軒『肥前国産物図考』を著す
1787	7	小城藩校興譲館建つ
1801	享和元	唐津藩校経誼館建つ
1808	文化5	フェートン号事件で鍋島斉直逼塞
1817	14	小笠原長昌,唐津藩主となる
1818	文政元	佐賀藩,鹿島藩の併合を企てて断念する
1826	9	佐賀藩米札の赤札騒動おこる
1827	10	唐津藩,日銭を課す
1828	11	佐賀藩領に大風雨あり,「子年の大風」という
1831	天保2	古賀穀堂「済急封事」を差し出す(藩政改革案)
1833	4	佐賀藩財政の立て直し7カ年計画
1834	5	佐賀藩,医学館を城下八幡小路に設立する
1835	6	佐賀城二の丸より出火,焼失する
1839	10	松浦郡天領(唐津藩領)百姓一揆おこる
1844	弘化元	佐賀藩火術方を設け,砲術研究を始める
1845	2	佐賀藩,三支藩以下全家中の武器を検査する
1848	嘉永元	佐賀藩,火縄銃を廃して新式銃にかえる

	1849	嘉永2	佐賀藩,鉄製鋳砲局を築地に建設
	1850	3	佐賀藩内に義祭同盟ができる
	1852	5	佐賀藩国産方に精煉方を設ける
	1854	安政元	佐賀藩,長崎の伊王島・神ノ島の砲台築堡完成する
	1855	2	佐賀藩,精煉方で蒸気車雛型をつくり,火薬製造を始める
	1862	文久2	江藤新平,脱藩,姉小路公知と会談する
	1865	慶応元	三重津海軍所で最初の蒸気船,「凌風丸」完成する
明治時代	1868	明治元	佐賀藩兵,北陸道先鋒を命じられる。佐賀藩アームストロング砲,上野戦争で活躍する
	1869	2	鍋島直正,開拓長官を命ぜられる
	1871	4	佐賀県を伊万里県と改称
	1872	5	伊万里県を佐賀県と改称
	1874	7	佐賀の役(佐賀の乱)により佐賀城焼失。江藤新平・島義勇処刑される
	1876	9	佐賀県,長崎県に合併
	1883	16	佐賀県,長崎県から分離独立する
	1884	17	「佐賀新聞」第1号発刊
	1886	19	「肥筑日報」発刊
	1887	20	県内大雨洪水となる
	1889	22	佐賀市制施行
	1892	25	選挙大干渉
	1894	27	有田磁器合資会社設立
	1904	37	祐徳馬車鉄道株式会社創立
	1905	38	県内新聞記者,日露講話反対集会開く
	1907	40	歩兵第55連隊,佐賀市外高木瀬兵舎に駐屯
	1910	43	県立佐賀商船学校・県立佐賀工業学校発足
大正時代	1912	大正元	佐賀市に川上軌道株式会社設立
	1914	3	佐賀市水道敷設認可
	1916	5	佐賀紡績株式会社創立
	1917	6	芳谷炭坑ストライキ
	1918	7	米騒動県内にもおよぶ。スペイン風邪流行
	1920	9	旧制佐賀高等学校設置。県内にコレラ発生
	1923	12	北九州鉄道第一期工事完了
	1924	13	県内に暴風雨被害
	1925	14	佐賀55連隊廃止
昭和時代	1933	昭和8	県営有明干拓着工
	1935	10	佐賀線開通
	1936	11	佐賀市貫通道路(国道34号線)完成
	1939	14	県内大旱魃
	1942	17	唐津・博多間バス開通

	1944	昭和19	「佐賀合同新聞」を「佐賀新聞」と改称
	1945	20	佐賀市空襲，鳥栖空襲
	1947	22	農地委員会第1回選挙
	1948	23	北山ダム着工
	1949	24	佐賀県庁舎火災。国立佐賀大学開学
	1950	25	県新庁舎落成
	1951	26	伊万里人形石山地すべり。県文化館発足
	1954	29	鳥栖・伊万里・武雄・鹿島・多久市制施行。基肄城跡国特別史跡指定
	1955	30	諸富橋・大川橋竣工。名護屋城跡並陣跡，国特別史跡指定。虹の松原，国特別名勝指定
	1957	32	北山ダム完工
	1960	35	国道263号線開通
	1962	37	国道34・35号線全線開通
	1963	38	県立図書館落成。県体育館落成
	1964	39	新佐賀段階米つくり運動
	1965	40	国鉄呼子線着工
	1967	42	大隈記念館落成
	1968	43	九州電力原子力発電所，玄海町に設置決定
	1970	45	県立博物館完成
	1973	48	国造干拓飛行場設置中止となる
	1974	49	国立医科大学佐賀市鍋島町に設立認可
	1975	50	玄海原子力発電所送電を開始
	1976	51	第31回国民体育大会（若楠国体）開催。国立佐賀医科大学開学
	1980	55	安永田遺跡（鳥栖市）から銅鐸鋳型片出土，肥前国衙跡確認
	1981	56	菜畑遺跡から炭化米出土（水田）
	1982	57	丸山遺跡の移転工事始まる
	1983	58	佐賀県政100周年。県立美術館完成
	1985	60	検見谷から銅矛12口出土（北茂安町）
	1987	62	全国植樹祭，嬉野会場で開催
平成時代	1989	平成元	吉野ヶ里遺跡ブーム始まる
	1990	2	吉野ヶ里遺跡，国史跡となる。翌3年国特別史跡指定
	1991	3	佐賀県新庁舎一次工事終了。佐賀県築山経塚出土瓦経発掘（国重文）
	1993	5	名護屋城博物館開館
	1994	6	県立佐賀商業高校全国高校野球選手権大会優勝
	1995	7	アバンセオープン（女性・生涯学習センター）
	1996	8	世界・焱の博覧会開催
	1998	10	佐賀空港開港
	1999	11	県立宇宙科学館開館

年表

2000	平成12	西鉄高速バス乗っ取り事件(佐賀の高校生による)
2001	13	国営吉野ケ里歴史公園開園
2002	14	全国育樹祭が嬉野町で開催
2003	15	佐賀大学と佐賀医科大学が統合,新生佐賀大学誕生
2004	16	佐賀城本丸歴史館開館
2005	17	福岡県西方沖地震,佐賀県内でも被害(みやき町震度6弱)
2006	18	市町村合併で佐賀県内は23市町(のち,20)に,村がなくなる
2007	19	県立佐賀北高校,全国高校野球選手権大会優勝
2008	20	九州新幹線長崎ルート着工
2009	21	九州電力玄海原子力発電所で国内初のプルサーマルが始動
2010	22	小惑星「イトカワ」を探査した「はやぶさ」がもち帰った微粒子を県立宇宙科学館で一般公開
2011	23	九州新幹線が全線開通し,佐賀県内に新鳥栖駅が開業
2012	24	区割り改定法により衆議院小選挙区の定数が1減少 国の文化審議会が三重津海軍所跡を国史跡にするよう文科大臣に答申

【索引】

―ア―

- 青幡神社(楠)……………………183
- 赤絵町……………………………167
- 赤目(自)城跡……………………96
- 芦刈干拓…………………………107
- 芦刈城跡(鴨打城跡)………104, 105
- 芦刈水道…………………………98
- 四阿屋神社………………………7, 8
- 阿蘇惟直の記念(墓)碑…………80, 92
- 後多久氏…………………………112
- 姉川城跡…………………………29
- 綾部八幡宮………………………13
- 在尾城跡……………………143, 144
- 有田異人館………………………169
- 有田ごどうふ……………………171
- 有田氏……………………………173
- 有田政……………………………173
- 有田のイチョウ…………………172
- 安福寺……………………………138

―イ―

- 飯森山城跡………………………184
- 医王寺……………………………223
- 池田家住宅………………………156
- 諫早塚……………………………118
- 石井樋……………………………62
- 泉山磁石場……………………172, 173
- 伊勢神社………………………27, 46
- 伊東玄朴旧宅…………………23, 24
- 稲佐神社………………27, 140, 141
- 犬塚家…………………………174, 175
- 今泉今右衛門窯…………………167
- 今川(持永)秋景…………………99
- 今川国秋…………………………99
- 伊万里駅…………………………174
- 伊万里貞…………………………178
- 伊万里氏…………………………178
- 伊万里市陶器商家資料館………174
- 伊万里市歴史民俗資料館………177
- 伊万里神社………………………177
- 伊万里まだら……………………175
- 岩蔵天山神社……………………87
- 印鑰社……………………………90

―ウ―

- 宇木汲田遺跡……………………220
- 牛津赤れんが館…………………100
- 牛津宿跡…………………………101
- 牛津町会館………………………100
- 牛尾神社………………………27, 94
- 歌垣公園…………………………138
- 鵜殿石仏群……………………228, 229
- 馬の頭……………………………192
- 午戻遺跡…………………………191
- 海のシルクロード館……………175
- 嬉野温泉…………………………157
- 嬉野茶……………………………159

―エ―

- 永寿寺……………………………162
- 永福寺……………………………104
- 永林寺……………………………105
- 江上家種…………………………26
- 江上常種…………………………26
- 江藤新平の墓……………………49
- 恵日寺……………………………217
- 恵比寿像…………………………42
- 延寿寺……………………………119
- 円長寺……………………………102
- 円通寺(円通興国禅寺, 小城市)……84
- 円通寺(多久市)…………………116
- 圓通寺(伊万里市)………………178
- 円応寺……………………………129
- 圓明寺……………………………83

―オ―

- 追分石……………………………10
- 桜城館…………………………80, 81
- 大川内山藩窯跡…………………179
- 大川野宿…………………………194

索引 283

大隈重信記念館	38, 39
大隈重信旧宅	38
大里八幡宮	181
大詫間島	74
大堂神社（六所大明神）	69
大野岳	190
大村神社	211
小笠原氏	203, 204
岡山神社	78
御粥神事（お粥だめし）	12
小川島	242
小城公園	78
小城羊羹	85
奥村五百子	198, 200
白角折神社（楠）	24, 26
小田宿（馬頭観音堂）	137
小田祐光	69
御茶盌窯跡	206-208
おつぼ山神籠石	135
乙宮神社	101, 105
乙女井樋	98, 101
鬼塚	145
オビヤ浦	243
帯隈山神籠石	59
織島東分遺跡	95
御田舞（四阿屋神社）	8
御田舞（仁比山神社）	22
女山多久家	110, 117

― カ ―

鏡神社	218
鏡山（鏡山神社）	216
加唐島	243
蠣久天満宮	51
覚鑁上人（興教大師）	144, 146
隠れキリシタンの島	245
樫原湿原	213
鹿島市浜庄津町・浜金屋町	148
鹿島市浜中町八本木宿	147
鹿島城跡（大手門・赤門）	143
梶峰城跡	111
勝尾城（勝尾城筑紫氏遺跡）	7
鉦浮立（岩蔵天山神社）	87
鉦浮立（晴気天山神社）	91
加部島	241
上のびゅう塚古墳	21
鴨打氏	104-106
茅ノ谷1号窯跡	191
烏森稲荷神社	80
唐津くんち	207
唐津城	199, 200
唐津神社	203
唐津炭田	227
唐津焼	206
川打家住宅	116
河上神社	63
寒鶯亭	110
歓喜寺	136
閑室元佶	91, 93
願正寺	42
岩蔵寺	87
観音の滝	213

― キ ―

基肄城	4
祇園山挽	83
岸川万五郎節	119
岸岳城跡	226
木須城跡	186
旧唐津銀行本店	198
九州電力広滝第一発電所	15
旧高取家住宅	202
旧武雄邑主鍋島氏別邸庭園（御船山楽園）	132
旧中尾家住宅	239
旧三菱合資会社唐津支店本館（唐津市歴史民俗資料館）	208
玉毫寺	94, 95
清水観音（宝地院）	88
切木のボタン	246
近松寺	203, 204
金立山	55

琴路神社 …………………………………… 145
── ク ──
空山観音堂 ………………………………… 103
草場佩川 …………………………… 114, 181
櫛田宮 ………………………………… 27, 28
楠神社 ……………………………………… 45
九年庵(旧伊丹氏別邸)庭園 ………… 22, 23
神代氏 ………………………………… 106-108
神代常氏 ………………………………… 106
熊野権現社 ………………………………… 70
久里双水古墳 …………………………… 222
黒髪神社 ………………………………… 126
黒髪山 …………………………… 126, 127
── ケ・コ ──
賢勝寺 …………………………………… 193
健福寺(銅鐘) …………………………… 66
建保寺 ……………………………………… 92
光桂寺 …………………………………… 156
小路遺跡 ………………………………… 108
興譲館跡 ………………………………… 80
光勝寺 …………………………………… 86
広沢寺 …………………………………… 237
高伝寺 ……………………………… 48, 49
神野公園(神野の御茶屋) ……………… 49
廣福護国禅寺 …………………………… 130
高野寺 …………………………………… 136
古賀穀堂 ………………………………… 56
小隈山古墳 ……………………………… 62
小侍関所跡 ……………………………… 122
小島古墳 ………………………………… 184
梧竹観音堂 ……………………………… 97
後藤純明 ………………………………… 129
後藤直明 ………………………………… 131
小柳酒造 ………………………………… 81
── サ ──
西光寺 …………………………………… 104
酒井田柿右衛門窯 ……………………… 166
佐賀県立図書館 ………………………… 41
佐賀県立博物館 ………………………… 40
佐賀城跡(楠) …………………………… 39

佐賀城下ひなまつり …………………… 37
佐賀城本丸歴史館 ………………… 39, 40
佐賀市歴史民俗館(旧古賀銀行) ……… 36
佐嘉神社 ………………………………… 34
佐賀の役 ………………………………… 41
さが水ものがたり館 …………………… 62
佐賀(龍造寺)八幡宮(白山八幡宮) …… 45
桜馬場遺跡 ……………………………… 205
里小路 …………………………………… 184
佐野常民記念館 ………………………… 72
道祖神 …………………………………… 115
佐代姫塚 ………………………………… 185
三岳寺 …………………………………… 93
三年山遺跡 ……………………………… 113
── シ ──
獅子城跡 ………………………………… 230
志田焼の里博物館 ……………………… 155
実相院 …………………………………… 66
柴田花守 ………………………………… 81
柴田花守の歌碑 ………………………… 79
島田塚 …………………………………… 217
島義勇 ……………………………… 52-54
下村湖人生家 …………………………… 30
下六丁の天満宮 ………………………… 27
石塔院 …………………………………… 20
修善院 …………………………………… 97
修学院 ……………………………… 14, 36
常在寺 …………………………………… 156
正善寺 …………………………………… 116
浄泰寺 …………………………………… 204
常朝先生垂訓碑 ………………………… 55
少弐資元 …………………………… 92, 109
少弐政資 …………………………… 92, 109
称念寺 …………………………………… 43
昌福寺 …………………………………… 122
常福寺 ……………………………… 103, 104
正法寺 …………………………………… 51
勝妙寺 …………………………………… 96
徐福伝説 ………………………………… 55
如蘭塾 …………………………………… 134

白鬚神社の田楽	60
白蛇山岩陰遺跡	182
真覚寺	48

―ス・セ・ソ―

瑞光寺	159
須賀神社	81-83
杉光家住宅	154
杉森家住宅	128
須古城跡	140
諏訪神社(伊万里市)	191
諏訪神社(唐津市)	210
星巌寺	89
西渓公園	109, 110
清泉寺	99
勢福寺城跡	26
関行丸古墳	58
脊振神社	16, 17
専称寺	109
千塔山遺跡	5
宗吾霊廟	213
曽禰達蔵	200, 209

―タ―

太神楽	28
大願寺廃寺跡	66
大光寺遺跡	192
大興善寺	5
耐恒寮跡	200, 209
大黒井堰	193
泰智寺	150
大茶樹	160
大平庵酒蔵資料館	121
高木氏	50, 51
高木城	50
高木八幡宮	50
高志狂言	30
高志神社	29
高寺(龍造寺)	46
高取伊好	110, 111, 202
高野神社	119
高橋是清	200, 209
多久市郷土資料館	111
多久茂堯	112, 117
多久茂族	112
多久茂辰	121
多久茂矩	119, 121
多久茂文	112-114
多久市先覚者資料館	111
多久市歴史民俗資料館	111
多久神社	112
多久聖廟	114
多久聖廟釈菜	115
多久宗時	109
多久(若宮)八幡宮	113
武雄温泉(楼門・新館)	130
武雄市図書館・歴史資料館	135
武雄神社	133
武雄の荒踊	133
武雄の大楠	133
竹崎観世音寺	153
田島神社	241
田嶋神社	187
田島太田古墳	9, 10
田代可休	193
田代宿(鳥栖)	10
田代売薬	10
辰野金吾	130, 198, 200, 203, 209
田中丸市兵衛	100
田中丸善蔵	100
田中実	198
谷口古墳	210
玉島古墳	134
玉島神社	212
多良岳(多良岳神社)	152
俵坂番所跡	161
誕生院	144

―チ―

筑後川昇開橋(旧筑後川橋梁)	70, 71
千葉氏	82, 83, 85, 86, 88, 92, 96, 97, 106
千葉城跡	82
千葉胤貞	81-83, 86, 104

千葉胤泰	96
千葉胤頼	92
千葉常胤	82
千葉宗胤	84
千葉元胤	82
茶筅塚古墳	80
徴古館	44
銚子塚古墳	52, 80
長勝寺	103
千栗土居	13
千栗八幡宮	11

―ツ・テ―

築地反射炉跡	47
通玄院	121
塚崎往還	224, 225
つき山観音	108
津久井(多久)宗直	111, 113, 116, 119, 120
筒江窯跡	126
鶴田賢	231
鶴田前	231, 232
寺浦廃寺跡(晴気廃寺跡)	90
寺沢広高	193, 200, 204, 219, 221, 232, 236, 239, 245
天狗谷窯跡	170
殿原寺	214
天山酒造	88
天山神社	234
天満神社	106

―ト―

土井家住宅	136
東原庠舎跡	113
東光寺	247, 248
陶山神社	168
唐人古場窯跡(肥前陶器窯跡)	112
唐船城跡	173
東妙寺	19
砥川石工	103
砥川三所八幡宮	104
徳島盛秀	106
冨田才治	189, 214, 219

富田神社	189
豊玉姫神社	158

―ナ―

長崎街道	25, 41
中里太郎右衛門(陶房)	206, 208
中冨記念くすり博物館	10
中林梧竹	80, 130
名護屋城跡	235
名護屋城山里丸	235
夏崎古墳	183
七ツ釜	241
菜畑遺跡	205
鍋島勝茂	29, 34, 36, 42, 45, 74, 87, 89, 91, 94
鍋島清房	48
鍋島氏	12, 15, 81
鍋島茂倫	139
鍋島茂教	162
鍋島茂義	129, 132
鍋島忠茂	143, 150, 155
鍋島綱茂	17, 51
鍋島直茂	14, 34, 87, 92, 94, 137
鍋島直澄	69
鍋島直堯	90
鍋島直孝	151
鍋島直虎	78, 80, 107
鍋島直彝	143
鍋島直大	34, 49
鍋島直正	34, 47, 49, 53, 54, 56, 122, 184
鍋島直愈	78, 80
鍋島直能	78, 80, 87, 89, 102
鍋島猫化け騒動	43
鍋島正茂	150
鍋島光茂	43, 51, 94
鍋島元茂	70, 78, 91, 102
鍋島元武	78, 80, 84, 89, 95
鍋島吉茂	17
成富茂安	13, 98, 107, 192

―ニ・ノ―

仁比山神社	22

新北神社	71
丹坂峠古墳	93
西岡家住宅	154
西隈古墳	56
西原大明神	112, 117
虹の松原	221
虹の松原一揆	219
西宮社	102
日親	86
日峯さん	34
日本福音ルーテル小城教会	81
野井原上組の水車	213
野中烏犀圓本店	37
野中元右衛門(古水)	38

—ハ—

白山神社	190
蓮池公園	69
蓮池城跡	68
波多(源)武	223
旗上げ神事	14
波多氏	226, 228, 231
波多親	204, 227
波多三河守	187, 188
八天神社	154
波戸岬	238
土生遺跡	96, 97
葉山尻支石墓群	220
晴気城跡	92
晴気天山神社	91
飯洞甕上窯	225

—ヒ—

日在城跡	194
東名遺跡	57
久光製薬	10
肥前国庁跡	61
肥前国分寺跡	61
肥前磁器窯跡	171
肥前鳥居	27, 29, 44, 91, 94, 141, 232, 234
肥前国忠吉(初代)の墓	48
肥前仏舎利塔	103
秀島鼓渓頌徳碑	233
姫御前古墳	93
姫塚	95
平川与四右衛門	104, 105, 156
広瀬浮立	234

—フ—

普恩寺	238
深川家	81
福泉禅寺	141
福田寺	108
福満寺	68
不動山(隠れキリシタン)	161
船塚	67
武寧王	243, 244
府招権現社(愛宕神社)	188
府招浮立	188
普明寺	150, 151

—ヘ・ホ—

別府八幡神社	120
宝積寺	182
宝泉寺	104
保四郎窯跡	115
本行寺	49
本庄神社	27
本應寺	156

—マ—

前多久氏	109
前田家住宅	178
増田神社	246
馬渡島	244
松浦佐用姫	214, 215, 217, 241
松ケ谷焼窯跡	84
松島	244
松田正久の記念碑	80
松土居	107
松原神社	34
末盧館	205
丸山遺跡	54
萬歳寺	6
万部経読誦石塔群	35, 36

万部島公園	35
万葉垂綸石公園	212

─ミ─

三重津海軍所跡	73
三重の獅子舞	71
見島のカセドリ	70
源開(新久田四郎)	190
源直	182, 183, 185
源久	190, 194, 231
源披	231
宮ノ前北遺跡	186
妙覚寺	117
明星桜	182

─ム・メ・モ─

牟田辺遺跡	118
無量寺	96
室園神社	27, 232
眼鏡橋(嬉野市塩田町)	155
眼鏡橋(神埼市脊振町)	16
目達原古墳群	21
目達原飛行場跡	21
面浮立	153
木版摺更紗	147
持永城跡	99
持永盛秀	99
森家住宅	116
森永惣吉	85
森永太一郎墓苑	180
モルチール砲	135

─ヤ─

薬師堂	95
社遺跡	97
安永田遺跡	9
山口家住宅	73
山代氏	182-184
山田神社	173
山本常朝	55, 170, 178
山ノ寺遺跡	185
弥生ロード	8

─ユ・ヨ─

祐徳稲荷神社	151
夕日観音堂	222
羊羹資料館(村岡総本舗)	84
永明寺	106
与賀神社(楠)	27, 43
横尾紫洋	106, 107
横田下古墳	216
吉野ヶ里遺跡	18
淀姫神社	194
呼子の大綱引き	240
寄居古墳群	92

─リ・レ─

李参平	112, 115, 169, 170, 171
竜王遺跡	95
龍王崎古墳群	142
龍宮神社	187
龍造寺(多久)安順	112, 119, 231
龍造寺家兼	82, 112, 121
龍造寺隆信	34, 43, 140, 227, 231
龍造寺高房	34
龍造寺長信	112, 113, 119, 121
龍造寺八幡宮	27
龍造寺政家	12, 34
龍田寺	58
林姫	112, 117
冷善楼	37
蓮厳院	146

【写真所蔵・提供者】(五十音順,敬称略)

有田観光協会	佐賀市東与賀支所産業振興課
有田町教育委員会	佐嘉神社
医王寺	三岳寺
永寿寺	(社)佐賀県観光連盟
恵日寺	常福寺
円通寺	大平庵酒蔵資料館
小城市立歴史資料館	多久市役所総務課
唐津市教育委員会	武雄市教育委員会
神埼市役所市長公室	誕生院
櫛田宮	東光寺
廣福護国禅寺	鳥栖市教育委員会
国営吉野ヶ里歴史公園事務所	フォトライブラリー
(財)清香奨学会	御船山楽園
佐賀県立博物館	みやき町役場事業部産業課
佐賀市教育委員会	蓮厳院

本書に掲載した地図の作成にあたっては,国土地理院長の承認を得て,同院発行の2万5千分の1地形図,5万分の1地形図,20万分の1地勢図,50万分の1地方図,100万分の1日本を使用した(承認番号 平24情使,第75-M05197X号 平24情使,第76-M05197X号 平24情使,第77-M05197X号 平24情使,第78-M05197X号)。

【執筆者】(五十音順, 2012年現在)
編集委員長・執筆者
松浦洋士 まつうらひろし(弘学館高等学校教諭)

執筆者
草津泰英 くさつやすひで(佐賀県立鹿島高等学校教諭)
酒井成海 さかいなるみ(佐賀県立武雄高等学校教諭)
藤里芳久 ふじさとよしひさ(元佐賀県立唐津東高等学校教諭)

歴史散歩㊶

佐賀県の歴史散歩
<small>さ が けん れき し さん ぽ</small>

| 2012年8月1日　1版1刷発行 | 2021年3月20日　1版3刷発行 |

編者――――佐賀県高等学校地歴・公民部会歴史部会
<small>さ が けんこうとうがっこう ち れき　こうみん ぶ か いれき し ぶ かい</small>
発行者――――野澤武史
発行所――――株式会社山川出版社
　　　　　　〒101-0047　東京都千代田区内神田1-13-13
　　　　　　電話　03(3293)8131(営業)　　03(3293)8135(編集)
　　　　　　https://www.yamakawa.co.jp/　振替　00120-9-43993
印刷所――――協和オフセット印刷株式会社
製本所――――株式会社ブロケード
装幀――――菊地信義
装画――――岸並千珠子
地図――――株式会社昭文社

Ⓒ 2012 Printed in Japan　　　　　　　　　ISBN 978-4-634-24641-6
・造本には十分注意しておりますが，万一，落丁・乱丁などがございましたら，
　小社営業部宛にお送りください。送料小社負担にてお取り替えいたします。
・定価は表紙に表示してあります。

佐賀県全図

凡例:
- 都道府県界
- 市界
- 郡界
- 町村界
- JR線
- 高速道路
- 有料道路
- 国道
- 県庁

福岡県

宗像市、福津市、古賀市、新宮町、久山町、篠栗町、宇美町、粕屋町、福岡市（東区・博多区・中央区・南区・城南区・早良区・西区）、大野城市、太宰府市、春日市、那珂川町、筑紫野市、三養基郡、基山町、鳥栖市、小郡市、糸島市

主要地点：福岡空港、博多港、十空港、金山 △967、雷山 △955、脊振山 △1055

佐賀県

唐津市、東松浦郡、玄海町、にしからつ、からつ

島嶼

相島、志賀島、能古島、玄界島、姫島、神集島、小川島、加唐島、加部島、馬渡島、高島

海域

玄界灘、博多湾、福岡湾

主要道路

国道3号、202号、263号、385号、494号、923号、204号